O. Francke

Das Verfestungsbuch der Stadt Stralsund

O. Francke

Das Verfestungsbuch der Stadt Stralsund

ISBN/EAN: 9783743381865

Hergestellt in Europa, USA, Kanada, Australien, Japan

Cover: Foto ©ninafisch / pixelio.de

Manufactured and distributed by brebook publishing software (www.brebook.com)

O. Francke

Das Verfestungsbuch der Stadt Stralsund

Das Verfestungsbuch

der

STADT STRALSUND.

Von

OTTO FRANCKE.

Mit einer Einleitung

von

FERDINAND FRENSDORFF.

HALLE,

Verlag der Buchhandlung des Waisenhauses.

1 8 7 5.

Vorwort.

Aufzeichnungen der von dem städtischen Gerichte zu Stralsund ausgesprochenen Verfestungen und entgegengenommenen Urfehden finden sich zuerst in dem dortigen ältesten Stadtbuche, welches, ums Jahr 1270 beginnend und bis ins Jahr 1310 hineinreichend, Vermerke über die verschiedensten vor dem Rathe oder Mitgliedern desselben verhandelten Rechtssachen ohne streng durchgeführte Scheidung der einzelnen Arten solcher enthält [1].

Im letztgenannten Jahre nahm man eine Aenderung dieser Einrichtung, die den Verhältnissen der schnell und kräftig aufblühenden Gemeinde nicht mehr entsprach, vor, indem für die hauptsächlichsten einzelnen Arten der betreffenden Amtshandlungen Verzeichnisse in besonderen Büchern angelegt wurden. So ward denn auch ein solches Buch für die Eintragung der Verfestungen und Urfehden bestimmt und unterm 23. October 1310 zuerst in Gebrauch genommen.

Dasselbe befindet sich noch jetzt im stralsunder Stadtarchive: es bildet einen Band von 51 pergamenten Folioblättern, zwischen deren 22stem und 23stem noch ein schmaler Streifen von gleichem Stoffe eingeheftet ist; das dritte Blatt liegt lose ein; es ist etwas kleiner und schmaler als die übrigen und sicherlich nicht etwa ursprünglich eingeheftet gewesen, hat aber, wie sein Inhalt ergibt, ohne Zweifel von Anfang an die Bestimmung gehabt, dem Buche einverleibt zu werden und zwar an der Stelle, wo es noch heute liegt [2]. Der Deckel des

---

1) Dasselbe ist 1871 im Auftrage des Rathes und des bürgerschaftlichen Kollegiums zu Stralsund vom damaligen dortigen städtischen Archivar, jetzigen Obergerichtsassessor zu Osnabrück Dr. Ferdinand Fabricius herausgegeben.

2) Vgl. C. G. Fabricius, Urkunden zur Geschichte des Fürstenthums Rügen Bd. 4, Abth. 2, S. 50.

Buches besteht aus lederüberzogenen eichenen Tafeln und ist mit einer
messingenen Vorrichtung zum Verschliessen an ledernen Riemen versehen. Der Ueberzug ist theilweise durchgescheuert, die Schliessvor-
richtung nicht mehr gangbar. Die Blätter sind mit Ausnahme der
9 letzten und des lose einliegenden nach allen 4 Seiten hin mit dop-
pelten Randlinien versehen, damit die einzelnen Zeilen in gleichem
Abstande vom Rande begonnen und abgebrochen werden; doch haben
die Schreiber sich sehr häufig an diese Schranken nicht gekehrt. 42
von den 51 Blättern sind ganz oder theilweise beschrieben. Der Text
beginnt erst auf der Rückseite des ersten, während die Vorderseite
desselben ursprünglich leer gelassen ist und jetzt nur den Titel „Liber
proscriptorum" in Schriftzügen des 17. Jahrhunderts und etwas höher
links daneben eine schon dem 14. Jahrhundert angehörige Federprobe,
welche die Worte „amen dico" bildet, enthält.

Die Schrift des Textes[1] ist meist deutlich, theilweise recht zier-
lich; gegen das Ende des Buches wird sie merklich schlechter. Ueber
die einzelnen Schreiber, die neben und nach einander an den Eintragungen des Buches betheiligt waren, wird Herr Obergerichtsassessor
Dr. Fabricius, ehemals Stadtarchivar zu Stralsund, in der neben-
stehenden selbstständigen Abhandlung reden.

Was den Inhalt des Verfestungs- und Urfehdenbuches, welches
übrigens zwischen denjenigen Eintragungen, für die es eigentlich
bestimmt ist, hin und wieder auch Aufzeichnungen über andere Vorkommnisse von näherem oder entfernterem strafrechtlichem Interesse in
sich schliesst, anbetrifft, so ist derselbe in mannigfacher Beziehung von
Wichtigkeit. Abgesehen von den Ergebnissen, welche für die Kenntniss

---

1) Die im Texte in runde Klammern eingeschlossenen Worte sind in der
Urschrift mittels Auskratzens, Durchstreichens, Unterstreichens oder Unterpunkti-
rens für ungültig erklärt.

In eckige Klammern sind solche Worte, Silben oder Buchstaben gesetzt,
welche in der Urschrift aus Versehen ausgelassen sind und sich mit Sicherheit ergänzen liessen.

Von runden Klammern umschlossene Ausrufungszeichen sind hinter unrichtige
Worte der Urschrift in den Fällen gesetzt worden, wo sonst die Unrichtigkeit
leicht als ein Lese-, Schreib- oder Druckfehler erscheinen könnte.

*des materiellen wie formellen älteren deutschen Strafrechts in der Ein-
leitung des Herrn Prof. Frensdorff gewonnen worden sind, wird
unser Verfestungsbuch am fruchtbarsten sein für die Sittengeschichte
des 14. und 15. Jahrhunderts; aber auch für die Erforschung der
Geschichte der Stadt Stralsund und für das Studium des mittelalterlichen Lateins und der mittelniederdeutschen Sprache wird es nicht
unerhebliche Beiträge liefern, und noch in mancher andern Hinsicht
dürfte sich eine oder die andere willkommene Kunde aus demselben
schöpfen lassen. Uebrigens ist ein verhältnissmässig allerdings nur
kleiner Theil des Inhaltes bereits gedruckt, so namentlich die Aufzeichnungen aus den Jahren 1310 bis 1325 in C. G. Fabricius' Urkunden
zur Geschichte des Fürstenthums Rügen und einzelne Eintragungen in
Kosegartens Pommerschen Geschichtsdenkmälern, in Brandenburgs
Geschichte des stralsunder Magistrates, in O. Focks Rügensch-Pom-
merschen Geschichten, in Lischs Urkunden und Forschungen zur
Geschichte des Geschlechtes Behr, in O. Franckes Geschichte der stralsunder Stadtverfassung und in den Hanserecessen.*

*Ein jüngeres stralsundisches Verfestungs- und Urfehdenbuch findet
sich nicht und ist auch schwerlich jemals vorhanden gewesen; vielmehr
sind die Urfehden später wahrscheinlich stets auf einzelne Blätter
geschrieben, von denen das stralsunder Stadtarchiv noch eine grosse
Menge enthält; und was die Verfestungen betrifft, so war die Einrichtung schon um die Mitte des 15. Jahrhunderts dem Anscheine nach
in Stralsund im Absterben begriffen, und diejenigen Verfestungen,
welche nach 1473 noch verhängt worden sind, werden wohl jedesmal
in das richtebok eingetragen sein: dasjenige Richtbuch, welches 1467
begonnen und 1536 geschlossen worden ist, enthält noch einige wenige
Vermerke über solche, in den späteren werden sich kaum noch deren
finden.*

*Der Herausgeber kann dieses Vorwort nicht schliessen, ohne allen
denen, welche ihn bei seiner Arbeit freundlich unterstützt haben,
namentlich dem inzwischen leider verstorbenen Mitherausgeber des
mittelniederdeutschen Wörterbuches Dr. Schiller, dem Dr. Karl
Koppmann und dem Dr. Ferdinand Fabricius, herzlich zu*

danken. Ferner aber fühlt er sich dem Prof. *Frensdorff*, der seiner Publikation durch Hinzufügung eines Wort- und Sachregisters und noch mehr durch Voranstellung einer eigenen einleitenden Abhandlung einen wesentlich höheren Werth verliehen hat, zu wärmstem Danke verpflichtet.

Stralsund.

Otto Francke.

Inhaltsverzeichniss.

Die Schreiber des Verfestungsbuches.

An dem Verfestungsbuch haben Schreiber in grosser Anzahl geschrieben. Ihr häufiger Wechsel erklärt sich daraus, dass das Amt des Stadtschreibers nur ein Nebenamt für einen der in der Stadt wohnhaften, sämmtlich zur Geistlichkeit gehörigen Notarien war, welche dasselbe wieder aufgaben, sobald ihr Aufrücken auf der Stufenleiter der kirchlichen Würden ihnen zu einer Pfründe verhalf, die ihnen jenes entbehrlich erscheinen liess. Zudem wurde der Stadtschreiber auch häufig zu andern als eigentlichen Schreiberdiensten, namentlich zu diplomatischen Reisen gebraucht und musste während solcher Verhinderung in der Führung der verschiedenen Stadtbücher vertreten werden.

Am 9. Oct. 1306 hatte das Amt des Stralsunder Stadtschreibers Johann von Köslin (Kusselin) angetreten, in der Reihe der städtischen Schreiber seit Beginn der Führung eines Stadtbuchs der zehnte (Aeltestes Strals. Stadtbuch, S. VI, VII). Er schreibt nach der von ihm bewirkten Anlage des neuen Verfestungsbuchs ununterbrochen bis zum 24. Jan. 1315 (Nr. 33). Nach zehn Jahren finden wir ihn als Pfarrherrn (rector ecclesie) zu St. Marien in Greifswald unter den geistlichen Würdenträgern im Rathe Herzogs Wartislav IV. von Pommern-Wolgast, bei dessen Urkunden er fast regelmässig als Zeuge erscheint. Weiteres ist über ihn nicht bekannt. Der in Nr. 351 des Verfestungsbuchs als capitaneus judicii genannte Johannes Kusselin könnte sein Neffe oder anderweitiger Verwandter gewesen sein.

In einer Aufzeichnung im Stadtwillkürbuch hat er uns den mit seinem Nachfolger geschlossenen Dienstvertrag aufbehalten: Anno Domini 1315 in assumpcione sancte Marie (Aug. 15) nos consules et oldermanni unanimiter sussepimus Johannem notarium ad tempora vite sue in notarium civitatis, cui annuatim in quolibet festo beati Michahelis dabimus 20 marcas et unum par vestimentorum vario subductorum. Von diesem Johannes, der in der Ausgabe des ältesten Stadtbuchs, wo er 1320 eine nachträgliche Aufzeichnung (V, 350) liefert, mit der Nummer XI. versehen ist, besitzen wir keinen Verfestungsvermerk und nur eine Urfehdeeintragung, die er aber nicht im Verfestungsbuch, sondern auf der Rückseite des Titelblatts vom Stadterbebuch aufgezeichnet hat: Henricus de Dalvitze et frater suus Enghelbertus, Conradus Went, Zegher, Godeke Thechelin et Hinricus

Voghedehaghen promiserunt pro Hermekino Crispo ex parte caucionis dicto orveyde sub pena 200 marcarum.

Während seiner Amtsdauer von 1315—1322 finden wir im Verfestungsbuch verschiedene andre Hände. Die Hand, von der die Seitenüberschriften auf S. 8 und 9, Sub anno 17, Sub anno 18 und die Rubrik Sub anno 19, sowie die Nummern 34, 50—52, 57, 59, 64, 65 herrühren, wird, soviel bekannt ist, nur noch in einigen Einträgen des Jahres 1323 auf Bl. 36 des zweiten Stadtbuchs und in dem (Lüb. U. B. 3, Nr. 28 und Hanserecesse 1, Nr. 28 irrthümlich zum Jahr 1284 gedruckten) Schreiben Stralsunds an Lübeck gefunden, welches bei der Untrüglichkeit der Kennzeichen gerade dieser Handschrift in die Jahre 1316, 1317 zu setzen ist (vgl. Fabricius Rüg. Urk. 4, Abth. 4, S. 192). Dagegen sind die Verfestungseintragungen des Jahres 1321, Nr. 60—63, wieder von andrer Hand geschrieben, die in den Stadtbüchern nicht ermittelt ist.

Erst mit Nr. 69 im Jahr 1322 tritt der gewöhnliche Stadtschreiber wieder ein, der, sowohl hier wie in dem eigentlichen Stadtbuch, jedoch vielfach unterbrochen von andern schwer zu unterscheidenden Händen, bis 1327 zu verfolgen ist. Wahrscheinlich ist es der in einzelnen Einträgen des Bürgerbuchs und des Rathswillkürbuchs 1324 als notarius dominorum und notarius dominorum consulum in Sundis bezeichnete Alardus. Im Jahr 1327 macht sich eine andre Hand bemerkbar, welche auch, nachdem im folgenden Jahre (seiner eigenen Notiz im Stadtbuch zufolge am 3. Dec.) Bertold, der Sohn des Alard von Kiel, zum Stadtnotar bestellt ist, in allen Theilen des Stadtbuchs sowie im Bürgerbuch und im Verfestungsbuch fortfährt einzutragen, und noch bis 1333 vorkommt. Die Reihenfolge der von ihr herrührenden Eintragungen im Verfestungsbuch wird dahin festzustellen sein, dass zuerst die Eintragungen über den Gerwin Semlowschen Aufstand auf S. 14 und der ersten Hälfte von S. 15 des Originals im unmittelbaren Anschluss an die letzten Einträge des Vorgängers gemacht, dann aber die bis dahin leer gelassenen Theile der vorangegangenen Seiten benutzt sind. Mit Bestimmtheit sind dieser Hand zuzuschreiben die letzte Eintragung auf S. 2 Nr. 11, auf S. 7 Nr. 36, auf S. 10 Nr. 75, endlich die Eintragungen auf der zweiten Hälfte von S. 15, mit Wahrscheinlichkeit die N. 90—93, 95, 96, 97 auf S. 12 des Originals, die demnach gleichfalls spätestens 1333 zu setzen sind.

Bertold, Sohn Alards von Kiel, scheint nicht länger als bis 1333 in dem ihm 1328 übertragenen Amt geblieben zu sein, da er schon 1333 als rector ecclesie in Thorente [1], später (1338) als rector ecclesie zu Schaprode und Official des Bischofs von Roeskilde auf Rügen vermerkt wird. Während jener kurzen Amtsführung wird er nicht nur von dem eben vorher erwähnten Schreiber, sondern auch durch seinen Vater, den Notar Alard von Kiel vertreten, der dann nach seinem Abgange sein Nachfolger wird, wie dies in Urkunden des Jahrs 1338

---

1) *Wohl das Kirchdorf Trent auf Rügen.*

ausdrücklich bezeugt ist. Die Handschriften von Vater und Sohn ähneln einander so, dass es im einzelnen Fall schwer zu sagen ist, wem sie angehört. Im Verfestungsbuch scheint jedoch Bertold gar nicht eingetragen zu haben. Von S. 16 Nr. 123 — S. 31 finden wir durchgehends **eine** *Hand, die dem Alard v. Kiel zuzuschreiben sein möchte. Allerdings kommt in den Stadtbüchern 1336 und 37 hier und da noch eine andre Handschrift vor, und sie erscheint auch im Verfestungsbuch, jedoch ohne die Alardsche Buchführung zu unterbrechen. Es sind nämlich die Nummern 29 auf Seite 4 des Originals, 35, 36, 39 — 49 auf S. 7, 53 — 55 auf S. 8, 75 auf S. 10, 100 — 102 auf S. 10, 11 und 117 auf S. 15, die ihr angehören. Alle diese können daher mit grosser Wahrscheinlichkeit nicht anders als in die Jahre 1336 oder 1337 gesetzt werden, wie denn ja auch Nr. 53 ausdrücklich von dem letzteren Jahre datirt ist. Leider lässt sich aber nicht bestimmen, wo diese Nummern in die Buchführung Alards einzureihen sind, da derselbe selten datirt (Seitenüberschrift S. 18, 20, 26 und der Nachtrag auf S. 10, Nr. 74 zu Nr. 69).*

Nach Alards v. Kiel Abgang, der sich zur Zeit nicht näher bestimmen lässt, als dass er Ausgangs der 50er Jahre stattgefunden haben wird, schreibt eine Hand, wenn auch anscheinend durch einzelne Stellvertretungen wieder unterbrochen, von S. 31 — 38, wo sich von der Nr. 351 eine neue unterscheiden lässt, die bis S. 47 (1367 — 1376) anhält. Wahrscheinlich hiess Alards v. Kiel Nachfolger wiederum Alard. So finden wir wenigstens in den Hanserecessen von 1363 — 1367 den Stralsunder Rathsnotar genannt, bis ihn im letztgedachten Jahre Nicolaus von Rode ablöst. Diesem mag also der Abschnitt S. 38 — 47 zufallen.

1376 wird ein neuer Stadtschreiber erwähnt in der Person des Nicolaus von Fürstenwerder. Er wird es daher sein, der mit 1377 anhebend bis 1389 schreibt. Die 2 Seiten 54 und 56 gehören ihm jedoch nicht an. Hier muss ein Versehen beim Beschreiben der leeren Blätter stattgefunden haben. Die Ueberschrift von S. 56: Anno 73 transfalcatum est, deutet dies an, die Hand ist die des Nic. v. Rode, S. 55 ist ganz unbeschrieben geblieben, und S. 54 von der Hand des folgenden Schreibers. Nach den Handschriften sind noch folgende Perioden zu unterscheiden: S. 60 — 70, 1389 — 1407, S. 70 — 77, 1408 — 1423, S. 77 — 80, 1423 — 1445, S. 84, 85, 1453 — 1456 und S. 93, 1471. Indessen soll hier auf den Versuch einer Zusammenstellung mit den uns anderweit den Namen nach bekannten Rathsnotarien verzichtet werden. Wie Nicolaus von Rode schon zum notarius consulum gewählt war, während Alardus noch im Amt stand, der dann den Titel prothonotarius davon trug (Hanserecesse 1, Nr. 399), so scheinen auch in der Folge mehrere Rathsnotare gleichzeitig vorzukommen. Während, wie wir oben gesehen, die dem Nicolaus von Rode zugeschriebene Hand bis 1389 anhält, wird schon 1386 als notarius civitatis Bernart Westphal genannt. Derselbe kommt dann 1395 als prothonotarius und 1411 als der heren schryver vor, nachdem schon 1394 Gerwin von Celle

(1413 quondam notarius) und 1405 — 1423 Heinrich Oldenburg als Stadtschreiber genannt sind. 1421 kommen gleichzeitig Heinrich Oldenburg, Goswin von Mechtersem und Joachim von der Horst vor. Letzterer ist 1424 prothonotarius, neben ihm fungirt seit 1425 Magister Arnold Poleman und etwas später (Lib. mem. fol. 176 Nr. 3) Bertoldus Rütze, der bis 1446 vorkommt. 1454 und 1464 wird Wilken Dancel genannt, 1478 endlich Mag. Johannes Prutze (s. Series notariorum sive scribarum civitatis von Dinnies in dessen handschriftlichen Notatu digna quaedam ex libris civitatis).

Osnabrück.

Ferdinand Fabricius.

Einleitung.

Die Verfestung nach den Quellen des lübischen Rechts.

Die Reihe der von dem Hansischen Geschichtsverein herauszu-
gebenden Geschichtsquellen eröffnet ein Stralsunder Stadtbuch, das, wie
es seiner Zeit den Zwecken der Strafrechtspflege gedient hat, auch
zunächst über diese geschichtliche Belehrung zu ertheilen geeignet ist.
Die wichtigern Materien des Strafrechts, welche die Quelle berührt,
hervorzuheben und zu erörtern, soll die Aufgabe der folgenden Abhandlung sein.

Der vorliegende liber de proscriptis ist am 23. October 1310
begonnen und bis in das Jahr 1472 zu Einträgen benutzt worden.
Schon vor dem vierzehnten Jahrhundert verzeichnete man in Stralsund
und in den rechtsverwandten Städten die vom Gericht vorgenommenen
Verfestungen, bald auf einzelne Pergamentblätter, wie in Lübeck (Lüb.
U. B. 3, Nr. 3 v. J. 1243 u. ff.), vielleicht auch in Hamburg (R. v. 1292
G. XI vgl. mit 1497 E. V), bald in die allgemeinern Zwecken dienen-
den Stadtbücher, wofür Rostock (Meklenb. U. B. 2, Nr. 1152 B.; 1378;
3, Nr. 2385), Wismar (das. 2, Nr. 904. 1008. 1241) und Stralsund
(Fabricius, das älteste Stralsund. Stadtb. S. 166—177) Beispiele liefern.
Erst seit dem 14. Jahrhunderte legte man eigene für die Aufnahme
von Verfestungen bestimmte Bücher an: so in Rostock seit 1319 (Mekl.
U. B. 5, S. XV), in Wismar seit 1353[1], in Stralsund seit 1310,
während man in Greifswald dem alten System der Eintragung in das
allgemeine Stadtbuch treu geblieben zu sein scheint (Kosegarten, Pommersche und rüg. Geschichtsdenkm. S. 76). Ueber den in Lübeck beobachteten Modus lässt sich leider nicht mit voller Sicherheit urtheilen,
da die hierher gehörigen Bücher, die sich bis in den Anfang des gegen-
wärtigen Jahrhunderts erhalten und die Zeit der französischen Herrschaft überdauert hatten, bei Wiedereinrichtung des früheren Gerichts-
wesens im J. 1814 auf Verfügung des damaligen ersten Prätors als
völlig werthlos verkauft worden und seitdem spurlos verschwunden sind.

---

1) Alle Angaben, die hier und im Folgenden über das Wismarsche Verfestungsbuch gemacht werden konnten, sind der Liberalität des Herrn Dr. Crull
in Wismar zu verdanken, der mir seine Abschrift des Wismarschen Originals
zur Verfügung stellte.

*(C. W. Pauli, Ztschr. f. lüb. Gesch. 1, S. 392 und Abh. aus d. lüb.
R. 4, S. 93). Doch machen die erhaltenen Reste und Nachrichten es
wahrscheinlich, dass hier Verfestete und Gerichtete ungetrennt in ein
Buch eingetragen wurden (s. unten).*

*Veröffentlicht sind vollständige Verfestungsbücher bisher nur selten;
ein neueres Beispiel bietet das Liegnitzer Verfestungsbuch von 1339
bis 1354, welches Schuchard als Anhang zu seinem Buche: die Stadt
Liegnitz (Berlin 1868) mitgetheilt hat. Die Verfestungsbücher des
lübischen Rechtskreises waren bis jetzt nur in Auszügen der rechtsgeschichtlichen Forschung zugänglich (vgl. Koppmann, Hans. Geschichtsbl.
1, 2 S. 188). Schon im vorigen Jahrhundert hatte Nettelbladt aus
dem Rostocker Verfestungsbuche in der Historisch-diplomat. Abhandlung
von der Stadt Rostock Gerechtsame (Rostock 1757) S. CIII—CXXIV
eine grössere Anzahl von Inscriptionen mit geringer Sorgfalt abgedruckt; das Meklenburgische Urkundenbuch, das in der Vorrede zum
fünften Bande eine vortreffliche Uebersicht über Einrichtung und
Inhalt des Rostocker liber proscriptorum aus Wigger's Feder bringt
(S. XV—XXIV), will nur die wichtigern Einzeichnungen aufnehmen
und je bei den einzelnen Jahren seiner chronologischen Ordnung mit-
theilen, was bei der mangelhaften Datirung der Inscriptionen seine
Schwierigkeiten hat. Aus dem Wismarschen Verfestungsbuche hat
Burmeister, nachdem er in seinen Alterthümern des Wismarschen
Stadtrechts (Hamb. 1838) S. 23—25 nur einige wenige Proben abgedruckt hatte, die ersten 13 Seiten in der von Kämmerer, Professor zu
Rostock, herausgegebenen Wochenschrift: Gelehrte u. gemeinnütz. Beitr.
aus allen Theilen der Wiss. 2, Nr. 45 u. ff. (Rostock 1841) veröffentlicht* [1]. *Der geringfügige Rest, den der fleissige und sorgsame Jacob
von Melle im vorigen Jahrhundert aus dem Lübecker liber judicii
gerettet hat, ist im Lüb. U. B. 2, Nr. 598 und in der Ztschr. f. lüb.
Gesch. 1, S. 393 wiederholt worden. Aus dem Stralsunder liber de
proscriptis waren bis jetzt nur die ältesten Einträge und ausserdem die,
welche sich auf politische Kämpfe beziehen, bekannt gemacht (s. o. S. VII).*

*Wir haben die Quelle, die hier zum erstenmal vollständig publicirt
werden soll, als Verfestungsbuch bezeichnet. Ihr eigener handschrift-
licher Titel, liber de proscriptis, ist ähnlich dem in den verwandten
und benachbarten Städten gebräuchlichen. In Lübeck kommen, abgesehen von dem bereits erwähnten Namen liber judicii, Titel vor wie
liber proscriptorum (1358, Lüb. U. B. 3, Nr. 290), liber noster sceleratorum (c. 1342, Hanserecesse 1, Nr. 115). In Braunschweig hiess das
entsprechende Register, aus dem Hänselmann in den Städtechroniken
Bd. 6 einzelne Einträge mitgetheilt hat (z. B. S. 45 A. 8, S. 366 A. 5),
liber proscriptionum (U. B. der St. Braunschweig 1, S. 27). In Rostock
schied man das Buch von vornherein in drei Abtheilungen: in ein
Verzeichniss der proscripti, derer qui abjuraverunt civitatem und derer*

---

1) *Mittheilung des Herrn Dr. Crull; mir ist das Buch nicht zu Gesichte
gekommen.*

qui juraverunt caucionem que dicitur orveyde, *ohne von einer derselben eine Gesammtbezeichnung zu entlehnen. Hat sich hier aber die planmässige Trennung nach Materien nachher bei dem Gebrauch des Buches nicht durchführen lassen (Mekl. U. B. 5, S. XV), so sind an andern Orten von Anfang an Einträge jener drei Kategorieen unter einander gemischt, auch wohl noch Inscriptionen einer vierten Art hinzugefügt worden, nemlich solche, die zum Gedächtniss und zur etwaigen Vorbereitung künftiger crimineller oder polizeilicher Massregeln dienen sollten. Beides gilt sowohl von dem in das älteste Stadtbuch aufgenommenen Stralsunder Verzeichniss der Verfesteten, das im weiteren Verlauf der Abhandlung als Verfestungsregister (Strals. Reg. oder Reg.) angeführt werden soll, als auch von dem vorliegenden selbständigen liber de proscriptis. Doch vertheilen sich die Einträge nicht etwa gleichmässig unter die genannten Kategorieen. Das die Jahre 1277—1310 umfassende ältere Verzeichniss enthält 182 Einträge, von denen etwa 150 wirkliche Verfestungen zum Gegenstande haben. Innerhalb der ersten hundert Nummern unsers liber de proscriptis wechseln noch Verfestungen und Stadtverweisungen mit einander ab, dazwischen treten einzelne Urfehden auf, auch fehlt es nicht an Einträgen, die zur Sicherung eines künftigen Einschreitens dienen sollen; aber dieser gemischte Character ist weiterhin nicht mehr wahrnehmbar, es überwiegen die Proscriptiones so entschieden, dass es hier wie in andern Fällen ein völlig berechtigtes Verfahren war, diese Stadtbücher nach ihrem hauptsächlichen Bestandtheile als* libri de proscriptis *oder* libri proscriptorum *zu bezeichnen. Von dem proscribere, den proscriptiones muss deshalb hier zuerst die Rede sein.*

Man pflegt proscribere *ohne weiteres mit* verfesten *zu übersetzen. Für das Gebiet des lübischen Rechts ist das nicht ganz zutreffend. Den deutschen Statuten des lübischen Rechts ist dieser Kunstausdruck unbekannt, da* proscribere *ihrer lateinischen Vorgänger übersetzen sie mit* vredelos leggen, *das Substantiv* proscriptio *mit* dat vredelos, *z. B.* proscriptionem probare *mit* dat vredelos betughen *(Hach I 77 vgl. mit II 94, I 84 mit II 48). Ebenso bedienen sich die den lateinischen Formen noch unbekannten Artikel (Hach II 86. 90. 95. 215) alle des Wortes* friedlos legen. *Der genau entsprechende lateinische Ausdruck würde* pace privare *sein, doch wird er nur selten verwendet. Der lübische Sprachgebrauch erinnert an das Soester Recht des 12. Jahrhunderts (Gengler, deutsche Stadtm. des M. A. S. 441 § 20):* quodsi ille qui maleficium perpetravit aufugerit, domus ejus et quicquid habet secundum nostri jurisdictionem destruetur, et ipse proscribetur, quod vulgo frethelos dicitur. *Andrerseits wird er befolgt, wenn der Kieler Rath an den von Lübeck im J. 1351 schreibt:* quod nos Nicolaum Mornewech ...... de proscriptione vulgariter dicta vredelos .... dimittimus quitum et solutum per presentes *(Lüb. U. B. 3, Nr. 129); während ein derselben Zeit angehöriger Brief des Herzogs Albrecht von Sachsen an den Lübecker Rath sagt:* percepimus, quod honestum militem Hinricum de Crummesse in vinculum proscriptionis, quod wlgariter dicitur vervesten, inteuditis aggravare (*Lüb. U. B. 3, Nr. 289*). *Im Gebiete des sächsischen Rechts ist* vervesten *der dem* proscribere *entsprechende Kunstausdruck. Der Sachsenspiegel gebraucht ausschliesslich dies Wort und das davon abgeleitete* vestinge (vestunge); *Homeyer hat* vredlos *nur aus der Glosse zu Ssp. I 38 § 2 verzeichnet. Ebenso ist in den den Sachsenspiegel benutzenden Stadtrechten, dem Magdeburger, dem Goslarer* verfesten *der herrschende Kunstausdruck, während das Hamburger Recht seine Mittelstellung auch dadurch zu erkennen giebt, dass es* verfesten *und* friedloslegen *neben einander verwendet (1270 VI 6, IX 4. 1292 N IX). Wenn nun auch die lübischen Statutensammlungen des 13. Jahrhunderts den Terminus des sächsischen Rechts consequent fernhalten, so zeigt doch der Umstand, dass die pommersche Stadt Demmin in einem Briefe an Stralsund von 1265 den Ausdruck* proscripti quod dicitur vervest *(Hanserecesse 1, Nr. 8) gebraucht, und Lübeck selbst in einer Rechtsmittheilung an Colberg aus dem Anfang des 14. Jahrhunderts ein Statut* Den me vorvesten sol *überschreibt (Riemann, Gesch. der Stadt Colberg, Anhang S. 102), das Eindringen des Worts* vervesten *in die Geschäftssprache der Städte lübischen Rechts, worauf ausser der steten Berührung mit dem sächsischen Rechtsgebiete die besondere Beziehung zu Hamburg, mit dem Lübeck schon so früh grade einen auf die Proscriptio bezüglichen Vertrag abschloss, von Einfluss gewesen sein may. Wie das citirte Colberger Statut* vorvesten *und* vredelos leggen *neben einander gebraucht, in einem 1374 zwischen den Herzögen von Sachsen, den Grafen von Holstein und den Städten Lübeck und Hamburg abgeschlossenen Landfrieden (Lüb. U. B. 4, Nr. 219) die beiden Worte gleichbedeutend mit einander wechseln, so finden sich in den spätern Particen unsres Stralsunder Buches, wo die Schreiber die Formeln tautologisch zu überladen lieben, Zusammenstellungen, wie:* her Johann Stenwegh is vorvestet unde vredelos gelecht *(Nr. 629), ähnlich wie der Lübecker Rath in einer Urkunde aus dem Ende des 14. Jahrh. sagt:* en ruchte quam us, dat use vorvesteden vredelosen lude weren in der nacht ghebroken over unse lantwere *(Lüb. U. B. 4, Nr. 659).*

Was hiess jemanden verfesten? Vesten *oder* vestenen, *wie die volle, unverkürzte Form lautet, bedeutet zunächst soviel als festmachen (W. Müller u. Zarncke, Mhd. Wörterbuch s. v.* vestene): *so in dem Verbote, ohne des Landesherrn Erlaubniss eine Stadt mit Planken oder mit Mauern zu* vestenen *(Sachsensp. III 66 § 2) oder in dem Gebote:* iewelk dorp sal sinen deil des dammes vestenen vor der vlut *(Ssp. II 56 § 1). Auf Personen angewendet, bedeutet das Wort soviel als sie festnehmen, wie wir noch sagen, jemanden handfest oder dingfest machen. Da* stede *und* vest *Synonyma sind, so kann auch in gleicher Bedeutung* bestedegen *gebraucht werden:* den vorvesten man mut man wol bestedegen binnen gebundenen dagen *(Ssp. II 10 § 1). Vervestenen *oder* vervesten (vorvesten) *wird dann soviel ausdrücken, als jemanden zum Festnehmen verurtheilen*[1], *ebenso wie* ver-

---

1) *R. Hildebrand im Glossar S. 172 zu Weiskes Ausg. des Ssp., eine Erklärung, die mit der Adelungs (Wb. 4, Sp. 1034): festsetzen, ins Gefängniss werfen*

delen *z. B.* egen unde len *(Ssp. I 38 § 2), jemanden sein Eigen und Lehn durch Richterspruch aberkennen,* stat und burgban eneme verteilen *(Städtechron. 9 S. 1019, 19 u. 25), ihm den Aufenthalt in Stadt und Burgbann durch Urthel verbieten,* verlandfreden *(Städtechron. 6, S. 473 A. 1) ihm den Schutz des Landfriedens gerichtlich absprechen heisst.*

Zum Festnehmen verurtheilt man den Verbrecher, der sich nicht zur Aburtheilung seiner That dem Gerichte stellt. Nach dem deutschen Recht der ältern Zeit galt nicht blos für den Civilprozess, wie noch heutzutage, sondern auch für das Strafverfahren der Satz, dass keine Partei wider ihren Willen vor Gericht zu erscheinen genöthigt werden konnte. Auch der Verbrecher, der missethätige Mann[1]*, musste, falls man ihn nicht auf handhafter That betroffen hatte, geladen werden, und zwar unter Ansetzung einer bestimmten Frist. Erst wenn er ungeachtet gehöriger Ladung nicht erschienen war und das daraufhin zulässige Verfahren gegen ihn stattgefunden hatte, hörte er auf, gegen zwangsweise Vorführung vor Gericht geschützt zu sein. Es ist das nicht die einzige Rechtsfolge, die sich an den Ungehorsam des Verbrechers knüpft; es ist aber die wichtigste. Recht bezeichnend hebt das der Richtsteig Landrechts hervor (Art. 41 § 4):* Wer aver de antwerder *(der Beklagte)* dar nicht, so vrag, oft me en to rechte icht vorvesten scole, na dem dat he sine hant vorwracht *(verwirkt)* heft. Dat vintme. So vrag, we en vorloven scole: so vintme, de richter unde de dingplichten mit vingeren unde mit tungen. So vrag, oftu en tu allen tiden icht upholden mogest in deme gerichte. Dat vintme. *Weil diese zeitlich unbeschränkte Zulässigkeit der Festnahme die wichtigste unter allen gegen den Ungehorsamen ergriffenen Massregeln bildet, hat sie dem ganzen Rechtsinstitut den Namen gegeben. Wenn Verfesten auch in der rechtsgeschichtlichen Litteratur der Gegenwart der eigentlich technische Ausdruck geworden ist, so hat es das zunächst der Autorität des Sachsenspiegels zu danken, aber doch auch aus dem innern Grunde verdient, dass keine der parallelen Bezeichnungen anderer Rechtsquellen so charakteristisch ist wie diese, man vergleiche es nun mit dem in der obigen Stelle des Richtsteigs gebrauchten* vorloven *(erlauben in dem Sinne von preisgeben, den Schutz entziehen), dem im Freiberger Rechte beliebten, aber auch im Reichsrecht, vgl. den Urtheilsspruch K. Adolf v. 1297 (M. G. LL. II S. 465), vorkommenden* verzalen[2]*, dem* vorachten*, mit welchem es oft zusammengestellt*

---

nicht zusammenfällt. — In den ältern Formen des braunschweigschen Rechts ist overvesten *(U. B. der St. Braunschweig Nr. 2 § 29, Nr. 6 § 29), später (Nr. 16 § 27, Nr. 61 § 97)* vervesten *üblich.*

[1] *De misdadege man ist der den Quellen geläufigste Ausdruck; lateinisch* maleficus *oder* malificus*. In dem Priv. K. Karl IV. für Lübeck von 1374 (Lüb. U. B. 4, Nr. 222) wird gleichbedeutend:* untetige lewte *gesagt, was uns befremdlicher klingt, als* undat *für Missethat (Hamb. R. 1270 XII, 11).*

[2] *Ueber die Bedeutung des Worts vgl. Grimm R. A. S. 881 und Wackernagel, Kl. Schriften 3, S. 8. In dem* verzalen *scheint mir danach nicht mehr der Begriff der Zahl, des Zählens, sondern der aus demselben Worte* zala *entwickelte*

wird (Haltaus Sp. 1830), dem im lübischen Recht üblichen vredelos leggen, da auch noch andere Personen als ungehorsam entbleibende Verbrecher des Friedens beraubt, in die Acht gethan werden, oder endlich mit dem in allen Rechtsgebieten verwendeten lateinischen Ausdrucke proscribere [1]. Wir sind demnach wohl befugt, unsere Quelle Verfestungsbuch zu betiteln, doch ist der abweichende Sprachgebrauch des lübischen Rechts zu beachten, da er, wie später gezeigt werden soll, auf eine sachliche Verschiedenheit zwischen der sächsischen Verfestung und der lübischen Friedloslegung hindeutet.

Nach dem Recht des Sachsenspiegels kann zur Verfestung nur dann gegriffen werden, wenn der Verbrecher einer Handlung beschuldigt wurde, die mit einer an den Hals oder an die Hand gehenden Strafe (vgl. die cit. Stelle des Richtsteigs) bedroht war, und trotz dreimaliger Ladung entblieb (Ssp. I 67 und 68 § 1); nur den dingflüchtigen Angeklagten d. h. den aus dem Gerichte, in welchem man ihn zu sin antwerde, in seiner Gegenwart anschuldigte, entweichenden kann man auf der Stelle verfesten (Ssp. II 45) [2]. Die Wirkung der Verfestung gegen den zwangsweise dem Gerichte vorgeführten Angeklagten zeigt sich darin, dass die dem Verbrechen gedrohte Strafe um des Ungehorsams willen allemal zur Lebensstrafe gesteigert wird. Solange der Verfestete der Gefangennahme entgeht, treten die Nachtheile seiner Lage darin hervor, dass er zu wichtigen gerichtlichen Handlungen unfähig ist (Ssp. II 63 § 2), und niemand ihn beherbergen oder mit Speise versehen darf (Ssp. III 23; daraus Hamb. R. 1270 X, 2) [3].

Das lübische Recht entbehrt solch prinzipieller Aussprüche über die Proscriptio; es beschränkt sich auf die Erörterung einiger Anwendungsfälle und die Ordnung von Einzelheiten des Verfahrens. Die ältesten Statuten beschäftigen sich mit der Proscriptio nur auf Grund auswärtiger Vorkommnisse: einmal mit der auswärts geschehenen Verfestung eines Lübecker Bürgers, wie in dem Hach I 80 behandelten Falle, und zweitens mit dem an einem Stadtbewohner auswärts verübten Raube, der zur heimischen Verfestung des fremden Verbrechers führt, wenn dieser sich nicht stellt (Hach I 77, II 94). Erst in den deutschen Statuten kommt Verfestung wegen in der Stadt selbst verübter Missethaten hinzu; zuerst wegen Tödtung (II 90), dann in den deutschen Texten der jüngern Gruppe (Frensdorff, das lüb. Recht nach s. ältesten Formen S. 46 ff.) auch wegen Körperverletzung (II 86). Die beachtenswertheste unter diesen statutarischen Bestimmungen (Hach I 77) ist leider zugleich die für das Verständniss schwierigste.

Begriff der Rede, der gerichtlichen Erklärung (vgl. Richthofen, Fries. Wb. S. 1063) massgebend zu sein; vgl. das alte extra sermonem ponere.

1) *Vgl. zum Vorstehenden Budde, Rechtlosigkeit S. 153 ff.*
2) *Daraus Hamb. R. 1270 IX, 4, das Lappenberg, S. XLVIII und Osenbrüggen, Hausfrieden S. 28 A. 14 unrichtig erklären.*
3) *Bienko, de proscriptione secundum fontes juris Saxonici medii aevi (Regimonti 1867), eine fleissige, leider durch Dissertationenlatein und äusserst incorrecten Abdruck der Quellen entstellte Arbeit.*

Schon die Ueberlieferung des Textes ist unsicher. Das lübische Fragment bricht schon vor diesem Artikel ab; und wir müssen uns deshalb an die Texte der Krakau-Breslauer Gruppe halten (Das lüb. Recht nach s. ältesten Formen S. 43), um dem ursprünglichen Wortlaute möglichst nahe zu kommen. Da der bei Hach gegebene Text so ziemlich der verderbteste von allen ist, so folge hier zunächst den nach den ältesten Handschriften constituirte:

Si quis rerum facultatumve suarum abalienacionem vel dampnacionem sustinuerit, judici maxime contermino, ubi violenciam passus est, bonisque hominibus intimabit; veniens autem depredatus in eandem qua moratur civitatem coram judice super casu suo clamorem publice suscitabit, et si reus infra triduum non comparuerit, reus proscribetur, et ubicunque locorum reum postmodum comprehenderit, si suam proscriptionem cum sex non culpatis hominibus probare potuerit, reus capitali sentencie subjacebit.

Die deutschen Handschriften der ältesten Gruppe haben den Artikel ganz bei Seite gelassen; er kommt zuerst in der zweiten Zusatzreihe des Kieler Codex — in dem Druck bei Westphalen, Mon. ined. 3, Sp. 660 Art. 180 — vor (d. lüb. Recht S. 73) und giebt im Wesentlichen das lateinische Statut bei Westphalen das. Sp. 630 unter der Ueberschrift Quid depraedato sit faciendum *wieder* [1]. *Bei Hach II findet er sich als Art. 94 und zeigt keinerlei erhebliche Abweichung von der bei Westphalen mitgetheilten Form.*

Der Inhalt des vorstehenden Artikels fällt zunächst dadurch besonders auf, dass er seine Voraussetzungen so abstract fasst, dass man eher ein Stück aus einem allgemeinen zum Schutz der Kaufleute bestimmten Gesetze zu lesen meint, als aus dem Statut einer einzelnen Stadt. Von allen Beziehungen auf Lübeck und seine Bürger wird abgesehen und ganz generell der Fall behandelt, dass ein Bürger im Ausland beraubt wird und dann an seinen Wohnort (in eandem qua moratur civitatem) zurückkehrt. Ebenso werden die Wirkungen der an dem Wohnort des Beraubten ausgesprochenen Verfestung allgemein dahin bestimmt, dass der Kläger überall (ubicunque locorum) den Verfesteten angreifen und nach Erbringung des erforderlichen Beweises verurtheilen lassen kann. Worauf stützte das lübische Recht der ältesten Zeit seine Befugniss, dem Kläger, der ein Verfestungsurtheil erlangt, eine so weitreichende Ermächtigung auszustellen? Eine Frage, deren Beantwortung später versucht werden soll. Gleich hier drängt sich aber die andere auf: wozu diente die Vorschrift, der Beraubte solle zunächst bei dem dem Ort der That benachbarten Richter und biederen Leuten Anzeige von dem an ihm verübten Verbrechen machen? Denn den ihm obliegenden Beweis führt er

---

1) *Die wichtigsten Varianten von dem obigen Texte sind folgende:* statt v. dampn: per depredationem; judice sibi contermino; intimabit, dummodo ausus sit propter necessitatem vite sue; cum sex inculpatis hominibus et judice septimo.

*nachher nicht mit diesen, sondern mit den Zeugen der Proscriptio.
Am erklärlichsten wird die Bestimmung, wenn die beiden im Artikel
erwähnten Gerichte nicht als successiv, sondern subsidiär thätig zu
denken sind. So haben auch die spätern Hss. den Sinn des Artikels
aufgefasst, wie ihre Abänderungen und Zusätze andeuten: sowohl
Westphalens Text, der das Angehen des auswärtigen Richters durch
den Beraubten davon abhängig macht,* dummodo ausus sit propter
necessitatem vite, *als auch die Revaler und die Göttinger Hs. (Hach I),
welche ein* non *in den ersten Satz einschieben. Die deutschen Texte
verwischen das Verhältniss wieder mehr, indem sie das* veniens autem
durch unde he come *übersetzen. Andere Fragen, die sich an den
Artikel knüpfen und denselben wenig tauglich machen, als Ausgangs-
punkt unserer Betrachtung zu dienen, werden noch im weitern Verlaufe der Untersuchung hervortreten. Bienko S. 11 will ihn als einen
Beleg für die Art der Verfestung auffassen, welche er als die sofortige,
altohant erfolgende bezeichnet. Der Sachsenspiegel unterscheidet allerdings, ob eine verbrecherische Handlung, bevor sie übernächtig wird,
oder nachdem sie übernächtig geworden ist, dem Gerichte geklagt wird
(Ssp. I 70 § 3; 67), und lässt im ersten Falle die Verfestung sofort,
im andern erst nach den gesetzmässigen Ladungen und Fristen ein-
treten (Homeyer, Richtsteig Landr. S. 450). Das lübische Recht hebt
diesen Gegensatz nirgends ausdrücklich hervor, und nur aus dem
Umstande, dass nach dem obigen Artikel der Beraubte vor dem Gerichte
des Wohnorts seine Klage mit Erhebung des Gerüftes beginnt, wie
in Ssp. I 70 § 3 vorgeschrieben ist, zieht Bienko seine Folgerung.
Aber in einem Falle, wie dem vorliegenden, war gewiss regelmässig
Uebernächtigkeit vorhanden, und zudem erfolgte die Verfestung hier
gar nicht sofort, sondern nach vergeblicher Ladung des Angeschuldigten und* infra triduum. *Auch die Auslegung dieser Worte gehört
zu den Schwierigkeiten des Artikels (vgl. unten S. XXII).
   Die Wirkungen der Verfestung fasst der Sachsenspiegel einmal
dahin zusammen:* Vestinge nimt dem manne sin lif, of he begrepen
wert dar binnen, unde nicht sin recht, svo lange he dar an is *(III 63
§ 3). Das will nur heissen: die Verfestung macht nicht rechtlos;
gewisse Rechte gehen dem Verfesteten allerdings verloren, vor allem
das wichtige Recht, sich durch Eid von der Anklage zu befreien
(Ssp. I 66 § 2); andere dagegen bleiben ihm. Welche, deuten die
hallische Rechtsmittheilung für Neumarkt in Schlesien v. J. 1235 § 34:*
si aliquis homicidium fecerit et profugus effectus fuerit, judex bona
ipsius non potest inpetere, sed tantum ipsum reum *(Laband, Magd.
Rechtsquellen S. 11) und das Magdeburg-Breslauer Weisthum von
1261 § 47 (S. 20) an:* unde wirdet ein man vorvestet oder wirdet
uber in gerichtet, sin gut ne mach nieman nemen wante sine rechten
erben. *Das lübische Recht hat zwar den harten Satz des alten Soester
Rechts, dass die Habe des flüchtigen Verbrechers zerstört werden soll
(ob. S. XV)[1], nicht aufgenommen, aber es entzieht sie ihm doch voll-*

---

1) *Dazu vergl. Grimm, Rechtsalterth. S. 729; Wilda, Strafrecht S. 293.*

*ständig. Nur sollen mit dem Rechte des Schuldigen nicht zugleich auch
die Rechte seiner Erben vernichtet werden: war der Entwichene wegen
Tödtung verfestet, so erhalten seine Erben die Hälfte, bestand sein
Verbrechen in Verwundung mit scharfer Waffe, zwei Drittheile seines
ganzen im Gerichtsbezirk belegenen Vermögens; der Rest wird zu
gleichen Quoten unter Stadt, Gericht und Kläger vertheilt (Hach II
90 und 86)*[1]. *Dieselben Grundsätze behaupten sich im spätern Rechte.
Der Codex Hach III, der sich in den Artikeln 35 und 221 mit dem
Gegenstande beschäftigt, fügt nur hinzu, dass die Theilung auf Grund
einer Abschätzung erfolgen und sich nur auf das Vermögen beziehen
soll, welches in dem Gerichtsbezirke des begangenen Verbrechens liegt.
Das revidirte lübische Recht des 16. Jahrhunderts wiederholt die alten
Bestimmungen, nur dass es die Quoten zum Nachtheil der Erben des
Thäters ändert: im Falle der Tödtung erhalten sie ein Drittheil, bei
Verwundungen die Hälfte (IV 8, 3; 4, 13)*[2].*
Ob und welche Nachtheile die Person des Verfesteten treffen,
bestimmt das lübische Recht nicht allgemein, nur von dem wegen
Raubes Friedlosgelegten sagt es, dass er überall vom Verletzten ergriffen
werden kann und, wenn der Beweis der geschehenen Verfestung erbracht
ist, die Todesstrafe,* dat ordel des hovedes *erdulden soll (I 77;
II 94)*[3].
*Die besprochenen Artikel sind die einzigen des lübischen Rechts,
die es mit dem materiellen Recht der Verfestung zu thun haben. Aus
dem formellen Recht, dem Verfahren wird nur ein Punkt eingehender
behandelt: das ist die Ladung. Von den beiden einander widerstreitenden
Interessen des Angeschuldigten und der öffentlichen Ordnung kommt
in den hierauf bezüglichen Satzungen vorzugsweise jenes zur Geltung.
Unter den lateinischen Handschriften beschäftigt sich blos die Revaler
vom Jahre 1257 mit dem Gegenstande:* nullus etiam proscribi debet,
nisi post primam citationem intimetur ei, si haberi potest, ut veniat
et expurget se si possit; et si haberi non potest, amicis suis est inti-
mandum, *ein Satz, den sie unmittelbar, ohne neue Ueberschrift an
den oben S. XIX abgedruckten Artikel anschliesst (Bunge, Quellen des
Revaler Stadtrechts I 73). Die deutschen Statuten seit dem Ende des
13. Jahrhunderts, die zuerst einen dem lateinischen Artikel Hach I 77
entsprechenden deutschen aufnehmen (s. ob. S. XIX), reihen dem sofort
wie der Revaler lateinische Codex eine Bestimmung an, dass wer
jemanden friedlos legen will, davon zuvor in seinem Kirchspiele Anzeige
machen soll, damit er vor Gericht kommen und sich von der Anschuldigung reinigen kann. Unterlässt er es trotzdem,* men leghet ene

---

1) *Im Wesentlichen stimmt damit die Nowgoroder Skra (Lüb. U. B. 1,
S. 705 und 706).*
2) *Pauli, Abhdlgn 3, S. 6 ff. Der Wegfall des kaiserlichen Vogtes kann
aber nicht das Motiv zur Aenderung des revid. Rechts gewesen sein.*
3) *Diesen Artikel muss Pauli übersehen haben, als er schrieb: die ächten
Codices des Lüb. Rechts enthielten ursprünglich keine andere Lebensstrafe als die
des Diebstahls (Ztschr. für lüb. Gesch. 3, S. 281).*

vredelos in deme dridden daghe *(Hach II 95). Dass dies Statut für die Handhabung des Rechts nicht ausreichte, beweist die ausführliche Bestimmung, welche Lübeck zu Anfang des 14. Jahrhunderts der Stadt Colberg übersandte (s. oben S. XVI). Danach ist zunächst dreimalige Ladung (voresschen) erforderlich. Dass diese Citationen durch längere Zwischenräume wie nach dem Recht des Sachsenspiegels (I 67 § 1) von einander getrennt sein mussten, wird hier nicht hinzugefügt; man könnte vielmehr im Hinblick auf das* infra triduum *der lateinischen Statuten (Hach I 77) geneigt sein* [1], *an drei unmittelbar von Tag zu Tage einander folgende Ladungen zu denken, entspräche es nicht der mittelalterlichen Rechtsterminologie besser, die Worte* is dat de schuldeghe nicht vore ne comet binnen dren dagen *(Hach II 94) oder die in der Rechtsmittheilung für Colberg gebrauchten:* so wanne me enen man vorvesten scal, den scal me vor esschen des enen daghes, dat selve scal me don des anderen daghes, des derden daghes scal do voghet eme senden ... *auf drei Gerichtstermine zu beziehen. Die dritte Ladung wird nach der letztcitirten Quelle durch Zusendung eines vom Vogte ausgefertigten und besiegelten Briefes bewirkt; das ist das* furtagen mit des vogtes wahzaichen, *wie es das Augsburger Recht nennt* [2]. *Diese schriftliche Ladung* scal me lesen openbare des hilghen daghes in der kerken, dar he to hort, vor eme unde vor der menen werld, de dar ghesammelet is. *Entbleibt der Angeschuldigte auch nach dieser dritten Aufforderung, so legt ihn der Vogt in Gegenwart so vieler Zeugen, als er erlangen kann, friedlos. Die Namen der Anwesenden werden aufgezeichnet, damit der Kläger, wenn der Verfestete im Gerichtsbezirk ergriffen wird, mit ihrer Hülfe gegen ihn gerichtlich vorgehen kann; denn nachdem er durch die Verfestung das Recht der Reinigungseides verloren hat, wird er der That dadurch überführt, dass mittelst des Gerichtszeugnisses, welches der Vogt und sechs erbgesessene Bürger erbringen, die geschehene Verfestung bewiesen wird* [3].

---

1) *Bienko S. 12 weist mit Recht auf die in diesen Worten (oben S. XX) liegende Schwierigkeit hin. Da er die Stelle auf die sofortige Verfestung des Sachsenspiegels bezieht, so ist es allerdings geradezu räthselhaft, weshalb diese erst am dritten Tage ausgesprochen werden soll. Die oben im Texte angegebene Anordnung der von der Verfestung handelnden Artikel in den Hss. ist aber wohl ein Beleg mehr, dass jene Unterscheidung des Sachsenspiegels, wenn sie überhaupt auf das lübische Recht übertragen werden darf, diesem und überhaupt den Artikeln des geschriebenen Rechts fremd ist. Die Glosse zu Ssp. I 70 § 3 verwirft die Meinung derer, die dem Beklagten noch* over di twere nacht *Frist geben wollen. Die Berechnung der* dwernacht *auf den dritten Tag ist in den Rechtsquellen nichts seltenes (Mnd. Wb. 1, S. 615). Sollte die Glosse eine dem lüb. Recht ähnliche Bestimmung im Sinne gehabt haben?*

2) *Ausgabe v. Chr. Meyer (Augsb. 1872) S. 92.*

3) *So wanne me me vorvesten scal, so scal de voghet dar to laden so wo vele ludes he hebben mach unde scal de bescriven laten to tughe, of is noth si dar na, dat he ene vorwinnen moghe sulf sevede bederver lude, de erve unde eghen hebben binnen der stat, of do vorvestede man begrepen wert in deme richte, dar he vorvestet is. Colberger Hs. des lüb. R. Bl. 42. Die Frage, ob die Worte:* dat he ene vorwinnen moge *auf den Vogt, von dem vorher die Rede war, oder auf den Kläger, auf den das* vorwinnen *besser passen würde, zu beziehen sind,*

*Beschwört der Kläger vor Gericht, die Wohnung des Angeschuldigten
sei ihm unbekannt, so verfestet man ihn,* also en·recht to drecht. *Der
allgemeine Ausdruck,* wie es das Recht gestattet, *ist gewiss nicht
absichtslos gebraucht; es sollte damit in die Hand des Gerichts gelegt
werden, wie viel oder wie wenig es von den den Angeklagten schützen-
den Formen beizubehalten für nöthig erachtete.* Die thatsächliche Lage
wird oft genug der Art gewesen sein, dass der Ausspruch des Holsten
Landrechts auch hier Anwendung fand: is idt een schried in de welt,
men schallt em dinge kündig don in den wind *(Seestern-Pauly,
Neumünst. Kirchspielsgebräuche S. 26).*

*Mit dem Hergang des Verfestens selbst beschäftigen sich die Sta-
tuten nirgends ex professo. Aehnlich wie der Sachsenspiegel nur im
Vorübergehen einmal bemerkt, der Richter solle den sich freiwillig stel-
lenden Verfesteten* ut laten mit vingere und mit tungen, als man ine
in die vestinge dede *(II 4 § 1), so erfahren wir gelegentlich der Für-
sprechertaxe des lübischen Rechts, dass bei der Proscriptio* gheropen
wert tiodute ofte swert unde wapene getoghen unde warve, ander warve
unde dridde werve *(Hach II 215).* Die Bemerkung, dass überhaupt
vieles von dem Recht der handhaften That auf das Verfestungsverfahren übergegangen ist (Stobbe, Jahrb. des gem. R. 1, S. 452), bestätigt sich auch an diesen Formen. So begann auch das Verfahren
gegen den abwesenden Missethäter damit, dass der Kläger vor dem
Gerichte openbare gheschrichte that *(Hach I 77; II 94) oder, wie es
in einer Urkunde von 1365 heisst,* te iodute rief *(Lüb. U. B. 3,
Nr. 635)* [1].

*Die lateinischen Statuten Lübecks und damit in voller Ueberein-
stimmung alle nachfolgenden Recensionen enthalten noch einen wichtigen
hier zu erwähnenden Satz, der sich allerdings nur negativ mit der
Proscriptio befasst:*

> quisquis propter verba jurgiosa vel pro aliquo alio excessu a con-
> sulibus fuerit ex civitate ejectus et expulsus sine proscriptione
> judicii, hunc consules cum eis placuerit sine judice poterunt in
> civitatem revocare *(Hach I 84; II 48).*

*Hier handelt es sich nicht um Friedloslegung oder Verfestung,
sondern um eine dazu in Gegensatz tretende Massregel, die gleichwohl sehr häufig mit jener verwechselt wird* [2], *weil beide in ihren
äussern Wirkungen oft zusammentreffen, auch wohl hin und wieder*

---

ist im Texte beantwortet im Hinblick auf Ssp. III 88 § 2: selve ne darf die
klegere nicht getüch sin, svar he mit deme gerichte tüges vulkumt *(Bar, Beweis-
urtheil S. 51) und auf Hach I 77:* si proscriptionem ejus cum sex inculpatis
hominibus (II 94: mit ses besetenen mannen) et judice septimo probare potuerit.

    1) *Es lässt sich aber deshalb nicht folgern, wie Bienko (s. oben S. XX) will,
dass hier handhafte That vorlag.*

    2) *Vgl. z. B. die Ueberschriften, welche das Hamb. U. B. Nr. 524 und das
Lüb. U. B. 1, Nr. 96 dem Vertrage von 1241 (unten S. XXV) geben; das Register
zum Meklenb. U. B. 4, S. 414, dem zufolge das Verbrechen der Brandstiftung in
einem Falle mit dem Feuertode, im andern mit Verbannung bestraft sein soll,
wo aber nur Verfestung gemeint ist.*

durch ungenauen Sprachgebrauch der Quellen zusammengeworfen wer-
den. Es ist hier von der Stadtverweisung die Rede, jener besonders
durch das städtische Criminalrecht des spätern Mittelalters ausgebil-
deten Strafe. Auch der Verfestete wird die Stadt, den Gerichtsbezirk,
in welchem er friedlos gelegt ist, meiden, aber für ihn besteht nicht
die Strafe in der Ausweisung; sein Fernsein ist die Voraussetzung
des über ihn gesprochenen Urtheils, und sein Fernbleiben die natürliche
sich daran knüpfende Folge und ein Nachtheil von den mehreren, die
ihn treffen. Für den der Stadt Verwiesenen ist das Meiden des
Gerichtsbezirkes die rechtliche und die einzige Folge des gegen ihn
gefällten Spruches; was dem Verfesteten nicht verboten ist, das Zurück-
kehren, ist für ihn mit schweren Strafen bedroht [1]. *Die Stadtverwei-*
sung ist eine neu mit Ausbildung des städtischen Wesens aufkommende
Strafe und wird vom Rathe verhängt, vom Rathe nach seinem Befinden
zurückgenommen. Die Verfestung hat das Stadtrecht aus dem Land-
recht überkommen, sie geht vom Vogte, vom Gerichte aus. Die Stadt-
verweisung kann vom Rathe wegen jedes, ihm dazu geeignet erschei-
nenden Vergehens, schon umme bose wort ausgesprochen werden; die
Verfestung hat ursprünglich ein Verbrechen zur Voraussetzung. Um
alles zusammenzufassen, die Stadtverweisung ist eine Strafe gegen den
anwesenden, die Verfestung ein Contumacialurtheil gegen den abwe-
senden Angeklagten [2]. *Mit besonderer Schärfe auch im Ausdruck wird*
der Gegensatz in dem sg. ältesten hansischen Recess von c. 1260 her-
vorgehoben (Hanserecesse 1, Nr. 7). Nachdem er erst den Fall: si
aliquis propter excessum suum ab una civitate expulsus fuerit *(§ 2),*
erörtert hat, behandelt er den: si aliquis pro latrocinio et spolio in una
civitate fuerit proscriptus *(§ 5), während der jüngere Recess von 1265*
(das. Nr. 9) die Unterschiede schon in etwas verwischt hat [3].

Mit dem Durchmustern der Statutensammlungen ist die Reihe der
Satzungen, die sich auf die Proscriptio beziehen, nicht erschöpft. Wir
haben eben schon ein Gebiet von Rechtsquellen berührt, in denen dieser
Gegenstand sehr häufig, wenn auch nur nach einer bestimmten Seite
hin, berücksichtigt wird: das sind die Verträge.

Der Sachsenspiegel spricht den Satz aus, dass jede Verfestung
zunächst nur für den Gerichtsbezirk des verfestenden Richters wirkt [4],
so dass sie mithin dem Verfesteten, der sich in einen andern Bezirk
begiebt, nicht schadet. Zur Erstreckung der nachtheiligen Folgen über
das ursprüngliche Gebiet hinaus bedarf es besonderer Massregeln, der
niedere Richter muss die von ihm ausgesprochene Verfestung vor den

---

1) *Auch in das oben mitgetheilte lübische Statut und ebenso in die deutsche*
Form desselben (Hach II 48): so we umme bose wort oder dor andere broke
uth der stat wert ghewiset van den ratmannen sunder vredelos, *womit sprachlich*
das bernet sunder mortbrand *des Ssp. II 13 § 5 verglichen werden darf, spielt*
der Gedanke hinein, als sei die Ausweisung auch eine Folge der Friedlosigkeit.
2) *Vgl. Hugo Meyer, das Strafverfahren gegen Abwesende (Berlin 1869) S. 64.*
3) *Hansische Geschichtsblätter 1, 1 S. 17.*
4) *Vgl. auch die oben S. XVII citirte Stelle des Richtsteigs:* upholden mogest
in deme gerichte.

höhern Richter bringen, damit dieser ihre Wirkungen auf seinen umfassendern Gerichtssprengel ausdehne (Ssp. III 24 § 1; I 71)[1]. *Auch das lübische Recht gieng von jenem Grundsatze aus*[2], *musste sich aber bei der selbständigen und gleichberechtigten Stellung der Städte anderer Mittel bedienen, um zu einer ähnlichen Verallgemeinerung der Folgen der Friedlosigkeit und damit zu einer wirksamen Unschädlichmachung und Bestrafung des Verfesteten zu gelangen. Schon im Jahre 1241 schlossen Lübeck und Hamburg mit einander den Vertrag ab, dass der in einer der beiden Städte Friedlosgelegte auch in der andern als solcher behandelt werden solle (Lüb. U. B. 1, Nr. 96). Etwa zwanzig Jahre später wurde durch den sg. ältesten hansischen Recess eine ähnliche Vereinbarung zwischen Lübeck und den seinem Recht folgenden Städten aufgerichtet, nur dass man sich hier auf die* pro latrocinio et spolio *Friedlosgelegten beschränkte (s. ob. S. XXIV). Darunter wird man, um einen Ausdruck des Privilegs K. Karl IV. für Lübeck von 1374 (Lüb. U. B. 4, Nr. 222) zu gebrauchen,* beide laut und wasser rauber, *zu verstehen haben, wie denn auch in der 1259 zwischen Lübeck, Rostock und Wismar getroffenen Uebereinkunft* piratae et praedones, omnes illi qui mercatores spoliant *für friedlos erklärt worden waren (Hanserecesse 1, Nr. 3). War demnach in den Verträgen mit den wendischen Städten ebenso wie in den lübischen Statuten (s. ob. S. XIX) der Raub das erste Verbrechen, um dessentwillen man zur Verfestung schritt, so wurde doch schon in dem nur wenige Jahre später vereinbarten jüngern Recesse (Nr. 9) die alte Festsetzung auf Verfestungen jeder Art ausgedehnt (§ 8), wie nach dem Vertrage Lübecks mit Hamburg schon von Anfang an kein Unterschied einer Verfestung* pro grandi causa sive modica *gemacht war. Aehnliche Bestimmungen kehren zahlreich in der folgenden Zeit wieder. Es genüge auf den Rostocker Landfrieden von 1283 hinzuweisen, dessen Theilnehmer sich verpflichten:* si maleficus quisquam evaserit, ille per omnes terras ..... dominorum et civitates quaslibet habebitur pro proscripto *(Mekl. U. B. 3, Nr. 1682), oder auf das Privileg des Fürsten Wizlaf für Stralsund vom Jahre 1319:* quicumque in memorata civitate nostra Sundis justis sententiis proscribitur, ille in omnibus civitatibus terre nostre jus Lubicense habentibus exterminabitur proscribendo *(Fabricius, Rügensche Urk. 4, 3 Nr. 768). Wird hier der anfangs vertragsmässig unter den Städten lübischen Rechts festgestellte Satz einer einzelnen Stadt jenes Kreises als ein besonderes Stück ihrer Rechtsverfassung durch ein Privileg der Landesherrschaft zugesichert, das sich seiner Natur nach bei seiner Anerkennung innerhalb der Grenzen des eigenen Landes halten muss, so haben spätere Statutensammlungen den Grundsatz als einen Bestandtheil des lübischen Rechts behandelt und unbeschränkt die Bestimmung aufgestellt:* de vorvestet is in ener stad, dat sy umme wat myssedat

---

1) *Hugo Meyer, Strafverf. S. 84.*
2) *Vgl. die S. XXII Anm. 3 abgedruckte Stelle.*

*id sy, de is vorvestet in alleme lubeschen rechte (Hach IV 90). Doch
ist wohl zu beachten, dass diese Stelle nicht früher, als in dem Drucke
des lübischen Rechts von Dietz aus dem Jahre 1509 vorkommt.*
    *Man darf die rechtliche Bedeutung einer solchen Verallgemeine-
rung der von einer Stadt ausgesprochenen Verfestung nicht überschätzen.
Hinter der Massregel des Landrechts muss sie zurückbleiben, da dieses
die ursprüngliche Verfestung nicht blos extensiv, sondern auch intensiv
zu verstärken vermag. Die Gerichte des Landrechts stehen über einander, die der Städte neben einander. Die Zusage, der von Lübeck verfestete Missethäter solle auch in Hamburg oder in allen Städten
lübischen Rechts verfestet sein, gewährte zunächst nicht mehr, als dass
der Kläger sich seines Gegners nicht blos im Gerichtsbezirk Lübecks,
sondern auch in dem Hamburgs oder in dem aller Städte lübischen
Rechts bemächtigen und ihn vor Gericht bringen durfte. Die Erleichterung betraf also zunächst nur den Gerichtsstand. Nicht blos das
forum domicilii oder delicti commissi, sondern auch das forum depre-
hensionis war competent zur Aburtheilung des Verfesteten (Stobbe
a. a. O. S. 452). Für den Endzweck des Klägers, die Bestrafung des
Schuldigen herbeizuführen, war nur dann etwas erreicht, wenn er hier
im fremden Gericht auch den Beweis gegen denselben zu erbringen
vermochte. Blieb es hinsichtlich des Beweisverfahrens bei den gewöhnlichen Grundsätzen, so war die gewährte Hülfe eine problematische.
Deshalb setzte die Rechtsbildung grade an diesem Punkte ein und ver-
schaffte Erleichterungen, die theils die Beweismittel, theils das Beweisthema betrafen.*
    *1. Den ältesten Beleg bietet der Vertrag zwischen Lübeck und
Hamburg von 1241:* quicunque in civitate Hammenburgensi ..... proscribatur, et si forte idem proscriptus civitatem Lubicensem ingrediatur
et actor cause ipsum inveniat et inpetat, si proscriptionem suam ipsis
consulibus et burgensibus per nostras litteras indicaverimus, debet esse
adeo ratum ac stabile, ac si eundem malificum testium civitatis nostre
testimonio vinceremus. *Als Beweismittel soll demnach das schriftliche Zeugniss der auswärtigen Rathsbehörde über die in ihrem Gerichte
stattgehabte Verfestung genügen. Eine noch grössere Erleichterung lag
in der Absicht des Recesses von 1265, in welchem sich Lübeck mit
seinen Rechtsgenossen dahin einigte, dass jede Stadt, die eine Verfestung vornahm, allen übrigen davon genaue Mittheilung unter Angabe
des Namens des Verfesteten, seiner Brüche sowie des Tages und der
Stunde der Urtheilsfällung machen sollte (Hanserecesse 1, Nr. 9 § 8),
eine Bestimmung, die nach einer Seite hin an den Mainzer Landfrieden K. Friedrich II. von 1235 erinnert, welcher den kaiserlichen
Schreiber anwies, jede Achterklärung nach ihrer Caussa, den betheiligten Personen und dem Tage der Vornahme in sein Register einzutragen (Franklin, de justitiariis curiae S. 83; Reichshofgericht 2, S. 324).
Doch muss jene Vereinbarung gleich andern des Recesses von 1265
nicht zur stricten Ausführung gekommen sein, da uns anstatt einer
zu erwartenden fortlaufenden Benachrichtigung doch genug Beispiele*

begegnen, in welchen immer erst für den einzelnen Bedürfnissfall die auswärtige Verfestung einbezeugt wurde. Auch würde jene mit den wendischen Städten verabredete Massregel, hätte sie sich im Leben bewährt, wohl auf den Verkehr zwischen Hamburg und Lübeck ausgedehnt worden sein, während diese Städte doch, als sie den Vertrag von 1241 im Jahre 1385 erneuerten, wörtlich wie ehedem (s. ob. S. XXVI) festsetzten: were dat syn vorvestinghe uns ghekundeghet worde by breven des rades der stad Lubeke vorgheschreven, dat schal also stede unde vast wesen, alse eft de sulven mysdedeghen lude myd tughen in unser stad vorwunnen worden *(Lüb. U. B. 4, Nr. 450; auch Hanserecesse 2, Nr. 302). Von dieser ganzen durch Verträge und Bundesgesetzgebung eingeführten Erleichterung, der zufolge an die Stelle des persönlichen und mündlichen Gerichtszeugnisses das Rathsschreiben tritt, wissen die lübecker Statuten nichts: den Beweis der Verfestung lassen sie nach wie vor mit* ses besetenen mannen, dat de richter de sevende si, *erbringen (Hach II 94, vgl. ob. S. XIX und III, 224). Anders das Hamburger Recht. Es hat eine Mehrzahl von Statuten, die sich mit dem Beweisrecht bei Verfestungen beschäftigen, und die Vergleichung der verschiedenen Recensionen ergiebt das Bild einer gewissen Entwicklung. Die Statuten von 1270 unterscheiden zwischen einer einheimischen und einer auswärtigen Verfestung. Die letztere lassen sie wie das Lübecker Recht beweisen, nur dass sie Rathmannen neben dem Richter als Zeugen verlangen, wie sie denn überhaupt nur eine* bynnen beslotenen wicbelde *geschehene Verfestung voraussetzen (VI, 6). Eine einheimische zu beweisen, fordern sie nur* twe gude mannen *(XII, 11). Diese Bestimmung muss sehr auffallen, und scharfsinnig hat Lappenberg S. LIV auf einen Satz des alten Soester Rechts als das Muster hingewiesen, wenn er gleich unnöthigerweise ein Missverständniss desselben bei der Herübernahme vermuthet. Nach den oben S. XV ausgezogenen Worten heisst es dort:* si vero factum negare voluerit, duo probabiles viri si adsunt, cogentur testimonium veritati perhibere, et sic non admittetur rei expurgatio. *Wahrscheinlich handelt es sich hier und ebenso im Hamburger Recht gar nicht um einen Beweis der Verfestung zum Zwecke der Bestrafung des Verfesteten, sondern nur um demselben das Recht des Reinigungseides abzusprechen. Die spätern Recensionen haben den Satz nicht wieder aufgenommen, sondern an die Stelle gesetzt:* mach men ene des verwinnen mit dheme richte oder mit der stat breve, he scal ein verwunnen man bliven, he si ghast oder borghere *(1292 P. XI; 1497 O. II). Damit steht allerdings in Widerspruch, dass die Bestimmung über den Beweis auswärts geschehener Verfestung 1292 G. VI so wiederholt wird, wie sie 1270 formulirt war¹, wenn man sie nicht auf den Fall der Klage zwischen Gast und Gast beschränken will; übrigens macht ein später angehängter Zusatz die Bemerkung, dass wenn der*

---

1) *Auch 1497 E. XXV kehrt sie wieder, aber so missverstanden, dass aus dem* richtere *das* richte *geworden ist.*

*Rath durch Briefe oder Willkür andere Ordnung über diese Gegen-
stände getroffen hat, diese vorgehen soll. — Jedenfalls ergiebt die
Betrachtung des hamburgischen Rechts soviel, dass hier der Beweis
der Verfestung mittelst eines schriftlichen Rathszeugnisses, das vol-
bringen mit der burger breve, wie es das Freiberger Recht und andere
nennen (Bienko S. 33, 39), zwischen 1270 und 1292 zur allgemeinen
Anerkennung kam. Das lässt sich auch noch aus Satzungen darthun,
welche sich mit dem Recht des Reinigungseides beschäftigen. Diebstahl
und Raub kann man niemand durch Zeugniss schuld geben, der nicht
mit der baren schult betroffen oder bereits* beropen *ist. Diese Aus-
nahmen des Statuts von 1270 VI, 12 vervollständigt das von 1292
G. XI dahin:* id ne si also, dat he ein beropen man si oder vervest
oder in dheme breve sta, *oder, wie 1497 E. V statt dessen gesagt wird:*
vorvestet edder syner undaet halven beschreven unde anghetekent
were *(Cropp, Diebstahl S. 401 ff.). Das Neue, das uns diese Stellen
für unsern Zweck lehren, liegt darin, dass nicht blos die von auswärts mitgetheilten Verfestungen, sondern auch die einheimischen in
ein Register eingetragen wurden, das man nachher als ein Beweismittel anrufen durfte. Zum Beweise der einheimischen Friedloslegungen mochte es anfangs nur dann angegangen werden, wenn das münd-
liche Gerichtszeugniss sich nicht erbringen liess, mit dem zunehmenden
Ansehn des Urkunden- und besonders des Stadtbücherbeweises aber
auch zu primärer Bedeutung gelangen. Das Eintragen in die Ver-
festungs- oder Achtbücher* [1] *erschien allmählich als etwas so wesent-
liches, dass es unmittelbar mit der Institution der Verfestung selbst
in Zusammenhang gebracht und als ein wichtiger Bestandtheil derselben behandelt wurde. Das sind besonders einige Landrechte der
nordalbingischen Gegenden zu zeigen geeignet. Das Billwärder Landrecht aus dem Ende des 14. Jahrh. reiht an die Beschreibung des
Verfestungsherganges (Art. 62) den Satz:* der herschop voged schal
eyn boek hebben, dar he de vorvesteden lude an schrive, dat se nicht
vorgheten en werden *(Lappenberg, hamb. R. A. S. 339); und in dem
ältesten Dithmarscher Landrecht lautet ein Zusatz von 1465:* vortmer
alle de jenne, de na desser tyd lüde overgheven, de scholen se van
stund an scriven laten in unses landes boek, schall dat anders vull-
kamen macht hebben, unde scholen overgheven wesen vor unseme
lande *(Michelsen, Sammlg. altdithm. Rechtsqu. S. 78 und 315). Dem
Sinne nach scheint dies* overgeven *mit dem oben S. XVII besprochenen* vorloven *sich zu berühren und soviel als preisgeben zu
bedeuten.*

*   2. Die zweite Erleichterung betraf das Beweisthema. Der Kläger
hatte mit dem zur Stelle gebrachten Personal des auswärtigen Gerichts,
den sechs erbgesessenen Bürgern und dem Richter als siebenten, nach
dem Ausdruck der lübischen Statuten* dat vredelos zu beweisen *d. h.*

---

1) *Beispiele für diese und andere Namen bei Lappenberg, hamb. R. A. S. 339
und Bienko S. 40.*

den Act der Friedloslegung, bei welchem dieser den Vorsitz im Gerichte geführt hatte, jene als Zeugen zugegen gewesen waren. Die Bedeutung dieser Bestimmung wird erst recht klar, wenn man die Aufzeichnungen des magdeburgischen Rechtskreises zur Vergleichung heranzieht. Auch in diesem war die Gemeingültigkeit der von einer Stadt ausgegangenen Verfestung zur Anerkennung gekommen[1], wie die Schöffensprüche der Magdeburger Fragen III 8, 1 (hg. v. Behrend S. 200), des Magdeburg-Breslauer systematischen Schöffenrechts III 2, 109—111 (hg. v. Laband S. 114) und das Stendaler Urtheilsbuch Nr. XII (hg. v. Behrend S. 60) zeigen; aber um eine auswärts geschehene Verfestung gegen den Angeschuldigten wirksam benutzen zu können, musste der Kläger zweierlei beweisen: die Verfestung und die dem Gegner zur Last gelegte Missethat. Die erste Thatsache erhärtete er mittelst Gerichtszeugnisses, durch den Richter und die Schöffen der Stadt, in deren Gericht die Verfestung stattgefunden hatte (Magdeb. Frageu a. a. O. und I 15, 6); die zweite durch seinen selbsiebent geleisteten Eid (das. III 8, 1). Der Umständlichkeit dieser Vorschriften hatte eine Reihe von Städten dadurch einigermassen abgeholfen, dass sie sich vertragsmässig verpflichteten, anstatt des auswärtigen zur Stelle gebrachten Gerichtszeugnisses den Gerichtsbrief oder auch das Schreiben des Raths als einen hinreichenden Beweis gelten zu lassen, aber an der Nothwendigkeit ausser der Proscriptio auch die Caussa derselben, die zu Grunde liegende verbrecherische That, zu beweisen, wurde stets festgehalten, während das lübische Recht, und in diesem Punkte die ältesten Formen mit den jüngsten, Statuten mit Verträgen übereinstimmend, sich an einem Beweise, dem der geschehenen Verfestung, genügen liess.

Wie diese Rechtssätze im Leben gehandhabt wurden, ist ein lehrreicher gegen die Mitte des 14. Jahrhunderts anzusetzender Fall zu zeigen geeignet. Ein Bote des Stralsunder Raths hatte die Anzeige nach Lübeck überbracht, dass Hinrik Pape von Rostock in Stralsund wegen Mordbrandes friedlos gelegt worden sei (vgl. unten Nr. 226), und die Eintragung dieser Verfestung in den Lübecker liber sceleratorum verlangt. Der Rath war bereit dem zu entsprechen, falls der Bote oder ein anderer namens der Stralsunder als Kläger vor dem Gericht zu Lübeck den Verfesteten nach lübischem Recht verfolge (sceleratorem vestrum tamquam actor jure Lubicensi exequatur). Da der Bote sich dessen weigerte, so erklärte der Rath, den Eintrag verzögern zu müssen, bis jener Forderung genügt sei (Hanserecesse 1, Nr. 115). Man könnte, da Rostock bei dem Aufschub der Sache interessirt war (das. Nr. 116), ein dilatorisches Verhalten Lübecks, das im Rechte ohne Stütze war, argwöhnen. Aber auch der im Jahre 1385 erneuerte Vertrag Lübecks mit Hamburg macht gleich dem von 1241 die Anerkennung der auswärtigen Verfestung davon abhängig, dass de ghene de also vorrested were (tho Lubeke) in unse stad tho Hamborch queme

---

1) *Simon, juris Saxonici medii aevi de foro competenti praecepta (Regimonti 1867) S. 93.*

unde de klegher der sake ene dar vunde unde anklaghede *(s. ob.
S. XXVII). Da das Verbrechen, um dessentwillen Hinrik Pape verfestet
war, in einem gegen die Stadt Stralsund selbst und einen ihrer Diener
verübten Mordbrand bestand, so war es ganz richtig, dem Boten oder
einem andern von der Stadt Beauftragten die Klägerrolle anzusinnen.
Auffallen könnte nur, dass man auch da, wo der Verklagte allem
Anscheine nach nicht zur Stelle war, und nur eine Eintragung des
Stralsunder Verfestungsurtheils in das Lübecker Verfestungsbuch nachgesucht wurde, so rigoros verfuhr; doch wurde, wie weiter unten gezeigt
werden wird, solche Eintragung als ein Bestandtheil, und nicht der
unwichtigste, des Verfestungsaktes behandelt. Ob nun unter allen
Umständen mit der gleichen Strenge an diesen Grundsätzen festgehalten
wurde, mag man bei der durchgreifenden Strafrechtspraxis, der sich
die Städte im spätern Mittelalter hingaben und bei den gewaltthätigen
und gefährlichen Zuständen hingeben mussten, billig bezweifeln. Wie
sie die Missethäter ufihalten, angreifen, vahen, slahen, einerlei ob sie
vervestent oder unvervestent waren (Lüb. U. B. 4, Nr. 222), wie sie
nicht blos den convictus, sondern auch den diffamatus verfesten (Hanserecesse 1, Nr. 116), so mochten sie auch die auswärtige Verfestung
ohne vorgängiges gerichtliches Verfahren bei sich anerkennen. Ein
ausdrückliches Zeugniss dieser summarischen Behandlung der strengen
Grundsätze des Verfestungsrechts, das aber zugleich das Missbräuch-
liche dieser Praxis tadelt, besitzen wir aus dem Kreise des sächsischen
Rechts. Zu Ssp. I 71, der das Mittel angiebt, um die niedere Verfestung zur höhern zu steigern (s. ob. S. XXV), bemerkt der Glossator:*
dit is wedder de doren, de dar spreken, en vervest man hir, de si
allerwegen vervest; de hir vervest is bi der Elve, de is nicht vervest
bi der Odere. *In diesem Sinne scheint man auch oft jene Anerken-
nungen auswärtiger Verfestungen, die in den citirten Verträgen sich
finden und schliesslich in die lübischen Statuten gelangen, verstanden
und darum in ihrer Tragweite überschätzt zu haben. Gesetzlich aner-
kannt ist diese Ausweitung nicht. Es war nicht Zufall, dass man im
Jahre 1385 von Seiten Lübecks den alten Vertrag über die Proscripti
mit Hamburg erneuerte: offenbar hatte der im Jahre zuvor in Lübeck
ausgebrochene Knochenhaueraufstand den Anlass gegeben (Koppmann
in den Hanserecessen 2, S. 350), aber trotzdem glaubte man mit der
alten Vorschrift, dass zur Erstreckung der Verfestung vorgängiges
gerichtliches Verfahren erforderlich sei, auszukommen. Zu gleicher
Zeit suchte Lübeck auch mit den hansischen Genossen zu gemeinsamen
Massregeln gegen die Theilnehmer des Aufstandes zu gelangen. Aber
auch von ihnen fordert es nicht mehr, als dass sie* ere vorredere, de
umme der vorretnisse willen vorvestet sin, in eren steden nicht en
veligen oder leyden, unde de andern, de ere stad versworen hebben,
dat men de in nene stat entfange tho borgheren. *Dieser auf der Tag-
fahrt zu Stralsund Johannis 1385 gestellte Antrag (Hanserecesse 2,
Nr. 306) unterscheidet scharf, ganz in der Weise des alten Rechts
(ob. S. XXIV), zwischen Verfesteten und Ausgewiesenen. Die letztern*

*wünscht er in keiner Bundesstadt zu Bürgern aufgenommen zu sehen;
den erstern will er Schutz und Geleit versagt wissen. Damit wiederholt er nur, was die lübischen Statuten schon seit dem Ende des
13. Jahrhunderts als Rechtssatz aussprechen:* de gheleydet wert van
dem borghermestere eder van deme rade ane straten rof unde ane
vredelos, de schal gheleydet wesen unde des leydes gheneten, he ne
sy vredelos ghelеghet in der stat 'to Luboke ... *(Hach II 241).
Giengen die Genossen auf den Antrag ein, so bestand das Neue blos
darin, dass jede Stadt die Beobachtung dieser Bestimmung als eine
Bundespflicht gegenüber Lübeck auf sich nahm, während ihr bis dahin
kraft des Statuts blos oblag, den in ihrem eigenen Gericht Verfesteten
das Geleit zu weigern. Das Geleit in die Stadt pflegte nachgesucht
zu werden, um dort Rechtsstreitigkeiten zu erledigen, und schützte
namentlich gegen jede Verhaftung durch den Gegner, so dass, wenn
der Antrag Lübecks angenommen wurde, dieses unbehindert seine Verfesteten überall in dem Gebiete der Bundesgenossen angreifen und festnehmen konnte. Da dieser Theil des Antrags sich möglichst wenig
von dem bisherigen Recht entfernte, so stimmten ihm die zu Stralsund
versammelten Rathssendeboten ohne weiteres bei. Auch der auf die
Ausgewiesenen bezügliche Vorschlag Lübecks enthielt nichts in der Bundesgesetzgebung der Hanse Unerhörtes. Schon in jenem oftcitirten
ältesten Recesse hiess es wörtlich:* item si aliquis propter excessum
suum ab una civitate expulsus fuerit, in nullam istarum recipietur
*(Hanserecesse 1, Nr. 7 § 2); aber wie andere Normen derselben Urkunde
im Leben unausgeführt blieben (Hansische Geschichtsbl. 1, 1 S. 51 und
oben S. XXVI), so ist es auch dieser ergangen. Denn nicht nur dass
Lübeck 1385 für nöthig fand, einen Antrag wie den angeführten neu
zu stellen, sondern die Versammlung verstand sich auch gar nicht
einmal zur Beistimmung; es heisst vielmehr bezüglich dieses Punktes
im Recesse:* dat heft en iewelik to rugge togen in sinen raed *d. h. er
wurde ad referendum genommen. Dabei scheint es denn zunächst
geblieben zu sein. Der von der Versammlung genehmigte Beschluss
bezog sich lediglich auf die von Lübeck im Jahre 1384 verfesteten
Hochverräther. Zu einer allgemeinern Massregel gelangte man erst
dreissig Jahre später, als eine Reihe von Hansestädten revolutionaire
Erschütterungen durchgemacht hatte (Fock, Rügensch-Pommersche Gesch.
4, S. 113). Auf dem nach Wiederherstellung der alten Ordnung abgehaltenen Hansetage zu Lübeck Johannis 1418 kam an die Spitze des Recesses
der Satz, dass man Personen, die sich der Theilnahme an einer aufrührerischen Bewegung gegen den* rad unde des rades macht *schuldig
machen, einerlei ob das gegen sie erwiesen* edder dar se vorvluchtich
umme worden, yn nyner hensestad leiden effte liiden, over men schal
se richten in er hogeste *(Burmeister, Bürgersprachen v. Wismar S. 65).
Durch die Aufnahme des Wortes* liiden *(leiden, dulden) suchte man
auch wohl dem zweiten der früher von Lübeck gestellten Anträge gerecht
zu werden, aber doch so, dass eine strengere oder freiere Handhabung des
Verbots Seitens der einzelnen Stadt je nach den Umständen möglich war.*

Erst jetzt lässt sich die früher vertagte Frage nach dem sachlichen Unterschied, der zwischen dem Verfestungsrecht des Sachsenspiegels und dem des lübischen Rechts waltet, beantworten [1]. *Er tritt zunächst in zwei Punkten hervor: der Sachsenspiegel lässt die Verfestung nur wegen eines an den Hals oder an die Hand gehenden Verbrechens zu, das lübische Recht auch wegen solcher Vergehen, die mit geringern Strafen bedroht sind; wurde der Verfestete gefangen und vor Gericht geführt, so bedurfte es zu seiner Verurtheilung nach lübischem Rechte nur des Beweises der Verfestung, nicht eines Beweises des Verbrechens; der Sachsenspiegel fordert beiderlei Beweise (III 88 §§ 2 u. 3 und oben S. XXIX). In beiden Punkten stimmt das hamburgische Recht mit dem lübischen überein, und die Langebeksche Glosse zum Hamburger Stadtrecht von 1497 O. II (Lappenberg S. 298) zeigt, dass man sich dieser Gegensätze zwischen dem Stadtrecht und dem sächsischen Rechte wohl bewusst war. In einem dritten Punkte tritt das Hamburger Recht auf die Seite des Sachsenspiegels dem lübischen Recht gegenüber. Das letztere verhängt, wie wir sahen, Vermögensconfiscation über den Verfesteten. Dem widersetzt sich das Hamb. R. von 1292 in einem neuaufgenommenen Statute C. XXIII bestimmt genug:* so wan ein use borghere binnen desser stat vredelos gheleghet wert umme enen broke, sines erves unde sines goedes ne scal sich dhe koninclike wolt nicht underwinden, wante he den broke darmede heft voldan, dat he is vredelos gheleghet [2]. *Diesen Unterschied hebt auch die Glosse zum Sachsenspiegel (I 71 Homeyer) hervor, wenn sie bemerkt:* dat is nicht in Sassenrechte, dat se or gut dorch vorvestinge willen verlisen, se werden den in des rikes achte bracht [3]. *Wie aus Ssp. I 38 § 2 hervorgeht, ist die in den letztern Worten liegende Forderung nicht schon durch ein Hinzutreten der Acht, sondern erst durch ein Jahr und Tag währendes Verharren in der Acht erfüllt. Das führt uns auf den prinzipiellen Gegensatz in der Behandlung des ungehorsamen Verbrechers nach den beiden Rechtsquellen. Erst nach Ueberwindung einer Reihe von Vorbereitungsstadien und Zwischenstufen schreitet das sächsische Recht zu einer den Verbrecher unmittelbar treffenden Strafe: es spricht durch Urtheil seine Rechtlosigkeit aus und vertheilt ihm Eigen und Lehn. Das lübische Recht erklärt den trotz gehöriger Ladung entbleibenden Verbrecher sofort für rechtlos.*

---

1) *Zum Folgenden vgl. Hugo Meyer, Strafverf. S. 73 ff., dem ich nicht darin beistimmen kann, dass die Verschiedenheiten zwischen beiden Rechtsquellen materiell unerheblich gewesen wären.*

2) *Daraus Brem. Stat. v. 1303 bei Oelrichs S. 113. Wörtlich übereinstimmend Hamb. R. v. 1497 O. III.*

3) *Ausser den erwähnten drei Verschiedenheiten könnte man noch als eine vierte anführen, dass die Beherbergung des Verfesteten nach dem Ssp. nur mit dem Gewedde bestraft wird (III 23), nach verschiedenen Stellen unseres Verfestungsbuches wie nach andern Rechtsquellen dieselbe Strafe, die dem Verbrecher gedroht ist, nach sich zieht (H. Meyer S. 75). Dass aber im Kreise des lübischen Rechts auch mildere Strafen für solchen Fall bekannt waren, zeigt die unten angeführte Stelle der Wismarschen Bursprake von 1345 § 2.*

Hier sowenig als in seiner Verdeutschung der proscriptio durch Friedloslegung will es blos mit Worten an das alte Recht und die schweren Folgen, welche es an die Contumacia knüpfte, erinnern. Dem Sachsenspiegel ist die Verfestung überwiegend Mittel zum Zweck, sein Ziel ist, den Ungehorsam des Angeschuldigten zu brechen und ihn unter die Autorität des Gerichts, der er sich bis dahin entzogen hat, zurückzuführen; die Mittel, die er anwendet, sind vorzugsweise prozessualische Nachtheile, Beschränkungen der gerichtlichen Handlungsfähigkeit des Angeschuldigten. Dem lübischen Recht dagegen ist die Friedloslegung nicht ein blosses Mittel zum Zweck, sondern Selbstzweck. Sie ist die den Verbrecher für seine That und seinen Ungehorsam zugleich treffende Strafe. Das lübische Recht will den Verbrecher, dessen es nicht habhaft werden kann, trotz seiner Abwesenheit so empfindlich strafen, dass der öffentlichen Ordnung und dem Verletzten ein Genüge geschehe. Deshalb sind die Strafen des lübischen Rechts materieller, nicht blos prozessualischer Art; deshalb sind sie definitiv, wo das sächsische Landrecht blos zu provisorischen greift. Besonders schlagend macht sich das darin geltend, dass von dem Ausziehen aus der Verfestung d. h. von dem Rückgängigmachen der an die Verfestung geknüpften Folgen durch freiwilliges Stellen des Schuldigen, wovon die sächsischen Rechtsquellen so oft und so ausführlich handeln, in den lübischen Statuten mit keinem Worte geredet wird. Auch im lübischen Rechte ist es möglich, dass der Friedlosgelegte durch freiwillige Rückkehr sein Schicksal mildere; er hat das durch besondere Verhandlung mit der verfestenden Behörde und dem Verletzten, auf dessen Antrag die Proscriptio geschah, zu erreichen; das Mass von Rechten, das ihm wieder eingeräumt wird, hängt von dem Ausgang der in jedem einzelnen Falle stattfindenden Verhandlungen ab. Mit bede unde mit minne ist die Wiederaufhebung des Urtheils zu erlangen; das Recht hat sich in seinen Satzungen nicht damit zu befassen; es arbeitet nicht auf das Ziel hin, dass der Schuldige zurückkehre und sich dem Gerichte freiwillig stelle, es enthält sich der Bestimmungen für diesen nicht zum Voraus nach durchschnittlichen Regeln zu behandelnden Fall. Der Sachsenspiegel und die ihm verwandten Quellen beabsichtigen das Ausziehen aus der Verfestung, begünstigen es und treffen die nothwendigen Vorkehrungen. Weil dem so ist, können die Quellen des lübischen Rechtskreises auch den eines Verbrechens Schuldigen und den wegen eines ihm schuldgegebenen Verbrechens Entflohenen und Verfesteten völlig gleichstellen und gleichmässig behandeln (s. unten S. XXXVII). Der letzte Grund dieser Erscheinung wird von dem Commentator des hamburgischen Rechts angegeben. Den Worten des Statuts, der mit dem Gerichte oder der Stadt Brief der Verfestung Ueberwiesene solle en verwunnen man blyven fügt er hinzu: vornym (verstch, das heisst) der myszdaet (sc. verwunnen), dar he umme beschuldiget unde dremal to rechte esket wordt unde sik nicht vorantwerde, men dorch syn utblyvent unde swygent schuldich declde. Mag sich auch sonst der Bürgermeister Hermann Langebek bei seiner

*Arbeit nicht frei von den Einflüssen des fremden Rechts und seiner
Bearbeiter erhalten haben,* in diesem Punkte waren deutsche Rechtsquellen selbständig zu der Auffassung gelangt, die sich in dem contumax pro confesso habetur *der italiänischen Juristen des 14. Jahrhunderts ausspricht* [1].
    *War das Verfestungsurtheil über den abwesenden Beklagten
gefällt, so war es zunächst die Obliegenheit des Klägers, den Verfesteten zu verfolgen. Wie der Acht, dem Aechten der Begriff des
persequi zu Grunde liegt (Grimm, R. A. S. 732; Schmeller, Wb. 1, Sp. 28),
so werden* vorvesten unde vorvolghen *in der Rechtssprache gern zusammengestellt z. B. in dem bereits mehrfach benutzten Landfrieden
von 1374 (Lüb. U. B. 4, Nr. 219 S. 222) und in dem Bericht Herm.
Langebeks über den Hamburger Aufstand von 1483:* de wikhaftigen
mit rechte verfolgen und verfesten *(Hamb. Chron. hg. v. Lappenberg
S. 368). Häufig wird die Verfolgung den Kläger über die Grenzen
des Gerichtsbezirks hinausgeführt haben, in welchem der verfestende
Richter seinen Sitz hatte. Er war dazu befugt, soweit Vertrag, gemein-
schaftliches Recht oder Bundesgesetzgebung die ungehinderte Rechtsverfolgung aus dem heimischen Gerichtssprengel in den fremden gestattete.
Wenn das schon erwähnte lübische Statut Hach I 77 (ob. S. XIX)
die Verfolgung und Verhaftung des verfesteten Räubers* ubicumque
locorum *zuliess, so mag dieser fast an die Ansprüche und die Praxis
der westfälischen Femgerichte erinnernde alte Satz sich aus der Ent-
stehung zu einer Zeit erklären, da die Territorien überhaupt noch nicht
gegen einander abgeschlossen waren und die Stadt Lübeck insbesondere
für ihre vom kaiserlichen Vogte verkündeten Verfestungsurtheile überall
Geltung fordern zu können meinte. Jedenfalls hat sich ein Gesichtspunkt wie der letztere nicht lange behauptet; wozu hätte es sonst der
besonderen Verträge und Statuten bedurft, welche der Einzelverfestung
allgemeinere Anerkennung und Wirksamkeit verschaffen wollten? Mit
dem Zurücktreten der kaiserlichen Gewalt, der Absperrung der Territorien gegen einander, der Erstarkung der landesfürstlichen Gewalten
und städtischen Hoheiten war jene Auffassung nicht mehr vereinbar.
Aber es ist ganz bezeichnend, dass Kaiser Karl IV., als er 1374 der
Stadt Lübeck das Privileg ertheilte, Missethäter* in aller fursten, greven, freyen herren, ritter, knechte, stete, gemeinscheften landen,
gebieten, gerichten und begriffen *aufzusuchen, festzunehmen und
nöthigenfalls zu richten, die ihnen gewährte* gancze macht und gewalt
*damit begründete, dass er die jeweiligen Bürgermeister von Lübeck zu
seinen und* des heiligen Römischen reichs in den nachgeschrebenen
sachen vicarien, *verweser und pfleger* bestellte, *so dass alles von ihnen
Geschehene als vom Kaiser selbst geschehen angesehen werden und
ebenso von jedermann unangefochten bleiben sollte (Lüb. U. B. 4, Nr. 222).*
    *Indem eine Stadt durch Vertrag oder Anschluss an eine gemein-
same Gesetzgebung den Grundsatz anerkannte, dass einer ihrer Bürger*

---

1) *H. Meyer S. 69 und 106.*

*auch ausserhalb ihres Gebietes gefangen genommen und vor ein frem-
des Gericht gestellt werden durfte, gab sie allerdings an ihrem Theile
eins der werthvollsten und hochgehaltensten städtischen Rechte auf.
Wie aber die Kaiser bei Ertheilung der privilegia de non evocando
eine Ausnahme für den Fall der verweigerten oder verzögerten Justiz
machten (Franklin, Reichshofgericht 2, S. 15), so sollte auch das Privileg der Städter, nur vor dem Gericht ihres Wohnorts zu Recht zu
stehen, den einzelnen Bürger nicht schützen,* si actor a reliquis burgensibus testimonium habeat, quod ille quem convenire vult advocato
civitatis contumax extiterit et rebellis *(Urk. K. Friedrich II. für
Goslar v. J. 1219 bei Göschen, S. 114). In solchem Falle liessen die
Städte ihr Privileg zurücktreten, um dem höhern Grundsatz Anerkennung zu verschaffen, dass man über einen Rechtsweigerer* klagen mut
ieiewar, svar man rechtes bekomen mach over iue *(Ssp. III 87 § 4).*

*Das Recht überliess nicht dem Verletzten allein die Sorge, dass
der Gerechtigkeit genug geschehe. Die Verfolgung des verfesteten Missethäters wurde nicht als eine Privatangelegenheit des Klägers behandelt,
sowenig als die ihm widerfahrene Verletzung blos als seine Sache angesehen wurde. Nach dem Richtsteig Landrechts erhebt der Verletzte
Klage über seinen und des Landes Räuber (Homeyer S. 445). Unsere
Quelle gebraucht zwar geflissentlich die Wendung, der Kläger habe den
N. N. als seinen Verfesteten erworben. Dass damit aber nichts prin-
zipiell verschiedenes angedeutet werden soll, zeigen Stellen wie die nachfolgenden, die zugleich darthun, dass und· welche Anstalten von öffentlichen Rechts wegen getroffen waren, um dem Urtheil die Vollstreckung
zu sichern. Einmal ist es der Rath, der durch seine Beamten und
Diener die Verfesteten verfolgen lässt.* Otto Schacht was unze vorvestede man, *schreibt der Hamburger Rath an den von Lübeck (Lüb.
U. B. 4, Nr. 741),* des bevule wy unzeme voghede unde zynen kum-
panen, unzen deneren, dat ze scholden riden na deme zulven Otten
unde scholden ene hinderen uppe zyn recht. *In einem Briefe Lübecks
an die Herzöge von Braunschweig-Lüneburg um 1397 heisst es:* en
ruchte quam us to Lubeke, dat use vorvesteden vredelosen lude weren
in der nacht ghebroken over unse lantwere; des vorbodede wi unsen
voghet unde heten eme, dat he der ramen scholde *(das. Nr. 659).
Ausserdem wurde vermöge gewisser allgemeiner Bürgerpflichten dem verfolgenden Kläger eine Unterstützung verschafft. Das bereits angeführte Verbot, einen Verfesteten zu beherbergen, ist nur eine einzelne Seite der wei-
tergehenden allgemeinen Verpflichtung, jede Förderung desselben zu meiden:*
quod nullus detineat aliquem maleficum aut profugum pro maleficio aut
ipsum juvet secrete vel occulte, quod deveniat vias suas, sub pena
10 marcarum argenti *(Wismarsche Burspr. 1345 § 2)* [1]. *Zu dieser*

---

1) *Der Text Burmeisters enthält das* detineat *nicht: es ist nach Dr. Crulls
Mittheilung im Original durchstrichen und bei der Wiederholung 1356 § 3 nicht
aufgenommen; gleichwohl ist das Wort oder ein ähnliches für das Verständniss
des Satzes unentbehrlich. Gestrichen wurde es vermuthlich, weil man darin irrig
ein Verbot des Verhaftens (upholden) erblickte, während doch nur das Verbergen*

c*

negativen Verpflichtung kommt eine wichtige positive: quod omnes
accurrant ad Ove ubi clamatur [1] et si aliquis pro maleficio efficitur profugus et si non vult teneri et in fuga vulneratur vel interficitur, ille
qui hoc facit sine alia vorsatinghe nullam penam pro eo pacietur, et
si aliquis adest qui potest et talem profugum non impedit, civitati
10 marcas argenti emendabit et eo minor debet reputari *(1344 § 4).*
*Es ist zwar in diesen Stellen nirgends ausdrücklich von Verfesteten
die Rede, aber unter dem* profugus pro maleficio *kann nicht wohl ein
Missethäter verstanden werden, der nach Begehung der That entflieht,
bevor eine prozessualische Massregel gegen ihn ins Werk gesetzt ist,
bestehe sie in Erhebung des Gerüftes bei handhafter That oder in dem
Verhängen der Verfestung. Von der Verpflichtung, dem Gerüfte zu
folgen, ist in dem Anfang des letztcitirten Satzes die Rede; auf die
Verfolgung des Verfesteten wird daher das zweite Glied zu beziehen
sein. Den Worten* et si aliquis pro malef. eff. prof. *die selbständige
Bedeutung abzusprechen und sie als eine blosse Detaillirung der Verfolgung auf handhafter That aufzufassen, verbietet der Umstand, dass
in einer Bursprake von 1371 § 7 (Burmeister S. 16) der obige Satz
wiederkehrt, aber ohne die Anfangsworte* quod — clamatur.*

*Gelang es dem Kläger oder einem der zu seiner Hülfe thätigen
Beamten oder Mitbürger, den verfesteten Missethäter aufzufinden, so
durfte er angegriffen und mit Gewalt vor Gericht gebracht werden.
Nach sächsischem Rechte blieb es, falls der Verfestete nicht gestand,
noch Pflicht des Klägers, ihn der Schuld zu übersiebnen.* Averst in
stadtrechte iszet vele anders, *bemerkt der Glossator des Hamburger
Rechts (1497 O. II). Hier bedarf es blos eines Beweises der geschehenen Verfestung* myt deme gerichte edder myt der stad breve, *je
nachdem es gelingt, den Proscriptus vor dem forum delicti
commissi oder vor einem auswärtigen Gerichte zur Stelle zu
bringen. Das Urtheil geht ihm dann in schwerern Fällen immer an
das Leben,* an sin hogeste.

*Dieser drohenden Eventualität zu begegnen, verstand sich der
Missethäter dazu, sobald er dem unmittelbaren Zwange des Gerichts
entflohen war, Unterhandlungen mit dem verfestenden Gerichte oder
dem Rathe über seine freiwillige Rückkehr und deren Bedingungen
anzuknüpfen, ähnlich dem ausgetretenen Schuldner, der von aussen her
ein aussergerichtliches Accordverfahren mit seinen Gläubigern beantragte
und sich dazu das Geleite des Rathes erbat. Das Stralsunder Verfestungsbuch enthält Beweise genug, wie häufig von dem Mittel, die
Folgen der Proscriptio von sich abzuwenden, Gebrauch gemacht worden*

(entholden) *untersagt werden sollte. Wie wenig der Burmeistersche Abdruck
auf Zuverlässigkeit Anspruch hat, zeigt auch die Erneuerung desselben Satzes 1356
§ 3, wo das Original nichts von einer Steigerung der Strafe weiss, wie denn auch
1371 § 7 noch die alte Busse von 10 M. Silber wiederkehrt.*

1) *Dass so anstatt des bei Burmeister gedruckten* ad Quoubi clamatur *zu
lesen ist, theilt mir Dr. Crull mit. Belege, dass* owe *als Schrei beim Gerüfte verwendet wurde, finden sich bei Petersen, Forschungen z. deutschen Gesch. 6, S. 246
und 305.*

ist. Leider sind uns nicht zugleich Zeugnisse aufbewahrt, welche die Modalitäten angeben, unter denen den Verfesteten die Rückkehr gestattet wurde.

In den Urkunden und Rechtsaufzeichnungen ist vorvesten *oder* vredelos leggen *sehr oft mit andern Rechtsbegriffen in Parallele gesetzt. Die verschiedenen Möglichkeiten der Zusammenstellung weisen auf die Punkte zurück, in denen das Characteristische des Verfestungsrechts sich kundgiebt.*

1. Si quisquam propter excessum profugus factus fuerit vel fuerit deprehensus *(Lüb. U. B. 1, Nr. 555).* Were dat ienigh man schaden dede in der heren lande an morde, rove, brande edder an vengbnisse unde nicht begrepen en worde, den schal men vredelos legghen, worde he aver begrepen, so schal men dar over richten *(das. 4, Nr. 219).* Swe so den anderen gerovet hevet, ho sal ine vredelos leggen, so mach he eno verwinnen oder mit dere banthactigen dat *(Braunschw. U. B. 1, Nr. 2 § 32).*

2. Weret dat jenich man edder mer lude upplop, sorchvoldighe vorgaderinge edder vorbintnisse makeden in jeniger stad jegen den rad unde des rades macht, staet und werdicheyt to vorvanghe, dat men bewisen mochte edder dar se vorvluchtich umme worden, der lude schal men in neuer hensestad leyden offte liiden, mer man scal se richten in er hogeste *(Recess von 1447 Mai 18 § 12)* [1]. Nach dem mal Hans Gronow gestanden hot vor gerichte ungefangen unde ungebunden, uff vryen fuessen unde mit uffgerackten armen alse eyn frome unberuffener man, seynes guten geruchte unde ouch myt nykeyner bosen that obirwonnen ist unde ouch uff schynbarer that nicht begriffen ist unde her ist ouch nicht vortluchtig geworden, so schal derselbiger H. G. neger syn zu entgeende mit einem eyde unde rechte *(Michelsen, Oberhof Nr. 234).*

3. Wirdet ein man vorvestet oder wirdet uber in gerichtet *(Magdeb.-Bresl. R. 1261 § 47 s. ob. S. XX).* Si quos capitalis sentencia, publico facto vel fuga, non aliqua sinistre suspicionis fama reos condempnaverit... *(Mckl. U. B. 2, Nr. 792).*

Vergleichen wir nun mit dem in Gesetzen und Verträgen niedergelegten Rechte das wirklich geübte Recht, wie es sich in dem Stralsunder Verfestungsbuche darstellt. Es wird das einigermassen erschwert durch die Art und Weise, wie das Buch geführt worden ist. Die 684 Einträge, welche es enthält, vertheilen sich nicht etwa gleichmässig über die 160 Jahre, während welcher es den Zwecken der Strafrechtspflege

---

1) *Nach der freundlichen Mittheilung des Herrn Dr. von der Ropp. Die Stelle ist eine Erneuerung des oben S. XXXI benutzten Recesses von 1418 anlässlich der aus Braunschweig Gewiesenen (Dürre, Gesch. der St. Braunschweig S. 225).*

gedient hat. *Der bei weitem grösste Theil der Inscriptionen fällt in
das 14. Jahrhundert; bis Ende 1399 sind 573 Vermerke eingetragen,
auf die folgende Zeit bis 1472 kommen nicht viel mehr als hundert.
Den Grund darf man selbstverständlich nicht in einer Abnahme der
Verbrechen suchen, auch nicht bloss darin, dass die ganze zu Grunde
liegende Einrichtung in Verfall gerieth, denn schon im 14. Jahrhundert sind die einzelnen Jahre sehr verschieden mit Einträgen bedacht
und folgen sich die Jahre oft nur sprungweise, sondern hauptsächlich
in dem äussern Umstande, dass die Geschäfts- und Buchführung zeit-
weilig eine sehr unregelmässige war. Auch in den einzelnen Einträgen
tritt der Mangel an festen, ein für allemal beobachteten Formen hervor. Ist im Ganzen auch wohl wahrzunehmen, dass die Vermerke
anfangs knapp gehalten, im weiteren Verlaufe und namentlich gegen
das Ende hin sehr umfangreich, mit tautologischen Formeln angefüllt
werden, so ist doch ausser dem Einfluss der Zeit der der Individua-
lität der Schreiber, die in ziemlich häufigem Wechsel mit der Führung
dieses Stadtbuches betraut wurden, nicht zu unterschätzen. Weit
geringer ist die Einwirkung, die auf eine etwaige Aenderung der Insti-
tutionen und Grundsätze des Strafrechts im Laufe von anderthalb
Jahrhunderten zurückzuführen wäre. Aus einem in den Inscriptionen
unsres Stadtbuches sichtbaren Wechsel allein dürfen wir auf solche
nicht schliessen; nur da wo andere hinzutretende Zeugnisse eine Ent-
wickelung annehmen lassen, würden wir zu dieser Erklärung zu greifen
berechtigt sein. Aber im Ganzen ist das städtische Strafrecht in dieser
Zeit ziemlich stabil geblieben, und wir werden deshalb keinen allzu-
grossen Fehler begehen, wenn wir mit den Einträgen dieser anderthalb
Jahrhunderte als einer gleichheitlichen Masse operiren. — Durchgehends
ist die Ordnung der Inscriptionen eine chronologische; nur ist häufig
die Anfänge neuer Jahrgänge anzugeben unterlassen worden. Mitunter ist auch, wo Pergamentblätter, die in frühern Jahren gehörten,
noch leeren Raum darboten, solcher zu spätern Einträgen benutzt worden, wofür gleich Nr. 74 ein Beispiel liefert. Viele Inscriptionen sind
durchstrichen, zum Zeichen dass die Verfestung durch hinterdrein
angeknüpfte gütliche Verhandlungen rückgängig gemacht worden ist;
denselben Sinn hat es, wenn einzelne Bestandtheile von Einträgen durch
Unterstreichen oder durch Rasuren beseitigt sind.*

Was uns zunächst aus den Inscriptionen entgegentritt, ist das
Verfahren. Um mit der Verfestung gegen eine Person vorgehen zu
können, ist die Weigerung des Angeschuldigten, sich dem Gerichte zu
stellen, das wichtigste Erforderniss. Diese giebt er dadurch kund, dass
er vorvluchtig wert (Hach II 90). Seltener ist der Fall, dass die
Verfestung gegen einen Fremden, der sich dem einheimischen Gericht
nicht stellen will, zur Anwendung kommt. Der Umstand, dass der
Angeschuldigte entflohen ist, wird mitunter, nicht regelmässig, in den
Verfestungsurtheilen ausdrücklich hervorgehoben. Thideke Voth trusit
uni mulieri perfectum vulnus in corpus suum, pro quo justis sentenciis
est proscriptus, quia profugus (270); Nicolaus Jaghezel est proscriptus,

quod interfecit Joh. Knust et aufugit *(618)* [1]. *Gleichbedeutende Ausdrücke sind* fugam accipere *(277)*, vorvlucht nemen *(543)*, syk iu ene wykenschop geven *(677)*. *Der Vorflucht steht es gleich, wenn wie im Eintrag 170 ein bereits in Haft befindlicher Angeschuldigter vor der Verurtheilung aus dem Gefängniss entflieht. Die eine Zeitlang in den Einträgen sehr gebräuchliche Wendung:* profugus factus *oder* profugus effectus est *(373—379. 383. 391. 394 ff.) bedeutet nicht etwa, er ist flüchtig gemacht, sondern er ist flüchtig geworden und will also nichts anders heissen als:* aufugit. *Mag auch häufig genug ein flüchtiges Umherziehen des Missethäters die thatsächliche Folge des Verfestens gewesen sein und mitunter auch* profugus *den in Folge der Verfestung Flüchtigen begreifen (s. ob. S. XXXVI), Zusammenstellungen, wie* Wychmannus est proscriptus et profugus factus *(364), dürfen nicht übersetzt werden: W. ist verfestet und friedlos gelegt, sondern nur: W. ist verfestet und flüchtig geworden. Das zeigen Einträge wie:* proscriptus est pro eo, quod preconem jactavit cum lapide, pro quo profugus factus est *(Mekl. U. B. 5, S. XVII). Verstösse gegen die logische Ordnung der Thatsachen dürfen nicht weiter auffallen. Ganz ähnlich dem citirten Eintrag der Nr. 618 heisst es im Wismarschen Verfestungsbuche:* her Dederik Becker heft vorvested laten Sterneberge den bodel ummo den mord, den he dede an sineme kinde; dar umme is he vorvested mit alleme Lubeschen rechte unde heft sik dar van gheven in ene vorvlucht *(S. 70). Die einigemale vorkommende Formel* profugus effectus fuit suo jure *(126. 186), mit der die im Wismarschen Verfestungsbuche gebrauchte:* und is vorder sineme rechte untvloghen *(S. 73) gleichbedeutend ist, wird dadurch erläutert, dass es z. B. im Hamburger Rechte vom Angeschuldigten heisst:* unde ne kumpt he nicht uppe sin recht, men schal ene vorvesten *(1270 XII, 11), da man hier nicht wohl Recht in dem Sinne der gebührenden Strafe, der dem Worte auch beiwohnt (Homeyer, Richtst. Landr. S. 551) nehmen darf. Wenn man in dem Wismarschen Stadtbuche liest:* dedit se in profugam racionabilem *(S. 8) oder in* publicam fugam se donavit *oder* se in fugam publice donavit [2] *(S. 6),* gaf zyk dar umme an ene wytlike vorevlucht *(S. 81), so sollte damit die* absentia *als eine offenkundige oder als eine solche, wie sie für das Verfestungsverfahren erforderlich war, angedeutet werden. Besondere Schwierigkeiten macht der Eintrag Nr. 10, wo zehn Personen als an der Beraubung eines*

---

1) *Es ist nicht die Absicht, sämmtliche im Verfestungsbuche vorkommende Anwendungsfälle zu registriren, sondern immer nur einen oder einige als Beispiele herauszugreifen. Aus der Inscription werden nur die für den nächsten Zweck in Betracht kommenden Worte mitgetheilt, ohne die ausgelassenen durch Punkte anzudeuten. Die Nummer des Eintrags steht in Klammern hinter dem Auszug. Bei den aus dem Wismarschen Verfestungsbuche mitgetheilten Inscriptionen ist die Seite der Abschrift (s. ob. S. XIII), die der des Originals entspricht, angegeben.*

2) *Mit diesem Gebrauch von* donare *darf das lüb. Statut verglichen werden:* si quis alteri in proprietatem donabitur propter debiti obligationem *(Hach I 69). Ueber* racionabilia *s. unten S. XLIX.*

Fremden betheiligt genannt werden und es dann heisst: quod idem
hospes couquerebatur in presencia consulum et horum predictorum vibi
in consistorio ipsis audientibus scribebantur. Ipsis audientibus *kann
sich nicht auf die zehn Angeschuldigten bezichen; ich vermuthe, dass
hinter* predictorum *das Wort* nomina *zu ergänzen und ipsis audientibus von den Rathmannen zu verstehen ist. Eine Eintragung in die
Verfestungsregister vor dem Rathe geschieht auch sonst (vgl. Nr. 314).
— Beweisen aber nicht die den Aufstand der Semlows betreffenden
Aufzeichnungen Nr. 113 ff. gegen die behauptete Nothwendigkeit des
Zusammenhanges von Verfestung und Abwesenheit? Allerdings waren
Gerwin und Thideke Semlow nicht sofort nach der gegen den Rath
am 14. Dec. 1328 verübten Gewaltthat entflohen; sie waren ergriffen
worden und hatten vor dem Rath ein Geständniss abgelegt (113).
Danach erst scheinen sie sich auf die Flucht begeben zu haben. Dass
Thideke Semlow und seine Genossen längere Zeit abwesend waren und
der Rath ihre Güter indessen, wie das bei Verfesteten Rechtens war,
eingezogen hatte, geht aus der S. 14 A. 1 mitgetheilten Urkunde hervor. Die im Eintrage Nr. 120 enthaltene Urfehde Thideke Semlows
und seiner Genossen liefert keinen Gegenbeweis; denn sie ist in das
Verfestungsbuch, wie die Schrift und der ihr angewiesene Platz zeigen,
keineswegs gleichzeitig mit dem Verfestungsurtheil eingetragen (vgl.
auch ob. S. X). Es steht nichts im Wege, dass sie erst 1333, als
die in der Anmerkung auf S. 14 mitgetheilte Urkunde, welche mit
keinem Wort auf das Vorhandensein einer ältern Sühne oder Urfehde
hindeutet, zu Stande kam, in den liber de proscriptis als ein blosser
Auszug aus jener aufgenommen wurde. Erst jetzt mochten Thideke
Semlow, Johann von Tribuses u. a. zurückgekehrt sein und sich dem Gerichte
gestellt haben. Nun wurden auch die auf Johann von Tribuses bezüglichen Verfestungseinträge 110 und 111 durchstrichen, in der Inscription
113 alle Namen des Einganges mit Ausnahme des Gherwinus Semelowe durch Unterstreichen getilgt und ebenso mit dem Eintrage 116
verfahren. Wie aus der citirten Urkunde von 1333 hervorgeht, war
der Streit der Stadt mit Gerwin Semlow damals noch unerledigt. Oben
S. XI ist der Vermerk Nr. 117 als ein nachgetragener bezeichnet
worden; es ist nicht nöthig, das auch auf den Inhalt, die bezeugte
Thatsache zu bezichen, wie denn auch ausdrücklich* arbitratus fuit,
nicht arbitratus est *gesagt ist. Der Stadtschreiber, der diesen Eintrag
machte, motivirte damit das vielleicht auffallende Factum, dass in den
voranstehenden Vermerken die Namen der Theilnehmer des Semlowschen Aufstandes bis auf den des Gerwin Semlow gelöscht waren.*
     *Die Flucht oder Vorflucht, welche hier überall die Voraussetzung
des Verfestungsverfahrens bildet, ist nicht wie in Ssp. II 36 § 2 mit
der blossen Weigerung vor Gericht zu erscheinen identisch; der Angeschuldigte kann sich nicht in sein Haus zurückziehen und ist dort
geschützt, das lübische Recht enthält keinen Satz gleich dem Goslarer
Statut, das dem Verfesteten auf seiner Were Friede während bestimmter
Zeit zusichert (Göschen S. 51 [31]); sondern die Verfestung setzt voraus,*

dass der Missethäter flüchtig das Gerichtsgebiet verlassen hat. Es ist kein Zufall, dass in dem dritten der bei Hach abgedruckten Codices des lübischen Rechts[1] unmittelbar neben einander der Fall dessen, der um ein Verbrechen, und dessen, der umme schult vorvluchtich wert (Art. 35 und 36) erörtert werden. Ebenso wie der insolvente Schuldner damals regelmässig zur Flucht griff, austrat, so gieng auch der eines Verbrechens Schuldige der Strafe dadurch aus dem Wege, dass er sich dem Gericht der begangenen That entzog. Das gilt nicht blos vom lübischen Recht, sondern überall kehren die Beispiele wieder, dass jemand umb sin missedat wegfertig oder räumig wurde. Deshalb ist es auch sehr unwahrscheinlich, dass die Verfestung davon ihren Namen erhalten haben soll, dass der Verbrecher genöthigt wurde, sich in seine Veste zurückzuziehen d. h. in seinem Hause zu halten[2].

Ein anderes Erforderniss für die Zulässigkeit der Friedloslegung ist, dass der Angeschuldigte geladen sei. Am bestimmtesten wird diese Forderung in der sg. jüngern Soester Schrae aufgestellt: danach soll man niemanden hantfast maken, der nicht auf scheinbarer That betroffen ist, *anders sal man en laiten verboden tho dren gemenen clagedagen unde vervolgen en mit rechte; off ock ein burger befamet offte verschreven were, sal man ock nicht hantfast maken, et sy sake dat hei dreimail verbot sy (Seibertz, U. B. 2, S. 410)[3]. In unserm liber de proscriptis wird dieses Erfordernisses nur selten gedacht. Der eigentlich technische Ausdruck für Ladung ist esschen, voresschen (oben S. XXII), unser heischen, das ahd. eiscôn (Grimm, Wb. 3, Sp. 363; 4[b], Sp. 899). In der Chronik Albrechts von Bardewik wird die Schilderung eines Verfestungsverfahrens mit den Worten eingeleitet: men loth se (die Friedbrecher), se ne quemen nicht vore tho gerichte (Grautoff, lüb. Chron. 1, S. 416). Die wenigen hier anzuführenden Stellen unserer*

---

1) *Bei Benutzung dieses Codex beschränke ich mich auf den ersten Theil; der zweite, bekanntlich hamburgisches Recht enthaltend, sollte für uns, da wir Lappenbergs vollständige Ausgabe haben, ausser Betracht bleiben. In der Litteratur wird dieser Unterschied regelmässig nicht beachtet, und ohne viel Bedenken werden die Artikel Hach III 211—406 als Zeugniss des lübischen Rechts behandelt, obschon längst Paulis strenge Scheidung zwischen den zuverlässigen und den apokryphen Codices vor solchem Mangel an Kritik, der übrigens auf dem Gebiete der Stadtrechtsquellen nicht selten ist und sich hier noch einer auffallenden Duldung erfreut, hätte bewahren sollen.*

2) *So Osenbrüggen, der Hausfrieden S. 26 ff., dem Bienko S. 81, v. Maurer, Städteverf. 3, S. 685 zustimmen und, wie es scheint, auch H. Meyer S. 64.*

3) *Dagegen darf man nicht für dies Erforderniss das von Hugo Meyer S. 67 citirte Bremer Statut v. 1428 (IV c. 3 b. Oelrichs S. 383): en man mot ock wol dre achte hebben, eer he antworde gud anführen); es ist gleich dem vorangehenden aus dem Ssp. I 62 § 9 durch Vermittlung des Hamb. R. 1270 IX 25 abgeleitet. Schon einige Hss. des Ssp. lesen statt gespreke hebben: achte hebben. Achte bedeutet hier Berathung ausserhalb der Gerichtsschranken und wird deshalb ganz passend in einem Stralsunder Rathsbeschluss von 1328 (O. Fock 3, S. 90) mit colloquium glossirt. Die Deutung auf politische Verhältnisse, welche Fock jenem Beschlusse gegeben hat, ist ganz irrig; die Beschränkungen, die den drei genannten Personen auferlegt werden, sind rein gerichtlicher Natur; dazu gehört auch die, dass sie zu niemandes achte gehen dürfen.*

Quelle sind: pro isto facto fuit citatus et vocatus ad judicium, sed conparere recusavit *(86 vgl. 496);* dar wurden ze to bedaghet, alze me van rechte scolde, unde ze wurden yn gheeschet, des quemen se nicht vore, darumme wurden de vorscrevenen vorvestet *(490)*. *Genauer noch lässt die gesetzlichen Vorschriften die Rostocker Eintragung erkennen:* Bernardus fuit proscriptus pro falsis denariis, quia fugam recepit et fuit ter citatus et non comparuit *(Nettelbladt S. CV; vgl. Mekl. U. B. 5, S. XVII). In einer Inscription des Rostocker Kämmereiregisters von 1270 ff.* werden prima placita proscriptionis *von* ultima placita *unterschieden (Mekl. U. B. 2, Nr. 1378).*

Auf wessen Klage das Gericht das Verfestungsverfahren eingeleitet habe, brauchte das Buch nicht besonders zu vermerken, da bei Angabe der caussa proscriptionis regelmässig der durch dieselbe in seiner Person oder in seinem Recht Verletzte genannt wurde, und dieser oder statt seiner seine Erben, seine Freunde als Kläger auftraten. Wo es geschieht, werden Formeln gebraucht, *wie* proscriptus est ex parte *(52)*[1], ad querelam *(592),* ad instantiam et causam *(593) oder* actor fuit *(669),* actore N. N. *(610) oder* N. N. fecit proscribere, proscribi *(282.123), was heft* vorvested laten *(ob. S. XXXIX) oder heft* vorvesten laten *(Wismar S. 63) übersetzt wird. In weitläufiger gehaltenen Einträgen, die nicht wie gewöhnlich mit Angabe des Thäters und der strafbaren Handlung beginnen, heisst es wohl:* Hinricus Rynesberg impetiit Bernardum Wittenborgh coram judicio pro suo traditore *(438) oder* Hermannus Lons egit blaveum et sangwineum in Petro Wogite *(542),* Herman van Dorpen heft angheclaghet Hennyngh Witten an sin hogheste *(543). Wo der Verletzte selbst nicht klagen kann, übernehmen Blutsfreunde die Rechtsverfolgung, z. B. der Bruder:* Laurencius Wilde proscriptus est pro eo, quod interfecit Petrum Stenvelt, fratrem Mathie Stenvelt cause actoris[2] *(589 vgl. 52. 633—635. 646), oder der Vater (583. 610). In einem Falle, wo der Ehemann die Ehefrau getödtet hat, tritt der Bruder des Vaters der Getödteten als Kläger auf (669). Dass Frauen als Kläger genannt werden, ist nichts ungewöhnliches:* Wolterus Schepenisse proscriptus est, actrice Taleken relicta Nicolai Langhe, pro eo, quod dictum Nicolaum Langhe maritum suum occidit *(611 vgl. 593, 613, 618), oder es klagt die Schwester des Getödteten (627). In dem Falle 601 ist die Klägerin die Bestohlene. Nur einen Eintrag weist das Verfestungsbuch auf, in welchem ein Vertreter für die Frau die Klage erhebt:* Hinricus de Berken est proscriptus pro eo, quod interfecit Johannem Brant; Tidericus Vrybergh fuit actor et procurator Katherine uxoris interfecti *(645). — Da unter den zur Verfestung Anlass gebenden Verbrechen die Hausdiebstähle besonders zahlreich sind, so treten die Dienstherren*

---

1) *Seltener wird damit die Angabe des Verbrechens eingeleitet, wie* ex parte homicidii *(64).*

2) *Vermuthlich eine Uebersetzung des deutschen* sakewolde; *in dem Vertrage zwischen Lübeck und Hamburg von 1385 (vgl. ob. S. XXVI und XXX) wird es durch* klegher der sake *wiedergegeben.*

häufig als Kläger auf (125, 594). Bemerkenswerther ist es, wenn der Herr auch einmal für den Diener die Klage erhebt: Petrus Lubbe proscriptus est actore Matheo Crogher pro eo, quod interfecit Jacobum Domeker; et dictus Matheus Crogher fuit actor ideo, quod dictus interfectus fuit suus servus; sed cum venerit aliquis de proximis suis, ille ulterius actor erit, et ab actione solutus erit Matheus prefatus *(604). Vereinzelt ist es die Stadt selbst, welche die Klage erhebt:* Nicolaus est ex parte civitatis proscriptus pro civitatis fure *(557);* Schele, Heyne Bere proscripti sunt ex parte civitatis, quod interfecerunt famulos civitatis *(566)*[1]. *Ist es in diesen beiden Fällen gewissermassen ihr Privatinteresse, was die Stadt geltend macht, so klagt sie von öffentlichen Rechts wegen in dem Falle:* Henneke Luningh ex parte dominorum consulum est proscriptus eo. quod preceptum dominorum consulum non servavit, sed infregit *(75). Dass das Accusationsprincip auch in solchen Fällen streng durchgeführt wurde, zeigt ein schon oben S. XLII benutzter Rostocker Eintrag, in dem es sich um Münzvergehen eines gewissen Bernhard handelt:* posuerunt consules querulantem Hermannum Troytevot, famulum eorum *(Mekl. U. B. 5, S. XVII). In diesen Zusammenhang gehört auch ein Eintrag unsres Buches, der mit den Worten schliesst:* Johannes Kosslyn electus est capitaneus ad hoc judicium *(351). Eine Erläuterung geben Wismarsche Einträge:* Nicolaus Norman proscriptus est pro furtu, pro quo profugus factus est, et Hinricus Basse factus est capitaneus partis actricis *(S. 9);* Clawes Zelingh de is vorvestet umme twe vullenkomene wunden, de he wrachte myt egge unde myd orde an Tydeken Pantzowen gaste, dar Tydeke hovetman wart to deme rechte to vorvolghende *(S. 40).* Capitaneus, hovetmann, *das in der Rechtssprache des Mittelalters die Hauptperson in einem rechtlichen Verhältniss bezeichnet (Lexer, mittelhochd. Handwörterb. 1, Sp. 1351), birgt unter diesem allgemeinen Begriffe sehr verschiedenartige Bedeutungen z. B. die Parteien im Gegensatz der Vorsprechen (Homeyer, Richtsteig Landr. S. 423 und 538; Lüb. U. B. 2, Nr. 795), den Gläubiger (Lörsch und Schröder, Urkunden 1, S. 181), den Thäter gegenüber dem Gehülfen (329. 113 und unten), den Schuldner im Gegensatz des Bürgen (Lüb. U. B. 4, Nr. 366), den Gläubigerausschuss zum Unterschied von der Gläubigergesammtheit eines Gemeinschuldners (Pauli, Abhdlgn. 4, S. 83 und Lüb. U. B. 4, Nr. 249). In den vorliegenden Stellen der Verfestungsbücher muss das Wort die mit der gerichtlichen Klage an Stelle des Verletzten betraute Person bezeichnen. Sind es hier immer Private, welche die Rolle des Klägers übernehmen, so kennt das Stralsunder Verfestungsbuch einen Fall, in welchem ein öffentlicher Beamter die Klage anstellt. Der Eintrag 650 z. J. 1422 schliesst:* potestas regia fuit querulator. *Ebenso wird im Lübecker liber judicii zu einem Diebstahlsfalle des J. 1493 bemerkt:* actrix regia majestas *(ob. S. XIV). Leider sind wir über die nähern Umstände beider Fälle nicht genauer unterrichtet, um mit Sicherheit schliessen zu*

---

1) *Vgl. Mekl. U. B. 5, S. XVII (1368).*

*können, dass überall da, wo kein Privatankläger auftrat, der Vogt
oder ein anderer Beamter als Vertreter der Criminalgewalt mit Anstellung
der Klage beauftragt wurde.* Regia potestas, koninclike wolt, *in
älterer Zeit als allgemeine Benennung für Justizhoheit verwandt*[1], *wird
in den letzten Jahrhunderten des Mittelalters besonders für Criminalgewalt*[2]
*gebraucht, und zwar nicht blos in Reichsstädten wie Lübeck,
sondern auch in landsässigen Städten wie Stralsund, Hamburg,
Schwerin u. a. m.*[3]. *Deshalb kann in Hamburg der Frohn speciell mit
dem Namen der* koninclriken wolt[4], *sein zum Gefängniss dienendes
Haus als des* könings have *(Hof)*[5], *wie in Lübeck der Gefängnissthurm
als des* keysers slote[6] *bezeichnet werden.*

Die Function des Klägers vor Gericht besteht in incusare (impetere)
und convincere. *Eine zusammenfassende Bezeichnung für die
klägerische Thätigkeit ist* jure consequi, prosequi *oder* exsequi *z. B.*
sceleratorem tamquam actor jure Lubicensi exequatur *(Hanserecesse 1,
Nr. 115), unten Nr. 372, 378 u. a. m.* Die equi veri exsecutores *in
Nr. 168 sind deshalb nichts anders als die berechtigten Verfolger des
Pferdes, die rechten Kläger.* Cum omni juris exigencia exsequi *in
Nr. 143 ist eine allen Anforderungen des Rechts entsprechende Verfolgung
Seitens des Klägers, wozu das* defendere exigencia juris *in Nr. 126
das Gegenstück bildet. Mit der Anstellung der Klage übernimmt er
die Pflicht der Durchführung. Es gilt hier dasselbe, was der Sachsenspiegel
(I 62 § 1) in den Worten ausdrückt:* man ne sal nemanne
dvingen to nener klage, der he nicht begunt ne hevet. *Zur Fortsetzung
und Durchführung der begonnenen Klage kann man ihn also
zwingen.* Nicolaus Wendelsorn proscriptus est eo, quod non prosequebatur
jus unius interfecti, cujus capitaneus factus fuerat *(Wismar
S. 12). Daraus wird auch erklärlich, weshalb in der oben S. XLIII angeführten
Stralsunder Verfestung (604) so sorgfältig die Anklagepflicht
des Dienstherrn begränzt wird. — Das Ueberführen des abwesenden
Beklagten geschieht durch den Eid des Klägers. Durch Ableisten des
Eides erwirbt er den wegen Diebstahls Angeschuldigten als seinen
Dieb:* Mathias Klenesadel juro Lubicensi ad sancta jurans acquisivit
Martinum Greven pro fure suo *(404 vgl. 204).* Dar heft ze de zulve
Ludeke umme besworen unde vervestet laten mid alleme Lubeschen
rechte *(558).*

*Alsdann tritt die Thätigkeit des Gerichts ein. Ziemlich häufig
wird der Personen in den Einträgen gedacht, die das Gericht (judi-*

---

1) *Frensdorff, Verfassg. Lübecks S. 35.*
2) *Pauli, lüb. Zustände 2, S. 59. Lüb. Urtheil bei Michelsen, Oberhof
Nr. 234: ader das her derhalben in die konigliche gewalt sal gedranget werden.
Der Gebrauch der Bezeichnung in dem Formular des Fahrrechts (Forschgn.
z. deutschen Gesch. 6, S. 265) darf deshalb nicht zu dem von Petersen gemachten
Schlusse verleiten.*
3) *S. oben S. XXXII und Mekl. U. B. 4, S. 461.*
4) *Lappenberg, Miniaturen z. hamb. Stadtr. S. 31.*
5) *Glosse z. hamb. Stadtr. 1497 O. III (Lappenberg S. 299).*
6) *Rufus bei Grautoff, lüb. Chron. 2, S. 557 und Pauli, lüb. Zustände 2, S. 59.*

cium, dat richte) *bildeten. Die ältesten Angaben über die Zusammen-setzung eines verfestenden Gerichts liegen aus Lübeck vor. Als im Jahre 1243 die von Buchwald und Genossen wegen Beraubung Lübecker Bürger friedlos gelegt wurden, besass das Gericht im Namen des Kaisers* (presedit judicio ex parte domini imperatoris) *der Vogt Her-mann Riquard, und ihm zur Seite im Namen der Stadt* (ex parte civitatis) *die Rathmannen Hermann von Morum und Gerhard von Heringen; ausserdem war eine grosse Zahl im Protokolle namhaft gemachter Bürger, unter ihnen einige* prolocutores *oder, wie sie ein andermal heissen,* rethores, *bei der Verhandlung zugegen (Lüb. U. B. 3, Nr. 3; dazu Mantels, Zeitschr. für lüb. Gesch. 3, S. 135). Auch bei Friedloslegungen der nächstfolgenden Zeit (Lüb. U. B. 3, Nr. 3 unter B.) besteht das Gericht aus dem* advocatus, *ohne dass er noch ausdrücklich als kaiserlicher hervorgehoben würde, und zwei als* asses-sores advocati *oder* consules assessores advocati *bezeichneten Personen, neben welchen eine Reihe von Bürgern als* testes *mit Namen vermerkt werden (vgl. ob. S. XXII). Aus den lübischen Statutensammlungen wissen wir, dass zu dem Gericht als nothwendige Person ausserdem de* besworne scrivere *gehörte* [1] *(Hach II 215).*

Diese Einrichtung, in welcher sich eine allgemein lautende Vor-schrift des lübischen Rechts (Hach I 90) [2] *speciell angewendet findet, kehrt gleichermassen oder ähnlich in den Städten lübischen Rechts wie-der. Die um 1301 anzusetzende erste Inscription des Rostocker liber* proscriptorum *lässt eine Verfestung geschehen in* presencia advocati, zweier domini consules *und einer Anzahl von Bürgern (Mckl. U. B. 5, Nr. 2763). Ein Verfestungsurtheil von 1303 unterscheidet* advocatus, assessores, testes *(5, Nr. 2839); ein etwas jüngeres benennt die letztere Kategorie als* circumstantes *(6, Nr. 3673). Von der Function des Vogts wird der Ausdruck gebraucht:* causam judicavit *(Nr. 2839, 3673, 4158), der aber auch wohl auf die Rathmannen erstreckt wird (5, Nr. 3559), ebenso wie auch das* presidere judicio *auf Vogt und Rathmannen bezogen wird, so gleich in jener ersten Rostocker Inscription:* in presencia advocati et dominorum consulum qui tunc judicio pre-sidebant, *oder in der dem Ende des 13. Jahrh. angehörenden Wis-marschen Willkür:* ubi advocatus et consules president judicio *(4, Nr. 2647 sub 4). Zu deutsch heisst das nicht den Vorsitz führen, sondern, wie von den Rathmannen* presidebant consilio *(2, Nr. 1076), den* rat besitten *(Lüb. U. B. 1, Nr. 4) gesagt wird, so wird jenes wie-dergegeben:* ratman unde voghet sittit dat richte *(Hach II 65), de* ratmanne de vor rechte sittet *(Hamb. R. 1270 IX 30). Gleichbedeu-*

---

1) *Den man natürlich nicht mit Petersen (Forschungen 6, S. 263) als den beschwörenden Schreiber übersetzen darf.*

2) *Verfassung Lübecks S. 87 ff. Koppmann, kl. Beitr. z. Gesch. Ham-burgs 2, S. 33. Für Stralsund vgl. Urk. Wizlafs v. 1314 Jan. 9:* wolde yenich man schuldeghen use borghern tome Stralessunde, de schal en volghen in de stat tome Stralessunde vor den voghet unde vor de ratman to richte, als eyn stades recht is *(Fabricius, Rügensche Urk. 4, 2 Nr. 441).*

tend wird gebraucht: in judicio quoram consulibus judicio residentibus *(Strals. Reg. Nr. 178)*, sedente pro tribunali *(Mekl. U. B. 3, Nr. 1671 und unten Nr. 664). Die Zahl der mitwirkenden Rathmannen ist nicht immer gleich. In einem Greifswalder Falle von 1306 werden fünf Rathmannen als assessores* judicii *namhaft gemacht (Kosegarten, Geschichtsdenkm. S. 67); im ältesten Stralsunder Stadtbuche kommen neben den der Regel entsprechenden zwei Beisitzern (40. 173. 175) einmal ihrer vier vor (19). Ebenso fungiren im Stralsunder Verfestungsbuche bei Aburtheilung der Semlows im J. 1328 neben dem Vogte vier* consules et judices *(113), wie später einmal ein Eintrag, der nicht etwa ein gegen die Stadt oder den Rath gerichtetes Verbrechen betrifft, mit den Worten abschliesst:* judices universitas consulum in communi consistorio *(314). Aber das Normale in unserm Verfestungsbuche ist der Beisitz von zwei Rathmannen, und nur darin giebt sich ein Fortschritt gegen den frühern Rechtszustand kund, dass der Vogt allmählich zurücktritt. Zunächst wird nur in vier Fällen überhaupt noch der Vogt erwähnt, in sämmtlichen ist der Inhaber des Amts Johann Wesent (36. 53. 110. 121), von dem wir aus andern Zeugnissen wissen, dass er ein Stralsunder Bürger war und zu Anfang des 14. Jahrhunderts die herrschaftliche Vogtei durch Kauf an sich und seine Familie gebracht hatte* [1]. *Nur in einer der vier Inscriptionen steht der Vogt (110 z. J. 1328) voran, in den übrigen gehen ihm die Rathmannen vor. In den Einträgen nach 1337 wird regelmässig eines Vogtes nicht mehr gedacht, nur die beiden Rathmänner werden vermerkt, bald mit* judices oder judices fuerunt domini *(124 ff. 155 ff.),* judices fuerunt ad hoc, judices hujus cause sunt *(318. 320 u. a. m.) oder ähnlichen Formeln eingeführt. Dieser Vorgang kehrt ganz ähnlich in den rechtsverwandten Städten wieder: in Rostock wird statt des anfänglichen Namens* assessores *die Bezeichnung* judices *seit 1337 üblich, seit 1341 werden die Rathsherren vor dem Vogt genannt, endlich seit 1358 verschwindet der letztere ganz (Mekl. U. B. 5, S. XVII). Tritt hierin eine Wirkung des in demselben Jahre geschehenen Verkaufs des landesherrlichen* judicium majus ac medium et minus *an die Stadt Rostock hervor (Nettelbladt S. CXXV), so ist das schon früher bemerkbare Schwinden des Ansehens der Stralsunder Vogtei auf ein Privileg des Fürsten Wizlaf IV. vom Jahre 1319 zurückzuführen, nach welchem* in civitate nostra Sundensi .... subadvocatus [2] nullo modo ponendus est absque consensu et voluntate predictorum consulum et oldermannorum, aut ipsi judicabunt pro nobis et semet ipsis, ne quis judicio negligatur *(Fabricius 4, 3 Nr. 535). Denn, wenn auch die* vogedige und gantze gerichte, beyde högeste und sideste, an hant und hals ..... tho richtende *erst 1488 von Seiten des Landesherrn an die Stadt verkauft wurden (Gadebusch a. a. O. S. 379), so war doch schon durch*

---

1) *Dinnies, von der Gerichtsvogtei zu Stralsund bei Gadebusch, Pommersche Sammlgn. I (1783) S. 358 ff. O. Fock, Rügensch-Pommersche Geschichten 5, S. 383.*
2) *Unter dem* subadvocatus *verstehe ich mit Klempin (bei Kratz, die Städte Pommerns S. XLVI) und Francke (Baltische Studien 21, 2 S. 56) den Stadtvogt.*

*die über anderthalb Jahrhunderte ältern Gewährungen die Vogtei in
solche Abhängigkeit von der Stadt gerathen, dass die Richteherren,
wenn keine Einigung zwischen Fürst und Stadt über die Person des
Vogts zu Stande kam, nicht bloss für die Stadt, sondern auch für
den Herrn, also anstatt des Vogtes das Gericht zu handhaben ermäch-
tigt waren. Das Verschwinden des Vogts aus den Einträgen der Verfestungsbücher bedeutet nicht das gänzliche Eingehen der Vogtei, sondern nur ihr Aufhören als einer herrschaftlichen und selbständigen
Beamtung. So sind denn auch die vereinzelten Zeugnisse unsres Verfestungsbuches, die später noch den Vogt erwähnen (679. 674) nur
von einer durch einen Rathsherrn oder einen städtischen Beamten
wahrgenommenen Function zu verstehen. In Wismar, wo das Verfestungsbuch soviel später als in den genannten beiden Städten beginnt,
ist von vornherein gar nicht von einer Mitwirkung des Vogts bei den
Friedloslegungen die Rede; hier erwähnen schon die ersten Einträge
blos die Anwesenheit zweier Rathmannen (presentibus domino Hermanno Rikelant et domino Lubberto Swarten S. 2 oder mit dem Zusatz:
judicibus S. 4). Nur ganz vereinzelt wird hier und an andern Orten
in den Einträgen des Vogts noch gedacht; der Name advocati geht
auf die beiden das Gericht bildenden Rathmannen über (vgl. Koppmann, kl. Beitr. 2, S. 66). In Lübeck reguliren die domini advocati
den Nachlass eines Selbstmörders (1347, Lüb. U. B. 2, Nr. 1099),
treffen Verfügungen über das Gut eines getödteten Schiffers (das. S. 925
Anm.), der Gerichtsschreiber heisst der notarius advocatorum (das.
S. 1079); Albrecht von Bardewik nennt in der an der Spitze seiner
Chronik stehenden Rathsliste von 1298 zwei Consules als der stades
voghede (Grautoff 1, S. 413)[1]. In Wismar wird der Satz, dass das
Gerichtszeugniss allen andern Zeugenbeweisen vorgehe, ausgedrückt:
nemo testari potest, cum ipsi advocati cause memores fuerint (Mekl.
U. B. 4, Nr. 2647 unter 4, Lesart des Rathswillkürenb.). Es ent-
spricht ihrer Stellung am vollständigsten, wenn der Name Richteherren
immer üblicher wird. Ihn kennt schon die Stralsunder Inscription:*
judices fuerunt domini dominus Conradus Bisscup et dominus Bertoldus
Kummerow *(614 z. J. 1407); noch im 16. Jahrhundert heissen sie in
Stralsund so (Sastrows Lebensbeschreibung hg. v. Mohnike 1, S. 158).
Auch in Hamburg war dieser Name gebräuchlich (Register zum Stadt-
recht v. 1497 bei Lappenberg R. A. S. 173 vgl. mit dem Art. B. 7).
In Rostock combinirte man gewissermassen beide Titel, sowohl wenn
man sie* judices et advocati *(Mekl. U. B. 5 S. XVII und Nettelbladt
S. CXVIII) als wenn man sie* richtefoghede *(Nettelbladt S. LXXXV)*

---

1) *Detmar z. J. 1384:* in den dagen weren voghede der stad twe erbare
lude, her Thomas Murkerke unde her Herman Langhe, de do grot arbeit hadden
beide in rechtes wise unde in bekummernisse eres gudes. *Es handelt sich um
Bestrafung der an dem Aufruhr Heinr. Paternostermakers Betheiligten. Die
beiden Vögte waren thätig theils mit Aburtheilung ihrer Verbrechen, theils mit
Beschlagnahme ihrer Güter; bekummernisse in dieser Bedeutung ist im Mittelniederd. Wörterb. nicht vermerkt.*

nannte; ähnlich spricht das Lübecker Ober-Stadtbuch von domini advocati judicii *(Pauli, lüb. Zustände 2, S. 64).*

Eine vollständige und chronologisch geordnete Liste der Stralsunder Richteherren für die Zeit unsres Verfestungsbuches aufzustellen, gestattet die Beschaffenheit der Quelle nicht. Sie weist lange Reihen von Einträgen auf, in denen gar keine Judices genannt sind. Zum erstenmale sind sie bei Nr. 36 vermerkt, dann erst wieder bei den Nr. 53. 99. 110. Von 1328 ab (121) kommen ihre Namen eine Zeitlang ziemlich regelmässig vor. Nach Eintrag 161 folgt eine lange Pause bis Nr. 296, dann wieder bis Nr. 312 zum Jahre 1360. Dazu kommt, dass die Reihenfolge im Buche nicht streng der zeitlichen Aufeinanderfolge entspricht, indem zuweilen spätere Verfestungen an einer leergebliebenen Stelle unter frühern untergebracht sind; ausserdem ist durch den Mangel des Tagesdatums den Anfang der Amtsperioden zu bestimmen erschwert. So ergiebt sich aus den Vermerken nur die negative Beobachtung, dass weder blos ein Wechsel von Jahr zu Jahr, noch auch von Fall zu Fall zwei Rathmannen zu der Function der Richteherren berief. War ein Verfestungsverfahren beim Wechsel in den Aemtern noch nicht beendet, so wurde es unter den neueintretenden Richteherren fortgesetzt (614). Seit dem Anfange des 15. Jahrhunderts, in Inscriptionen nach dem J. 1420 wird eine Unterscheidung von Richteherren in der alten und in der neuen Stadt wahrnehmbar; es kommen Verfestungen sub judicibus dominis . . . in civitate nova *(654)* oder super nova civitate *(660) neben solchen vor, die* sub judicibus antique civitatis *(659) vorgenommen werden; vgl. noch 655—673.*

Das bei der proscriptio beobachtete Verfahren wird regelmässig nur mit der knappen Formel: proscriptus est justis sentenciis *(9. 19. 20 u. a. m.), die so oder ähnlich gefasst gradezu als eine allgemein technische bezeichnet werden darf, angedeutet. Schon der Vertrag zwischen Hamburg und Lübeck von 1241 lautete:* quicunque . . . justa juris dictante sententia proscribatur *(oben S. XXVI), was deutsch:* welk mynsche vormyddest deme rechte vorvested wert *(oben S. XXVII) wiedergegeben wird. Ebenso das Privileg Wizlafs für Stralsund von 1319:* quicumque in . . civitate nostra Sundis justis sententiis proscribitur *(Fabricius 4, 3, Nr. 535), und die Chronik des Albrecht von Bardewik in einer schon oben S. XLI benutzten Darstellung:* darna worden se vorvestent myt rechten ordelen. *Andere gleichbedeutende Formeln unsres Buches oder der verwandten Quellen sind:* proscribere justis cum sentenciis *(352. 353),* per justas sentencias *(Mekl. U. B. 3, Nr. 1671. 2387),* justo modo *(21. 22),* secundum exigenciam omnis juris *(86),* cum omni jure et justis sentenciis *(226),* cum omni jure Lubicensi *(364),* omni sentencia juris Lubic. *(362. 365—367),* jure Lubic. et legitime *(659),* sentencia Lubicensi *(368),* justis sentenciis Lubicensibus *(361),* sentenciando *oder* sentencialiter proscribere *in dem Strals. Verfestungsregister (46—48, 50 ff. 81, 87 u. a. m.). Dem entspricht es, wenn dasselbe auch von der Rechtsverfolgung gesagt wird:* Reynecke Becker consequebatur cum omni Lubicensi jure Wychmannum

(364) oder Gotschalcus per Hinricum consequutus omni jure Lubicensi *(365; vgl.* 370. 387. 388). *In dem Wismarschen Verfestungsbuche ist die Wendung* omni jure Lubicensi provictus, myd alleme
Lubeschen rechte vorwunnen *(S. 12. 40. 70 u. a. m.), in dem Rostocker*
rationabiliter, rationabili sententia, rite et rationabiliter [1] in jure Lubicensi proscriptus *(Mckl. U. B. 4, Nr. 2696. 6, Nr. 4158. 4246. 3673.
5, Nr. 3267) besonders beliebt.*

*In dem stetigen Gebrauch solcher Formeln, die alle den Hergang
als einen geordneten, recht und redlich verlaufenen kennzeichnen wollen,
liegt ausgedrückt, dass auch in solchen Fällen die Grundsätze des
gerichtlichen Verfahrens aufrecht erhalten werden sollen. Unter diesen
ist keiner so wichtig als der, dass mit ordelen vorgegangen werden
soll. Der Richter darf auch hier nicht von sich aus Anordnungen
treffen, sondern muss sich an die von der Partei gestellten Fragen
halten und diese dem Umstande zur Findung vorlegen. Nur wenn er
so sententialiter fortschreitet, verfährt er na rechte (Homeyer, Richtsteig Landr. S. 416). — Durch die in den Inscriptionen ständige Verweisung auf den allgemein im Gebiete des lübischen Rechts üblichen
Hergang der Verfestungen sind wir in den Stand gesetzt, uns eine
detaillirtere Vorstellung von dem zu machen, was die Stralsunder Quelle
blos formelhaft andeutet. Was schon oben S. XXIII aus den lübischen
Statuten als Kennzeichen des Verfahrens mitgetheilt werden konnte,
wird bestätigt und vervollständigt durch die Chronik des Albrecht von
Bardewik [2] (Grautoff 1, S. 416). Nach den S. XLI mitgetheilten
Worten über das Ausbleiben der vorgeladenen Friedbrecher fährt sie
fort:* do toch men eyn sveyrt und scriede over se eyne warve, ander
warve unde drudde warve [3] over de defrovere unde over ere rechte
vredebrekere; darna worden se vorvestent myt rechten ordelen: do worden se gheleghet vredelos unde rechtlos an landen unde an wateren,
an steghen unde an weghen, an kerken unde an klusen [4] unde in allen
gotes husen [5], *eine Formel, die vielleicht schon jenem Vertrage von 1259*

---

1) rationabiliter *übersetzt das deutsche* redelich, *wie* racio *im Eintrag Nr. 32*
(aliquam fictam racionem) *Rede, und bedeutet: gehörig, der Ordnung entsprechend.
Auch der Sachsenspiegel gebraucht die Wendung: jemanden* redelike *in die Verfestung bringen (III 24 § 1). Vgl. auch oben S. XXXIX:* profuga racionabilis.
2) *Vgl. Koppmann, Hans. Gesch.-Bl. 1, 1 S. 74. Petersen (Forschgn. 6,
S. 263) hat den Bericht von der Verfestung derer, die auf dem Raubschloss Glesin
lagen, ganz missverstanden, wenn er den Hergang nach Lübeck verlegt. Er kommt
dazu durch die unglaubliche Uebersetzung der Worte:* de vorsten .... ghinghen
tho rade mit: *sie giengen zum Rath.*
3) *Petersen übersetzt richtig: Mal, fügt aber hinzu: ob hier nach Gerichts-
tagen?, was mindestens unverständlich ist.*
4) *Dazu vgl. die Stelle des Rufus:* der stede schepe .. leten by der Denen
schepe also en kerko vor ener klus *(Grautoff 2, S. 554 und Mantels, Hans. Gesch.-
Bl. 1, 1 S. 139). Der mittelalterlichen Alliteration entspricht nach Form und
Inhalt die heutzutage gebräuchliche von Kirchen und Kapellen. Hildebrand
(Grimm, Wörterb. 5, Sp. 1036) denkt mehr an den Gegensatz von Kirchen und
Klöstern, was nicht so zutreffend ist.*
5) *Die beiden letzten Glieder der Formel kehren ständig wieder; über ihre
Bedeutung s. unten S. LII. Die Zusätze wechseln:* up karkwegen, up mark-

vorgeschwebt hat, in welchem alle Räuber für friedlos in ecclesiis, cymiteriis, aquis et campis erklärt werden (Hanserecesse 1, Nr. 3). In dem Bericht der Chronik werden deutlich zwei Akte des gerichtlichen Verfahrens unterschieden, erstens: das Schwertziehen, begleitet von einem dreimaligen Beschreien des geladenen Missethäters, wobei nach den Lübecker Statuten (oben S. XXIII) der Tiodute-Ruf erscholl, und zweitens: das Aussprechen der Friedlosigkeit über den Entbliebenen. Wir besitzen ein Lübecker Formular wo men eynen misdeder fredelos lecht edder vorvestet, das ausführlich den Hergang schildert, aber leider erst im 16. Jahrhundert aufgezeichnet ist. Die älteste bisher bekannte Form findet sich in einem 1532 von Nicolaus von Bardewik und Anton von Stiten to behueff des rechten angelegten Memorialbuche (Dreyer, Einltg. S. 387; Wehrmann, Ztschr. für lüb. Gesch. 3, S. 398), die dann in den spätern Recensionen des sg. neddersten Rechtes noch häufig wiederholt ist. Nachdem Hach in der Einleitung zu seiner Ausgabe des Lübischen Rechts des Formulars kurz gedacht hatte (S. 144), ist es neuerdings von Petersen in den Forschungen zur deutschen Geschichte 6, S. 266 veröffentlicht worden[1]. Mit dem hier publicirten niedersächsischen Text verdient ein hochdeutscher verglichen zu werden, den Jacob von Melle in der Gründlichen Nachricht von Lübeck S. 446 mitgetheilt hat. So sehr in diesen Ueberlieferungen die alten Formen erstarrt und in ein leeres Wortgepränge ausgeartet sind, so können sie doch noch immer zur Kenntniss des ursprünglichen Verfahrens dienen. Von der Thätigkeit des Gerichts ist kaum etwas übrig geblieben; es wird zwar her vaget angeredet, aber statt seiner antwortet de rychteschryver, wenn man ein wörtliches Wiederholen dessen, was andere im Gericht anwesende Personen vorgesprochen haben, eine Antwort nennen darf. Dahin hatte sich also in der Praxis jenes Verbot ausgeprägt, dass der Richter nicht na sineme mutwillen fragen solle. Von sich aus stellt er hier nicht einmal mehr die das Verfahren eröffnenden Hegungsfragen. Mit der Leerheit der Handlung steht die Fülle der im Gericht thätigen Personen in einem seltsamen Contrast. De degedingesman, des rades degedingesman, de vorsprake[2]

---

wegen, in wischen und welden (*Neumünst. Kirchspielsgebr. bei Seestern-Pauly S. 39; Michelsen, Altdithm. Rechtsqu. S. 289*); över sand und land, bet dat he kumt und deit lik und recht (*Holsten Landr. bei Seestern-Pauly S. 28*).

1) *Nicht, wie mich Professor Mantels und Staatsarchivar Wehrmann belehren, nach der ältesten Hs., sondern nach einer von 1541 (scriptum in castro monasterii predicatorum in Lubeca). Wo im Folgenden Abweichungen des in den Forschungen gedruckten Textes angeführt werden, gehen sie auf die Hs. von 1532 zurück, aus der mir Professor Mantels unter Vergleichung mit den spätern Recensionen reiche Mittheilungen gemacht hat. Fast wörtlich stimmt damit ein Wismarsches Formular, dessen Kenntniss ich Herrn Dr. Crull verdanke.*

2) *In dem von Petersen mitgetheilten Formular fehlt bei der dritten Heischung (S. 268 oben) der auch hier in den andern Ueberlieferungen den Anfang machende Degedingsmann des Rathes. In ihm sehe ich den Vertreter des öffentlichen Interesses, während ich den degedingesman für einen Vertreter des Klägers halte, nicht für einen Schöffen, wie Petersen will. De vorsprake ist der das Urtheil findende Fürsprech, so dass also die den lübischen Prozess bezeichnende*

treten nach einander auf und sprechen einander die ein- für allemal feststehenden Formeln nach, bis der Richteschreiber jedes Stadium mit der Rede abschliesst: so thue ich, also mir zu Recht funden ist, und heische .... *(oder:* und lege friedlos ...*). In dem Formular des 18. Jahrhunderts ist das gerichtliche Drama auf die Personen des Fiscals, der sich aus des rades degedingesman entwickelt hat* [1]*, des Actuarius, der ehemals* richtescriver *genannt wurde, und des Frohners, früher* bodel *oder* knape *geheissen, reducirt. Der Kläger, welcher noch im 16. Jahrhundert schwören musste* [2]*, denjenigen verfolgen zu wollen* in dessem rechte unde in allem Lubischen rechte, wede de rechte handadige is [3]*, ist verschwunden, der Fiscal verliest die Anklage und bittet um das Urtheil. Die Handlung des Fiscals wie der Eid des Klägers gehören noch dem ersten der beiden Acte an, in die sich nach dem Recht des 16. und 18. Jahrhunderts wie schon nach dem des 13. das Verfestungsverfahren zerlegt. Er schliesst damit, dass der Büttel mit gezogenem Schwerte und unter dem Geläut der Glocke:* to yodute aver den morder de dessen mortliken mort began hefft *ruft. Dem jüngern Formular zufolge steigt er dabei aus dem Fenster des Niedergerichts auf den unehrlichen Block (Schandstein, Finkenblock)* [4]*, eine Erinnerung an die alte unter freiem Himmel gerichthaltende Sitte. Nach alledem ist der erste Act nichts andres als ein feierlicher im Gericht selbst vorgenommener dreimaliger Aufruf des abwesenden Beklagten, gewissermassen eine Wiederholung der Ladung, ähnlich wie das gerichtliche Verfahren bei handhafter That mit einer Wiederholung des ausserhalb erhobenen Gerüftes begann, und eine daran sich schliessende amtliche Constatirung des Ungehorsams. Nachdem der Missethäter* in dren dinckdagen drie geeschet is unde mit dren panden bolecht is [5]*,* darna drie laden is unde nicht gekomen is unde mit den klocken vorlut [6] is *unde* boscriet mit dem swerde, *wird er im zweiten Act durch den Richteschreiber* rechtloss, vredeloss in dessem rechte

---

Eigenthümlichkeit der Urtheilsfindung durch Procuratoren (Ztschr. für deutsches R. 20, S. 98) hier schon, mithin früher als Beseler (Ztschr. f. Rechtsgesch. 9, S. 260) annimmt, bezeugt ist.

1) *Hach bemerkt S. 144, der älteste unter den Procuratoren, wie in Lübeck und Hamburg die Vorspraken seit dem 16. Jahrhundert hiessen, sei zugleich der Fiscal oder des Rathes Fürsprech gewesen.*

2) Szo lecht de kleger de (*nicht* den *wie Petersen hat*) vinger up do hilgen und swert.

3) *Petersen liest statt* wede: wor *und übersetzt:* dass er ihn verfolgen will in diesem Rechte zur rechten Hand, wo Gericht ist. *Der Kläger schwört in Wirklichkeit:* denjenigen, welcher der rechte Thäter ist, verfolgen zu wollen. *Ueber* hantdadig *s. unten.*

4) *Lappenberg, Miniaturen z. Hamb. Stadtrecht S. 51 ff.*

5) *Das erklärt sich aus dem Eingange des Formulars:* me schal dar dre dinge hegen in dren dagen bynnen den bomen unde me schal dar dre pande halen laten; *is* de morder wege, *so schal* do kleger 12 β *dem* richtescriver hantreken *in* de stede der upgenomeden pande. *Die Pfänder sollen zum Beweis der geschehenen Ladung dienen; für den abwesenden Beklagten hat der Kläger die Leistung zu übernehmen.*

6) *Dazu vgl. Michelsen, Altdithm. Rechtsqu. S. 280.*

d*

unde in allem Lubschen rechte tom ersten male, tom anderen male, tom
drudden male *gelegt*. *Das jüngere Formular lässt statt dessen zunächst
das von dem Actuario abgefasste Urtheil vortragen und darauf den
Frohn die speciell als Verfestung bezeichnete Handlung vornehmen, die
also lediglich eine äussere Sollennität nach dem bereits gefällten Urtheil
ist. Nur in den dabei gebrauchten Worten hat sich ein Nachhall des
alten Verfahrens erhalten. Der Frohn ruft:* Joduthe über dir; weil
du auf meine anbefohlene Citationes nicht erschienen bist, will ich dich
hiermit frei machen, wie einen Vogel in der Luft, in Kirchen und
Klausen und in allen Gotteshäusern, du sollst da weggenommen werden, wie Recht ist, von meiner Herren wegen. *Der poetischen Formel
folgt hier auf dem Fusse der prosaische Commentar, dass das kirch-
liche Asylrecht dem Friedlosgelegten nicht zu Gute kommen soll.*

Nach dem Recht des Sachsenspiegels trifft den Verfesteten, der gefangen und vor Gericht gebracht wird, immer die Todesstrafe, it gat ime an
den lief, auch wenn er durch das von ihm begangene Verbrechen blos
eine verstümmelnde Strafe verwirkt haben würde (vgl. oben S. XVIII).
Das lübische Recht enthält keinen derartigen Satz über die Steigerung
der Strafe in Folge des Ungehorsams und konnte nicht mit einer gleichen und gleichmässigen Strenge gegen die Contumacia vorgehen, da es
die Verfestung in einem viel weitern Umfange als das sächsische Recht
zuliess. Aber in einzelnen besonders schweren Fällen hat doch das
Gericht die Verfesteten von vornherein für den Fall ihrer Gefangen-
nehmung mit der Todesstrafe bedroht, vgl. die Einträge über den Semlowschen Aufstand (110. 112. 113), in denen das* proscribere sub pena
colli *geschieht. Die den wegen gewisser schwerer Verbrechen Verfesteten treffende Strafe der Vermögensconfiscation (ob. S. XX u. XXXII)
wird zwar in unserer Quelle nicht ausdrücklich erwähnt; dass aber
die in den Rechtssatzungen gedrohte Strafe auch praktisch gehandhabt
wurde, lässt sich nicht bezweifeln. Die Seite 14 Anm. 1 mitgetheilte
Urkunde zeigt, dass der Stralsunder Rath, während Tideke Semlow
und Genossen verfestet waren, von ihrem Gute Einkünfte erhob (de*
bonis ipsorum eis absentibus levavimus); *die Güter Gerwin Semlows,
dessen Verfestung fortdauerte (s. ob. S. XL) blieben in der Gewalt des
Rathes, und jeglicher erbrechtliche Anspruch der Brüder wurde, wenn
Gerwin vor einem Ausgleich mit der Stadt sterben sollte, ausgeschlossen.
Die gegen die Theilnehmer des Lübecker Knochenhaueraufstandes von
1384 verhängte Güterconfiscation, von der Detmar berichtet (ob. S. XLVII
A. 1), ist wohl richtiger als eine Strafe des Hochverraths zu verstehen;
dagegen tritt der Zusammenhang mit der Verfestung deutlich in den
1408 gegen die entwichenen Mitglieder des frühern Lübecker Raths
ergriffenen Massregeln hervor: der revolutionaire Rath schreitet nach
dem Ober-Stadtbuche zur Confiscation ihrer sämmtlichen Habe* propter
proscriptiones sicut in libro judicii continentur (*Pauli, lüb. Zustände 2, S. 65). Eine indirecte Bestätigung der die vermögens-
rechtlichen Folgen der Proscriptio behandelnden Statute gewährt es,
wenn die Stadt Lübeck ihren Gläubigern den sichern Fortgenuss von*

*Renten auch für den Fall zusichert, dass sie wegen Verbrechen flüchtig
werden sollten (Lüb. U. B. 1, Nr. 552 und 555, auch bei Pauli, Abh. 4,
U. B. A. Nr. 56 und 57). Als ein Zeugniss des Zusammenhanges
von Verfestung und Vermögensconfiscation darf endlich auch noch das
Wismarsche Statut von 1306 angeführt werden, welches gegen die
Racheübung an den unschuldigen Verwandten des Thäters einschreitet
und über die Zuwiderhandelnden Lebenstrafe verhängt,* et si profugi
evaserint, omnia bona sua, quae ipsos tangunt, et mansionem in civitate Wismer arbitrantur perdidisse et ipso facto sunt proscripti *(Mekl.
U. B. 5, Nr. 3058).*

*Das Verfestungsverfahren schliesst in dem Formular des 16. Jahr-
hunderts mit der Bitte des Klägers,* dat sodans moge gescreven werden int rode boeck, *nicht* int rades boek, *wie Petersen S. 269 liest.
Die Bezeichnung ist für Gerichtsbücher dieses Inhalts nicht ungewöhn-
lich (Haltaus u. d. W. rothe Buch). Das Eintragen in die amtlich
geführten Register war wichtig genug, um den ganzen Vorgang des
Verfestens danach zu benennen. So heisst es einmal im Rostocker
Stadtbuche:* dit is witlich den menen rade, dar umme hebbet se ene
ghescreven laten *(Mekl. U. B. 3, Nr. 2385); in unserm Buche gebrauchen ein paar Einträge* scribebantur, scriptus est *für die entsprechenden Formen von* proscribere *(10 und 58). Characteristisch ist, dass
sich die Rathmannen in einem Falle (454) durch Bitten der Freunde
des Schuldigen bewegen lassen, von der offenbaren Verfestung abzu-
stehen, aber die Eintragung findet Statt und soll dieselben rechtlichen
Wirkungen haben, als ob* he dar umme openbar vorvestet were.

*Die auswärts in einer der verbündeten Städte geschehene Ver-
festung wurde in den heimischen* liber proscriptorum *übertragen. Das
älteste Beispiel gewährt wohl das erste Wismarsche Stadtbuch in der
unter Proscriptionen sich findenden Aufzeichnung:* isti sunt, pro
quibus miserunt nobis Lubicenses litteras, quod spoliaverunt et occiderunt mercatores de Gotlandia de navi eosdem ejicientes *(Mekl. U. B. 2,
Nr. 903), eine Mittheilung, die auf Grund des Recesses von 1265
(s. ob. S. XXVI) erfolgt sein mag. Wie hier nicht ausdrücklich die Verfestung hinzugefügt ist, so weist auch der Stralsunder* liber de proscriptis
*eine Anzahl Einträge auf, in denen blos die Namen der Missethäter
und ihre verbrecherische Handlung vermerkt sind (237, 238). Oft
ist nur durch die Vergleichung der Verfestungsbücher verschiedener
Städte zu ermitteln, dass eine Verfestung auf Grund freundnach-
barlicher Anzeige eingetragen ist. So verzeichnet das alte Stralsunder
Verfestungsregister eine Anzahl von Personen als* proscripti pro eo, quod
Rodohosen inhumaniter et crudeliter occiderunt *(127). Von denselben
Personen lesen wir in dem Rostocker Verfestungsbuche:* hii predicti
occiderunt Hinricum Rodehosen in bona pace et tranquillitate in civitate Losisce, pro hoc vicio sunt proscripti in omni jure Lubicensi
*unter Angabe des Vogts, der beiden Rathmannen und des Umstandes,
vor denen die Verfestung vor sich gieng (Nettelbladt S. CIV). Dem Eintrage des Stralsunder Registers lässt sich nicht anmerken, dass die*

*Verfestung auswärts geschehen und hierher übertragen ist. Erst durch
weitere Veröffentlichung von Verfestungsbüchern und Durchforschung
derselben nach zusammenhängenden Einträgen wird sich Genaueres
über diese Art des Rechtsverkehrs unter den Städten ergeben. — Im
J. 1366 verzeichnet unser Verfestungsbuch dʒ lude dy Bremen vûr-
reden (335). Diese Eintragung erfolgte, da Bremen nicht schon
kraft einer Rechtsverbindung die Verfestung verlangen konnte, kraft
eines besondern Beschlusses auf dem Hansetage vom 24. Juni 1366
(unten S. 37 A. 2). Ebenso wurde 1356 in Rostock eingetragen:* proscriptus est Henningus de Tarnevisse et sui coadjutores pro eo, quod
despoliaverunt civitatem Parchem infra veme et landvrede dominorum
terrarum ex rogatu consulum de Parchem, qui eos proscriptos inti-
maverunt pro hac enormitate *(Nettelbladt S. CXVII; Mekl. U. B. 5,
S. XVI). Parchim war keine Stadt lübischen Rechts; hier wird die
Gültigkeit der Verfestung auf einen Landfrieden gestützt, wie er 1353
abgeschlossen war und in den folgenden Jahren wiederholt erneuert
wurde (Lüb. U. B. 3, Nr. 158, 218; Böhlau, Mecklenb. Landr. 1,
S. 59). Die Verfestung unsres Buches Nr. 658 führt als Grund an:*
pro eo et ex eo quod probatům fuit contra eum (sc. Hinr. Grewesmolen) per literas Rostokcensium, quod de bonis spoliatis recepit partem
duorum spoliatorum, quae probatio fuit sufficiens per consulatum diffinita *und bestätigt damit wenigstens einen Theil dessen, was oben
S. XXIX als Bedingung für die Aufnahme auswärtiger Verfestungen
gefordert ist. Im Eintrag Nr. 24 wird ein Schuster Nicolaus von
Gotland verfestet* pro eo, quod occidit crudeliter burgenses in civitate
Rostoc; cum hoc violenter accepit bona eorum faciens rerof. *Derselbe
wird unter denen genannt, die in Rostock 1313 wegen Umsturzes der
dortigen Verfassung verfestet wurden (Mekl. U. B. 6, Nr. 3672 nach
dem Rostocker liber proscr.), und auch in den Rostocker Inscriptionen
wird den Verschwörern neben dem Angriff auf die städtische Rechts-
ordnung Rerof Schuld gegeben (das. Nr. 3673 und unten). Von
diesem Eintrag unterscheidet sich ein anderer, der einen Aufstand in
Usedom betrifft, dadurch, dass eine Mehrzahl von Personen verfestet
und am Schluss neben der Jahreszahl 1332 die beiden anwesenden
Stralsunder Richteherren und der Vogt genannt werden, vor denen,
wenn nicht die Wiederholung der auswärts geschehenen Verfestung,
so doch ihre Eintragung in das Stralsunder Verzeichniss bewirkt wurde
(36, ebenso 647). Dagegen ist eine andere von auswärts stammende
Verfestung unter Anführung der Namen der fremden Richteherren eingetragen (Nr. 362 und die zugehörige Anm.). Dem lässt sich an die
Seite stellen, wenn eine zu Falsterbo in Schonen geschehene Verfestung
unter Anführung des dortigen Untervogts eingetragen wird (436), doch
scheint es sich hier um Stralsunder Parteien und um den auf der
Stralsunder Vitte fungirenden Vogt zu handeln. Wegen eines andern
auf Schonen vorgekommenen Criminalfalles geschah die Verfestung in
Stralsund (497), wie auch schon das alte Stralsunder Register einen
gans übereinstimmenden Eintrag zeigt (40). Um auch eine der ver-*

hältnissmässig seltenen Verfestungen wegen Verletzung von Bürgern durch Fremde, welche sich dem heimischen Gericht nicht stellen wollten, anzuführen, vgl. *Mekl. U. B. 5 S. XVI und Nettelbladt S. CVII:* (1320) Gerhardus Slenter, Copeke Gast, cives (?) in Sulta, cistam Volmari de Pomerio fregerunt sub conductu dominorum consulum de Rozstok, privilegia sua et litteras debitorum suorum secum asportaverunt, propterea secundum juris ordinem sunt rationabiliter proscripti.

Die sich an die Verfestung knüpfenden gesetzlichen Wirkungen werden im Gericht mitunter noch besonders zur nachdrücklichern Beobachtung ausgesprochen und in den Eintrag des Verfestungsbuches mit aufgenommen. So das Verbot den Verfesteten zu beherbergen: quicunque eum receptaverit, ita reus erit sicud ipse; hoc est diffinitum in judicio (653); *unde alle de genen de ene husen, hoven edder beghen, so schal de wert des gastes entghelden und schal de sulve peine unde nod mit sime gaste an gan (675 vgl. 676 — 680). In den Burspraken wird deshalb den Bürgern eingeschärft:* quod unusquisque videat quem hospitet, quod talis sit, pro quo ipse respondere velit *(Wismar 1344 § 3); dass ein jeder zusehe, wen er beherberge, auf dass der wirth des gastes nicht entgelte, wie es noch in den späten Formen der Lübecker Bursprake (v. Melle, Nachr. v. Lübeck S. 112) unter Festhaltung jener rechtssprichwörtlichen Wendung, die in den Stralsunder Inscriptionen des 15. Jahrhunderts so stehend ist, heisst. — Ebenso ist zuweilen ausdrücklich dem Kläger die Berechtigung zugesprochen, sich des Verfesteten zu bemächtigen:* et observatum et cautum est pro dicto Nicolao cum jure, si inveniet eum in aliquo loco, quod potest eum apprehendere et prosequi eum ulterius (656. 657). *Die lübischen Statuten enthalten zwar nicht den Grundsatz anderer Rechtsquellen, der seinen schärfsten Ausdruck in dem Dithmarscher Landrecht gefunden hat:* alle overgbhevenen lüde, de sint mid besegbelden breven overgheven in unseme lande *(oben S. XXVIII)*, se sint buten landes ofte bynnen, we de dael sleyt, dar schalme nicht vor beteren ofte betalen, men he schal liggben alze en hunt, de doet gheslagen is *(Michelsen S. 78). Aber unser Verfestungsbuch bietet doch die Beweise, dass dem verfolgenden Kläger und seinen Gehülfen durch Urtheil ausdrücklich das Recht eingeräumt wurde, den Verfesteten, wenn er Widerstand leisten sollte, zu tödten:* eciam est diffinitum, si propterea idem Hermannus vel quicunque alius seu alii nomine sui eundem Hans interfecerit, quando nollet se facere capi ad ipsum justificandum et judicandum, nichil proinde deberet seu deberent pati (653. 671). *Die deutsche Formel dafür ist:* weret sake, dat Michels *(des Erschlagenen)* vrund Hinrik Schoven wor an quemen unde wolden ene toven myd Lubeschem rechte, dede Hinrik deme rechte wedderstal, sloghen Michels vrunde ene dar over dot, dar droften so nene nod edder pyne umme lyden *(679. vgl. 675 — 678. 680). In dem Verfestungsurtheil gegen den Stralsunder Bürgermeister Otto Voge und den Rathsherrn Clawes Krakow v. J. 1453 (Nr. 678) wird dem Herzog Wratislav und seinen Leuten der gleiche Freibrief ertheilt, wie sonst nur städti-*

*schen Bürgern und ·Beamten (O. Fock 4, S. 177). Ob der Gebrauch
der Selbsthülfe bis zu dieser äussersten Grenze dem Verfolger durch
das Gericht von Amtswegen oder auf seinen Antrag gestattet wurde,
lassen die Quellen selten erkennen; einen Fall der letztern Art zeigt
der Wismarsche Eintrag, in welchem Herr Dietrich Tuckeswert Bertold
Golvissen um den Mord seines Sohnes verfesten lässt:* unde se hebben sik
vorder bevaret (bewaret?) mit rechte, weret dat ze Bertolt wor anquemen
unde Bertolt were dede unde se ene dar over dot sloghen, dar scholen
se nene not mer umme liden *(S. 71). In andern Fällen ist die Selbsthülfe ausdrücklich nur in beschränktem Umfange zugelassen:* Hinricus
Mystorp est proscriptus eo, quod ipse egit 7 blavia et sangwinea in
Hinricum Hegher, et potest cum tenere Hinricus Hegher cum durissimo,
sed non debet occidere *(636).*

Einer der eben mitgetheilten Einträge gebrauchte die Wendung:
toven myd Lubeschem rechte. *Toven, noch heutzutage im Nieder-
deutschen* toiwen, *besonders in der bekannten Drohung* toif! *bewahrt,
bedeutet: warten, dann auch: festhalten, dasselbe, was sonst durch*
impedire, upholden, hinderen *ausgedrückt wird. Der Sinn deer Worte:
mit lübischem Rechte erhellt aus Einträgen, welche die den Verfestungs-
act am meisten characterisirende Rechtsfolge speciell hervorheben, um
hinzuzufügen, dass der Verfestete* in omnibus aliis locis et civitatibus
jure Lubicensi fulcitis *(659), oder* ubi servatur jus Lubicense *(660),*
ubi jus Lubicense judicatur et existit *(664),* in civitatibus et locis Lubicense jus habentibus et utentibus *(667) gleichmässig festgenommen werden dürfe. Was die wortreichen Formeln des 15. Jahrhunderts so
und noch umständlicher ausdrücken, bezeichnen die ältern Einträge:*
proscripti sunt in jure Lubicensi *(64),* id toto jure Lubicensi est consecutum *(34),* pro eo est pace privatus in omni jure Lubicensi *(Mekl.
U. B. 5, Nr. 3559),* proscripti sunt rationabiliter in omni jure Lubicensi *(das. 6, Nr. 4158, 4246),* proscriptus hic et in omni jure Lubicensi *(Nettelbladt S. CVIII),* vorvestet hir in dessem rechte unde in
alme Lubesschen rechte *(Wismar S. 46). Die letzten Inscriptionen
stammen grösstentheils aus dem Rostocker Verfestungsbuche, das schon
in seiner Ueberschrift:* Isti qui secuntur sunt proscripti in omni jure
Lubicensi pro diversis causis *(Mekl. U. B. 5, S. XV) die Geltung
jenes oben S. XXV besprochenen vertragsmässigen Grundsatzes über die
allgemeine Wirkung der Verfestung anerkennt. In einer Stralsunder
Verfestung v. J. 1452 wird die Zulässigkeit der Verhaftung und Rechtsverfolgung des Proscriptus* sub jurisdictione istius civitatis et aliarum
civitatum *gestützt auf das* arbitrium civitatum super hoc factum *(672
und 673). Da sonst niemals die alten Vereinbarungen des 13. und
14. Jahrhunderts von den Verfestungseinträgen in dieser Weise ange-
rufen werden, so ist hier an eine neuere Uebereinkunft zu denken,
am wahrscheinlichsten an ein Landfriedensbündniss der Hansestädte.
Gegen Ende unsres Stadtbuches ist folgende deutsche Verfestungsformel
üblich:* Ryckolt Gaveren is hir vorvestet mit alme Lubeschen rechte
so langhe unde bret, alzo der Sundeschen bede utwiset, beyde to lande

unde to watere (*675; ebenso 676 — 678. 680*), oder, *wie es einmal heisst:* alzo unses heren van dem lande unde der stad tom· Sunde ere bede utwyset, beyde to lande unde to watere (*679*). *Wird nach diesem Eingange ein scheinbar engerer Geltungsbereich für die Verfestung in Anspruch genommen, so zeigt doch die am Schluss der Einträge befindliche Bezugnahme auf lübisches Recht, dass man die alte Ausdehnung im Sinne hat.*

Wie schon in dem Stralsunder Verfestungsregister jemand wegen Diebstahls in tota terra nostrorum dominorum jure Zwerinensi *proscribirt wird (123), so kommt einmal in unserm Stadtbuche ein Eintrag vor:* Nicolaus, Vrunt ac Hasso et duo conplices eorum sunt proscripti jure Swerinensi eo, quod Thidekinum interfecerunt in Mordorp (118). *Mohrdorf ist ein kleiner pommerscher, im jetzigen Kreise Franzburg gelegener Ort. Das bestätigt den Ausspruch des Thomas Kantzow über das in Pommern geltende Recht:* auf den törffern geprawcht man Schwerinisch recht (*Ausg. v. Kosegarten 2, S. 420*). *Ebenso stimmt damit, wenn zwei Bürger von Wismar einen in der Wismarschen Feldmark gelegenen Acker des Ritters Heino von Stralendorf kaufen und dabei ausgemacht wird:* dictus ager manebit in juridictione Zwerinensi, quam juridictionem dominus Heyno obtinebit (*Mekl. U. B. 4, Nr. 2445; Böhlau, Mecklenb. Landr. 1, S. 31*). *Homeyer bemerkt schon in den Historiae juris Pomeranici capita quaedam (Berol. 1821), mit denen er einst sein segensreiches, in den Tagen, da ich dieses schreibe, nach mehr als 50jähriger Thätigkeit beschlossenes Wirken begann, dass das sg. Schweriner Recht nicht sowohl in Besonderheiten des materiellen, als vielmehr des formellen Rechts seine Bedeutung gehabt haben müsse (S. 39 ff.). Auch die eben angeführten Stellen der Stralsunder Verfestungsbücher können dafür zum Beweise dienen. Nach mittelalterlicher Weise wird dann auch das Gebiet, in welchem ein Recht zur Anwendung kommt, mit dem Namen desselben bezeichnet: so in dem Rostocker Eintrage z. J. 1364, welcher die Stadt Tessin verfestet, weil ihre Behörden und Einwohner den Heinrich Elers beraubt haben* et eum vi de jure Lubicensi ad jus Zwerinense duxerunt (*Mekl. U. B. 5, S. XVI*). *Worin der Unterschied zwischen dem Verfahren nach lübischem und dem nach schwerinschem Rechte bestanden habe, lässt sich schwer im Allgemeinen angeben, da die Berichte über Prozesse, in denen der Gegensatz zur Sprache kam, nur Einzelnheiten hervorheben. So erzählt eine Stralsunder Chronik zum J. 1458, dass mehrere Bürger und Junker, unter ihnen der Vogt Niclas Hagedorn, mit einem Müller Hermann Goise auf dem Wege zwischen Greifswald und Stralsund so nichtswürdigen Muthwillen trieben, dass der arme Mann seinen Geist aufgab. Um ihre Schandthat zu verdecken, verklagten die Schuldigen den Todten als Strassenräuber und Mörder, den sie in rechter Nothwehr erschlagen haben wollten. Auf die Anklage wurde der Todte sammt Sohn und Frau in die Büttelei gesetzt,* welches sick doch nicht gehorede unde dem Schwerinschen rechte entgegen was. *Schon waren dieselben vor*

*Gericht gestellt und das Urtheil gefunden, sie sollten keines Vorspra-
chen geniessen* [1], *sondern* den hand liden [2], *d. h.* den Strick, das Band
des Henkers *erleiden, als man in der Bürgerschaft auf die Büberei
aufmerksam wurde und grade aus dem Umstande nach dem Zeugniss
des Chronisten Argwohn schöpfte, dass der Todte gerichtet und verurtheilt werden sollte* na Lübischem rechte, da doch solck mord under
Schwerinschem rechte sick togedragen und begeven hedde (*Strals. Chron.
hg. von Mohnike und Zober 1, S. 207 ff.*). *In einem hundert Jahr
jüngern Vorgange hatte ein Sohn seinem Vater den Arm mit dem Beil
zerschlagen. Sollte man ihn* na Gadeß und Lubeschen rechte *richten,
so musste ihm der Kopf oder beide Hände abgehauen werden; der
Rath begnadigte ihn aber insoweit, dass ihm bloss eine Hand, die
rechte, abgeschlagen und an den Kak genagelt wurde. Umsonst hatte
ihm eine Jungfrau einen Krans aufgesetzt* [3], *einen Erdfall vor den
Herren gethan und für ihn gebeten, denn* wen idt schepen- edder
Schwerins-recht were, so konde idt woll geschen, averst Lubesch recht
konde dat nicht liden (*das. 1, S. 129*).

Unter den Beispielen auf S. LVII *ist der Verfestung einer ganzen
Stadt gedacht. Ebenso wird in einem Eintrage des Wismarschen liber
proscriptorum die Stadt Kröpelin verfestet:* de borghemester von Cropelin, Henneke van den Berghe und zin bruder unde de radman unde
de gantzen borghere, do zint vorvestet umme de undaet, de zee deden
an her Merten Rûberstorpe unde unseu borgheren unde an den vronen,
de zee slûghen unde wûndeden, dar umme zint ze vorvestet mit alleme
Lubeschen rechte (*S. 79*). *Handelt es sich in beiden vorgedachten
Fällen um Verfestung kleiner Gemeinwesen durch grössere, so fehlt es
doch nicht gans an Beispielen für das Gegentheil. So hatte im Jahre
1374 ein Gograf von Stromberg (in Westfalen) auf Andringen eines
Heinrich von Helmer, dem Vieh vor dem Schlosse Helsingborg weggenommen war, die Lübecker vor sein Gericht geladen und, als sie
nicht erschienen waren, verfestet (*nos et universitatem nostram pro-
scripsit). *Wir kennen den Hergang aus einem Beschwerdeschreiben
Lübecks an die Stadt Münster: Lübeck beruft sich zunächst auf sein*
privilegium de non evocando *und auf seine stete Bereitwilligkeit, nach
seinem Rechte Recht zu gewähren,* quo quidem jure quamplures civitates et alii boni homines nobiscum participant et gaudent, a quo

---

1) *Dazu vergl.* lüb. R. Hach II 215: holt he (de vorsprake) enes klegheres
wort up enen man, de nenes vorspreken neten mot, dhen men sal don van deme
live umme sine missedat . . . . . . *Dass dies nicht zu deuten ist, als sei jedem auf
den Tod Angeklagten das Recht auf einen Vorsprecher entzogen, zeigt der weitere
Inhalt der Stelle und Cropp S. 394. Im Gegensatz zum Ssp. und Richtsteig Landrechts (Homeyer, Richtsteig S. 422) sprechen norddeutsche Stadtrechte dem auf
handhafter That Betroffenen das Recht ab, sich eines Vorsprechers zu bedienen,
vgl. Hamb. R. 1270 XII, 7; Cropp a. a. O. und Eschenburg, de delicto manifesto
(Berol. 1866) S. 38.*

2) *Die versuchte Besserung* brand ist *ganz überflüssig, vgl.* bant *im Mittelniederd. Wb. 1, S. 150.*

3) um ihn *sich damit zum Manne zu erbitten: Grimm, Wörterb. 5, Sp. 2050
(Hildebrand).*

eciam nulli principes, domini aut alii boni homines nisi sunt nos evellere nec ab eis unquam simile hujus nobis contigit, quod gogravius ille nobis in hoc fecit. *Materiell führt es zu seiner Vertheidigung an, dass jener Heinrich von Helmer dem Viehausfuhrverbote zuwider gehandelt, das Fürsten und Städte in dem Kriege gegen Dänemark erlassen hatten. Dass eine solche Verfestung keine machtlose Drohung war, zeigt das Lübecker Schreiben klar genug; denn nach jenem Spruche des Gografen zu Stromberg war sofort ein Lübecker Bürger in einem westfälischen Flecken Olde festgehalten worden (Lüb. U. B. 4, Nr. 224).*

Das Delict, um dessentwillen die Verfestung geschieht, ist einigemale nur ganz allgemein bezeichnet: Bernardus Roseboye justis sententiis proscriptus est pro excessu facto suo domino (50), *kann es doch sogar ganz verschwiegen bleiben:* Wichmannus de Vrowendorp proscriptus ex parte Hopponis nostri burgensis (65); *selten begnügen sich die Schreiber, dasselbe blos nach seinem technischen Namen anzugeben, gewöhnlich theilen sie statt dessen die einzelnen Momente des Thatbestandes mit, oder sie verbinden auch wohl beide Bezeichnungsweisen mit einander. Es reicht hin als Beispiel für jenes Verfahren:* Herman Palborn pistor proscriptus est eo, quod in civitate occidit suum socium Arnoldum (25), *für dieses:* Johannes Rostok est proscriptus pro fure eo, quod furtive bona mercatorum emit et ea furtive deduxit (44) *aus der Menge ähnlicher Einträge herauszugreifen.*

Es kann nicht die Absicht dieser Einleitung sein, eine systematisch geordnete und vollständige Zusammenstellung aller in unserm Verfestungsbuche vorkommenden Delicte zu geben; sie muss sich darauf beschränken, diejenigen Fälle herauszuheben und zu gruppiren, die durch ihre Besonderheit Anlass zu Erörterungen geben und ein näheres Eingehen nothwendig machen.

Für die bekannte Unterscheidung, welche das deutsche Strafrecht des Mittelalters zwischen ehrlichen und unehrlichen Sachen macht und so characteristisch in der Wahl der Strafen, die sie jenen im Gegensatz zu diesen droht, hervortreten lässt (Osenbrüggen, Alam. Strafr. S. 81, Ztschr. f. Rechtsgesch. 1, S. 375), finden sich auch im Stralsunder Verfestungsbuche bezeichnende Belege. Die Unzulänglichkeit des lateinischen Idioms und die durch die Art der Aufzeichnung gebotene Kürze führten dazu, durch ein einzelnes bedeutsames Wort das auszudrücken, was man im Sinne hatte. Um das Merkmal der Heimlichkeit und Feigheit, der besondern Schändlichkeit des Thuns hervorzuheben, wird den übrigen Momenten des verbrecherischen Thatbestandes hinzugefügt, der Schuldige habe cum traditione *gehandelt und er wird deshalb nicht blos wegen des von ihm begangenen Verbrechens z. B.* pro fure, pro occisore *verfestet, sondern noch dazu* pro traditore. *Besonders deutlich lässt sich das an dem Fall der Nr. 226 machen:* Hinric Pape de Rozstok est cum omni juro et justis sentenciis

proscriptus pro traditore eo, quod infra securitatem Westersos orreum
incendit et conbussit et nostram civitatem, et pro incendiario. Pro
traditore *und* pro incendiario *gehören zusammen und können kurz durch*
als mordbrenner *wiedergegeben werden, wie denn auch in den auf*
diesen Fall bezüglichen Schreiben Lübecks an Stralsund Heinrich Pape
als traditor et incendiarius, *und Rostocks an Lübeck das Verbrechen*
als incendium vulgo mortbrand dictum *bezeichnet wird (Hanserecesse 1,*
Nr. 115 und 116, s. oben S. XXIX) [1]. *Das* incendium *war in diesem*
Falle ein besonders schändliches Verbrechen, weil es infra securitatem
geschehen war. Dem steht es gleich, wenn ein Brand bei Nachtzeit
verübt wird: Hermannus Becker fuit incendiarius nocturnus dictus
mordberner *(327); wie denn in dem Begehen eines Verbrechens bei Nacht*
allemal schon ein Verrath, eine verrätherische Handlungsweise erblickt
wird: Johannes Berneer perforavit et occidit Thomam Papeken, propterea
proscriptus est pro traditore, et accidit tempore nocturno *(291). Dass*
der Bruch des Friedens, der Sicherheit die That zu einer unehrlichen
macht, zeigt eine Reihe von Einträgen. Coneke kroghere et Herman
Ulenultbt proscripti sunt pro eo: cum Nicolaus Stenhagen ire deberent
peregrinantes versus Stoltenhagen, insequebantur eum et inflixerunt
5 vulnera sibi; cum hoc sunt effecti sui traditores veri, cum accidit
in bona securitate *(261). Sind hier die auf einer Pilgerfahrt Begriffenen*
um des frommen Zwecks ihrer Reise willen eines besondern Friedens
theilhaftig, so steht nicht minder der Kaufmann, der auf der offenen
Verkehrsstrasse seinem Gewerbe nachgeht, unter dem Schutz des Frie-
densgebotes: Mathias Rubard et Mathias Stryppow interfecerunt in
libera via publica Johannem super montem pro suis justis bonis per
eos desumptis, unde pro occisoribus et traditoribus sunt proscripti
(409 vgl. 332); denn des koninges strate in watere unde in velde, die
solen steden vrede hebben, unde allet dat dar binnen kumt *(Ssp. II*
66 § 1), wie denn auch in allen Landfriedensurkunden die Zusammen-
stellung von Pilger und Kaufmann wiederkehrt, vgl. den Elsasser
Landfrieden aus dem Ende des 11. Jahrh. (Waitz, Urk. zur deutschen
Verf.-Gesch. S. 16 § 1), die Treuga Henrici *(Mon. Germ. L. L. II*
S. 266 § 1) und, um einen spätern und für unsere Gegenden wich-
tigen Landfrieden zu nennen, den 1353 zwischen den mecklenburgischen
Herren und Städten und Lübeck abgeschlossenen (Lüb. U. B. 3, Nr. 158),
in welchem es characteristisch heisst: were dat yennich borgher van dessen
steden, de an dessem lantfrede sint, eder yenich ander kopman, papen
eder pelegrimen dot gheslagen, vanghen eder gherovet worden, de dat
dede, deme schole wy volghen *(S. 158). —* Sineme wechverdigen
gesellen unde sime werde, dar he geherberget is, unde sime gaste ...
deme sal dic man helpen weder allir manlikeme, dat he sik irwere
unrechter gewalt, *und verletzt er dabei seinen Lehnsherrn, seinen*
Verwandten, he ne dut weder sine trüwe nicht, *sagt der Sachsen-*

---

1) *Damit darf verglichen werden, wenn in dem Liegnitzer Verfestungsbuch*
jemand proscribirt *wird* pro falsa traditione, quod valgariter dictum fuit eyn mort-
lich vorretnusse *(Schuchard S. 162).*

spiegel (III 78 § 7). Unwieviel ehrloser ist es, wenn der Wirth gegen den Gast, der Gast gegen den Wirth sich selbst der Ausübung unrechter Gewalt schuldig macht: Hince Constantinus doleator inflixit Wunnen quinque perfecta vulnera nocturno tempore et habebat in suo ventre suum potum et cibum; ergo pro predictis et suo traditore est proscriptus (*276 vgl.278*). Cyfridus et Hermannus fratres fuerunt traditores Johannis Zemelowen, quia interim quod panem suam manducabant et cerevisiam suam biberunt, dictum Johannem vulneraverunt et voluerunt ipsum occidisse (*441*). *Als besonders ehrlos machend erscheint eine Rechtsverletzung auch dann, wenn sie ohne Voraussetzung eines besondern Vertrauensverhältnisses unter Bedingungen allgemein menschlicher Natur erfolgt, die ein sorgloses Handeln des Verletzten rechtfertigten oder ihn schutz- und wehrlos der Gewalt gegenüberstellten. So zieht die Tödtung eines Schlafenden eine Verfestung* pro traditore et occisore *nach sich (320, ähnlich 350). Mehrfach wird das* nocturno tempore surgere *um zu tödten oder zu verwunden als das die* tradicio *enthaltende Moment angeführt (503. 504).* Claus Ertmari excitavit Nicolaum Wulf nocturno tempore petens, ut juvaret eum levare currum in bona securitate; cum exiret domum nocturno tempore, invasit dictum Nicolaum Wulf et inflixit ei 17 perfecta vulnera; pro quo proscriptus pro suo traditore (*287*). — *Ferner werden Ehebruch, Entführung einer Ehefrau regelmässig dem Ehebrecher, dem Entführer als Verrath angerechnet:* Ghiselbrecht Odensone deduxit occulte et seduxit Margaretam uxorem magistri Johannis Vreson, cum qua legem fregit et furabatur sibi 61 antiqua schudata; unde proscriptus pro fure, legifrago et traditore (*424 vgl. 280). Ebenso Nr. 456 und 492, nur dass hier statt* traditor *gleichbedeutend* proditor *gebraucht ist. — In andern Fällen ist es der Bruch eines besonders angelobten Verhältnisses wie des Dieners zu seinem Herrn, des Bürgers zu seiner Obrigkeit, was eine Handlung als Verrath qualificirt.* Mathias de Horborch preco et Kunneke de Hamelen proscripti sunt pro furibus et traditoribus eo, quod detulerunt dominis consulibus suam pecuniam et suo domino Hennekino Scelen preconi (*249*). Notandum quod anno Domini 1394 fuerunt quedam congregaciones in civitate Sundensi, que cum tradicione volebant consulatum et communiter cives interfecisse. *Es folgt dann die Aufzählung derer, die* propter eandem tradicionem *verfestet werden; von einem unter ihnen heisst es:* Werneke van dem dyke, qui Wernerus fuit juratus famulus civitatis, igitur proscriptus est traditor et perjurus (*563*). *Zuweilen hat sich der Eintragende begnügt zu bemerken, dass eine verbrecherische Handlung* cum traditione *verübt sei, ohne anzugeben, in welchem Moment sich die besonders verwerfliche Gesinnung des Thäters manifestirt habe.* Jacobus de Rugien trusit Frederico Yerghenow unum vulnus perfectum, quapropter idem Jacobus est proscriptus, et idem vulnus intrusit sibi cum tradicione (*538 vgl. 464, 541, 505). In andern Fällen wird zusammengestellt:* alienare furtive et cum tradicione (*544*), cum traditione et vorzathe vulnerare (*444*). *Es war das nicht eine tautologische Floskel, sondern eine Angabe von*

sachlicher Bedeutung, denn wurde der pro traditore *verfestete Ver-*
brecher nachher ergriffen, so wurde die ihm gedrohte Todesstrafe in
beschimpfender Weise gegen ihn in Vollzug gesetzt. Der Sachsenspiegel
stellt wie Mord und Todschlag, Mordbrand *und* bernen sunder mortbrand,
auch vorreder *und* rover *einander gegenüber und richtet jene mit dem*
Rade, diese dagegen mit dem Schwerte, dem ehrlichen Kampfwerk-
zeuge (II 13 §§ 4. 5. Hälschner, Preuss. Strafr. 1, S. 36 ff.). Unsere
voranstehende Erörterung zeigt, welche Mannichfaltigkeit von Handlun-
gen sich unter der allgemeinen Bezeichnung des „ Verrathes" birgt,
wie wenig wir mit einer wörtlichen Wiedergabe der lateinischen traditio — *mit* vorretenisse, *wie der Eintrag 543 hat* — *den eigentlichen*
Sinn erschöpfen oder durch Auffassung des Worts Verrath im moder-
nen Verstande allemal das Richtige treffen. Wenn es in einem Urtheile
des J. 1420 heisst: desse nagescrevene sint vorvestet dar ummo, dat
se Degbener Buggenhagen mit vorretenisse bynnen vorbodinghe, vrede
unde leyde unses heren hertoghen Wartzlaves vor synen voten vormordeden, *so liegt das Verrätherische der Handlung eben in der Ver-*
letzung des herzoglichen Verbotes und Geleites, und man darf daher
den Zusatz nicht mit O. Fock (Rügensch - Pommersche Gesch. 4, S. 141)
zu besondern Folgrungen missbrauchen.

   Statt der Verfestung pro traditore *begegnet einigemale eine* proscriptio pro latrone, *wie auch der Mordbrand als* furtivum incendium
bezeichnet werden kann (Strals. Reg. Nr. 90). Die Bedeutung ist die
nemliche, denn wenn hier der Zusatz mehr die Heimlichkeit als den
Bruch des Vertrauens in der verbrecherischen Handlung hervorzuheben
scheint, so soll doch nur an dem Ganzen wiederum die besondere
Schändlichkeit betont, kurz die That als eine unehrliche bezeichnet und
auf die rechtlichen Folgen einer solchen hingedeutet werden: Hinceke
Scivelben occidit Henneken Borsinc nocturno tempore, propterea pro
occisore et latrone est proscriptus (279). *Hinceke de Lubeke* occidit
uxorem suam propriam, ipsam cultello perforando, propterea est proscriptus pro occisore sive [1] latrone (175). *Das · Verrätherische der*
letztern Handlung darf in dem Gebrauch des Messers gefunden wer-
den, denn das messer ist ein dieblich mort, *wie das Magdeburger*
Schöffenrecht Art. 10 (Laband, Magd. Rechtsqu. S. 117) treffend sagt[2].
Durch diesen Zusammenhang wird auch klar, was unter dem
dufroph *unserer (Nr. 69) und anderer norddeutscher Quellen (Mittel-*
niederd. Wb. 1, S. 608) *zu verstehen ist.* Haltaus Sp. 214 *hat es*
durch rapina nocturna *erklärt, wie wir oben S. LX den* mortbrand
als incendium nocturnum *glossirt fanden. Damit ist aber der Begriff*
nicht erschöpft, jeder schändlich verübte Raub ist darunter zu sub-

---

   1) Sive *ist häufiger in unserer Quelle für* et *gebraucht, vgl. Wigger* sive
servum suum apoliaverunt (17). *Ebenso auch* vel, *vgl. in Nr. 168:* donec nuncii
venirent vel littere *und das deutsche ofte vgl. die Stelle des lüb. Rechts* IIach II
215 *oben S. XXIII.*
   2) *Vgl. auch* Treuga Henrici c. 10 (M. G. L. L. II, S. 267): quicunque cultello alium occiderit vel vulneraverit, infamie que mort dicitur reus erit.

sumiren und hat für den Thäter die Diebsstrafen zur Folge, wie Detmar zum Jahre 1288 als Satzung eines damals unter den wendischen Herren und Städten vereinbarten Landfriedens mittheilt: so wor en defrovere wurde begrepen, den scholde men henghen lik eneme deve *(Grautoff 1, S. 162).*

Einigemale werden Personen verfestet pro pacis violatoribus. *In Nr. 308 und Nr. 296 lag diese Bezeichnung nahe, da beidemale die Verletzung in* bona pace et securitate *oder in* ducatu dominorum consulum *geschah. Nach oben S. LX angeführten Beispielen wurde in gleichen Fällen* pro traditore *verfestet. Auffallender ist es, wenn in Nr. 322 zwei Diener, die ein Pferd ihres Herrn todtstechen* (perforabant et necabant) *und aus dem Dienst entlaufen,* pro pacis violatoribus *verfestet werden. Erklärlich wird der Ausdruck, wenn man auch hier an eine Gleichsetzung mit* pro traditore *denkt, was nach den frühern Beispielen (oben S. LXI) hier völlig am Platze gewesen wäre. — In andern Fällen deutet eine Verfestung wegen Friedensbruches gradezu auf eine vorangegangene Verletzung des Hausfriedens, wie in Nr. 339. Dieses Delicts geschieht auch unter seinem speciellen Namen Erwähnung, wobei auf die eigenthümlich elliptischen Wendungen, die überall wiederkehren, aufmerksam gemacht werden darf:* peregit husvrede *(Reg. 162), wie* peregit vulnus perfectum *gesagt wird (370);* fecerat insolenciam que dicitur husvrede *(Rostock S. CXIX), vgl. Nr. 289 unsers Buches;* Hans Bare is vorvested dar umme, dat he Hinric Alwardes wyff heft angheverdighet mit vele quaden worden unde heft eer husvrede dan unde ertval unde cledersplete *(Wismar S. 99),* he schal beteren vor den husvrede *(Hamb. R. 1270 XI, 1). Dagegen heisst es unten in Nr. 625* domus pacis fractionem egit. *Von dem Hausfriedensbruch handelt unter den ältern und originalen Zeugnissen des lübischen Rechts nur der lateinische Codex für Reval v. 1257 Art. 86 (Bunge S. 33) und ein Lübeck-Elbinger Weisthum des 14. Jahrh. Art. 16 (Stobbe, Beiträge S. 170), welches für den auf der That ertappten Verbrecher bestimmt:* illa violencia redundabit in suum supremum. *Mit dem Bruche des Marktfriedens beschäftigen sich alle Formen des lübischen Rechts eingehend:* quicunque aliquem in foro leserit, componet secundum id quod delinquit, insuper coram consulibus 3 m. arg. *(Hach I 83 und unten). Damit ist der von den Delicten des Ritters Nicolaus Schreiber von Rügen handelnde Eintrag zu vergleichen:* infrinxit pacem fori, cum exstreparet (strepa, *Strippe, Steigbügel)* pedem sedens in equo, trusit Johannem Langervelt manifeste in foro; majorem violenciam fecit in foro, cum evaginaret cultellum volens occidere Nicolaum *(Reg. 162). Die Verletzung eines von dem Rathe streitenden Parteien auferlegten Friedens (*pax ordinata*), worüber das lübische Recht eine eingehende Bestimmung enthält (Hach II 143; Verfassung Lübecks S. 143), ist in Nr. 181 und 629 behandelt.*

Einen vollen Einblick in die gewaltthätigen Zustände der Zeit eröffnen die zahlreichen Einträge, welche sich mit dem Raube beschäftigen. Häufig sind es ganze Banden, die pro raptoribus *(535),* pro

spoliatoribus, pro spoliatoribus strate, publice strate (*235, 263, 264*),
pro strativispilionibus (*551*) *verfestet werden. Der letztere Ausdruck
ist nach dem* vispilio (*dem* vispellio *der Pandekten z. B. l. 31 Dig. 21, 2*)
*gebildet, der in Lübecker Urkunden seit der zweiten Hälfte des
14. Jhrh. ziemlich häufig begegnet* (Lüb. U. B. 3, S. 550; 4, S. 224, 464, 652)
*und sein deutsches Seitenstück an dem populären, aber auch juristisch
bezeugten* stratenschinner (*Hach II 241 Anm.*) *hat. Aber auch einzelne, die auf eigene Faust das Rauben ausüben, werden genannt.
Die gewöhnlichste Formel zur Bezeichnung des Verbrechens ist* spoliare
aliquem *oder* spoliare aliquem de aliqua re (*221. 223. 235*) *auch*
spoliare ab aliquo aliquam rem; *beiderlei Constructionen finden sich
sogar in demselben Satze:* Nicolaus Scrivere spoliavit ab uno de Penzelin duos equos in libera strata, quos resumpsit frater Arnoldus cum
villanis, et de una duplici toga, quam optinuit (*behielt*), inde proscriptus (*232 vgl. 254*). *Andere Wendungen zeigen die Einträge:*
spoliavit villicos equis eorum (*640 vgl. 602*), Hincekinum spoliaverunt
in velaminibus mulierum (*263*), villanis de Lacentin despoliaverunt
circa 50 equos (*256*), ipsis equos et alias res sumpsit ac spoliavit
(*308*), Nicolao per traditionem et spolium 12 marcas defraudavit (*260*).
*Wie schon diese zufällig herausgegriffenen Beispiele andeuten, sind
Pferde ein besonderer beliebter Gegenstand dieses Verbrechens (vgl.
277 u. a. m.). Selten wird das Delict in der Stadt verübt:* Johannes
scutte, Brudegam quendam famulum ad se clamaverunt de Camyn in
unum cellarium cum eo incipientes tesserare, spoliaverunt ab eo 7 m.
Sund. (*184*). *Regelmässig ausserhalb der Stadtmauern, auf der Land-
strasse*, in publica strata regia (*535*), in strata libera regia (*Strals.
Register 137, 138*), in strata communi (*572*), in strata publica unicuique libera transeunti (*Reg. 50*). *Es kann deshalb auch schlechthin,
wie in Nr. 221, gesagt werden:* spoliaverunt stratam iufra hinc et
Gripeswold, *vgl. Rechtsbuch nach Distinctionen IV 9, 1:* wer eyne
strasse roubet, es sy wening adder fel .... *Hier wird den aus der
Stadt, vom Markte Heimkehrenden aufgelauert:* Pruddemeshaghen,
Holste, isti ceperunt unum cum una reda dicta slope (*Schleife, schlit-
tenartiges Fahrzeug zur Fortschaffung von Waaren, Mckl. U. B. 4 B.,
S. 471*), qui deberet ire de foro ad domum suam et spoliaverunt eum
de suis denariis emptis a suis rebus (*aus seinen Waaren gelöst*) et
equis et abduxerunt eum captivum, quod nullus scivit quo idem vir
devenit (*223*); item iidem Pruddemeshagen cum predictis suis conplicibus spoliaverunt Bocholte de sex equis et omnibus suis denariis emptis
a sua annona, cum de foro Sundis deberet redire ad propria (*225*). *Wie
hier im ersten Falle, so verbindet sich oft mit dem Delicte das Gefan-
gennehmen und Wegführen des Beraubten:* Henneke Mordere tradidit
quendam hospitem de Lubeke, quem Paulus suus filius spoliavit et
cepit; Vrobose, Sconewolt interfuerunt· et duxerunt super castrum
Smachteshaghen (*244*), *und ein Bruch des von der Stadt gewährten
Geleites:* Arnoldus Pudvalk interfuit, quod Maghorius Bruschavere
miles in ducatu dominorum consulum erat captivatus (*308, vgl. 213,*

252). Vergebens wendet sich der Beschädigte an den Herrn des Verbrechers: una mulier conquesta fuit, quod servus Werneri de Buren eam spoliavit de aliquibus suis rebus, quem sequuta fuit usque in suam curiam repetens a Wernero suas res, qui respondit super eundem servum, nullum jus sibi facere potuisse, sed iret ad consules Sundenses, ut ipsi sibi justiciam de ipso ordinarent *(266). Mit grosser Anschaulichkeit schildert die Wegelagerei ein Eintrag des alten Verfestungsregisters:* Henneko Sasse et sui conplices spoliaverunt hospites in strata libera regia, dividentes argentum et denarios spoliatos cum pilleis et calcantes homines in paludes, quod nemo scivit quo homines devenerunt *(137), wo* cum pilleis *mit* dividentes, *nicht mit* spoliatos, *wie Fabricius S. 258 will, zu verbinden ist. Wie hier kein Verfestungsvermerk an den Eintrag geknüpft ist, so verzeichnet auch Nr. 236 unsers Buches wie zur Notiz eine Reihe Namen als solcher, die* solent ecclesias frangere et furari in cimiteriis et spolium facere in viis. *Grade bei dem Verbrechen des Raubes wiederholt sich das in einer ganzen Anzahl von Einträgen, vgl. Nr. 195. 221. 223—225. 227. 236—238. 252—254. Eine besonders schwere Plage der offenen Ortschaften und Höfe des platten Landes war jene Form der Räuberei, welche die norddeutschen Quellen und namentlich auch unsere unter dem Namen des* bodenstulpen *kennen.* Henneke de Drage et duo fratres dicti Bunnevitzen, isti nocturno tempore dictum bodenstulpen [1] spoliaverunt in Langendorp et in Bochagen villanos *(237).* Vicko Molteke, Herman Bunnevitze bodenstulpeden Ghozenitze et Buschenhagen *(265).* Thideke Rosenwater, Peter scutte quemen tome Lenderhaghen bi nachtiden in Gherdes hof unde bodenstulpeden en unde nemen em achte ende sines wives kledere ende allet dat dar was *(246 vgl. 195). Der Eintrag 289, der einen ganz ähnlichen Hergang beschreibt:* intraverunt violenter in curiam Georii nostri concivis, fecerunt ibi violenciam, dictam husvrede, et suo servo percussionem sui brachii fecerunt, frangendo et ollas et caldaria concusserunt *(vgl. 639)* et suam uxorem eciam maxime percusserunt, *bezeichnet ihn doch nicht als Bodenstulpen, wahrscheinlich weil für diesen Begriff das Handeln bei Nachtzeit und das Rauben ausdrückliches Erforderniss war; vgl. noch Nr. 595 und 598, wo die Substantiva* commisit furtum et bodenstulpent, pro fure et boddenstulpere proscriptus *gebraucht werden. Die etymologische Erklärung des Worts hat viel Schwierigkeiten gemacht, vgl. Böhlau, Mecklenb. Landrecht I S. 54 A. 2; doch wird man sich jetzt bei der von Schiller im Mittelniederd. Wörterb. 1, S. 371 gegebenen: „zu Boden stülpen“ beruhigen dürfen; die von Hänselmann (Im Neuen Reich 1873, 2 S. 570) befürwortete Interpretation „einem einen Bottich aufstülpen und dadurch widerstandsunfähig machen“ findet an Wendungen, wie sie z. B. das Wismarsche Verfestungsbuch bietet:* Ludeke Gruwel, Clawes Gruwel proscripti sunt eo, quod tempore nocturno ventimolendinum extra valvam antique

---

1) Dictum *wird zur Einführung deutscher Kunstausdrücke gebraucht, vgl. z. B. Nr. 521, 504, 289 u. a. m. Unten S. LXVI A. 1.*

Wysmarie bodenstulpeden et molendinarium interfecerunt *(S. 10) keine
Unterstützung.*

Häufig begegnet man in unserer Quelle einem als rerof
*bezeichneten Verbrechen (24. 187. 219. 228 u. s. w.). Es ist derselbe
Name, den die alten Volksrechte in der Form* rahairaub *(Ed. Rothari
c. 16),* hreraf *(Richthofen, Fries. Wb. S. 828), die* treuga Henrici
c. 13 als reraup *(M. G. LL. II S. 267) kennen. Da im Ahd.* hreô, *im
Mhd.* rê *(Gen.* rewes*) die Leiche bedeutet, so wäre Beraubung eines
todt Gefundenen der wörtliche Begriff (Schmeller, Bair. Wb. 2. Ausg. 2,
S. 1). In unserer Quelle ist aber gleichwie in andern strafrechtlichen
Zeugnissen des spätern Mittelalters der· Sinn ein weiterer:* Henneke
Wuste et Hinricus Kule interfecerunt Gotmarum Lebele et spoliaverunt eundem, proprie reroven *(362 vgl. 369). Mit* proprie *werden
sehr oft wie hier die technischen Ausdrücke des deutschen Gerichts-
gebrauchs in den lateinischen Text unsers Verfestungsbuchs eingefügt* [1],
*so dass wir als die Bedeutung des Rerofs hier nicht mehr den an
einer Leiche verübten Raub, wie O. Fock (4, S. 248) erklärt, sondern
die zum Zweck der Beraubung ausgeführte Tödtung, den Raubmord
erhalten (vgl. Hälschner, Preuss. Strafrecht 3, S. 525 A. 4). Das bestä-
tigen die Einträge Nr. 24 (s. oben S. LIV), 219, 228. Besonders deutlich drückt den Begriff das Rostocker Verfestungsbuch aus:* Goceke
est proscriptus propter homicidium et spolium, quod dicitur rerof, quod
commisit *(Mekl. U. B. 6, Nr. 3673, 4), wo das* quod dicitur *auf beide
Substantive, auf den mit Raub verbundenen Mord zu beziehen ist.
Die Strafe des Reraubs spricht Nr. 242 aus:* quidam nomine Smilow
cum suo socio occiderunt duos famulos ob pecuniam eorum, qui Smilow fuit tractus per plateas et rotatus pro illo scelere, *während der
Räuber sonst nach lübischem Recht* dat ordel des hovedes *(Hach II 94)
wie nach dem Ssp. II 13 § 5 zu erleiden hat. Zuweilen wird* reroven
*in einem noch weitern Sinne angewendet, so dass der Begriff eines
schändlichen Raubes vorwaltet, ohne dass eine Tödtung hinzugetreten
sein muss. Dafür liefert das Stralsunder Verfestungsregister in seinen
Nrn. 89 und 92 Belege* [2]*, während die Einträge 111 (*Petrum de Sale
crudeliter occiderunt et in ipso spolium quod rerof dicitur commiserunt*)
und 173 den engern und strengern Begriff festhalten; ebenso wie auch
die Lübecker Urkunde von 1373, die den städtischen Vogt gegen die
Anklage des Rerofs verwahrt,* men use voghet, do heft en (Ludeken
Scharpenberghe) myt lyke und myȝ eren slaghen unde heft dar by
daen, alze me by rechten stratenrovers plecht tho doende *(Lüb. U. B. 4,
Nr. 185).*

*Des Seeraubes geschieht seltener Erwähnung, als man erwarten
sollte. Nr. 101 führt eine Anzahl von Namen als* spoliatores maris

[1] *Das Wismarsche Verfestungsbuch braucht* proprie *zur Einführung eines
deutschen Terminus, auch wo kein entsprechender lateinischer Ausdruck voran-
geht:* spoliavit unum equum proprie in deme lantvrede *S. 21,* intulit duas blut et
blaw proprie in der heren leyde *S. 22,* juravit proprie en orveyde *S. 22. S. oben
S. LXV A. 1.*

[2] *Vgl. auch Chron. der Stadt Braunschweig (Städtechron. 6) S. 493.*

auf, ohne anzugeben, in welcher Absicht die Eintragung erfolgt ist (vgl. ob. S. LXV). Verfestungen wegen Seeraubes (latrocinium maris, maris spolium, spolium marinum, spoliare in mari, super mari) *finden sich in Nr.* 295 (pro suis traditoribus et raptoribus maris), *418, 569, 570, Rostock S. CV, Wismar S. 14 vom J. 1362, wo* Henninghus de Pûtbûsse miles ac sui complices, *17 an der Zahl, wegen Beraubung von Wismarer Bürgern proscribirt werden. Wegen Diebstahls an schiffbrüchigem Gute werden verfestet: in Rostock* Viko Valkenhun quod bona naufragata ducta Warnemunde spoliavit *(S. CVIII), in Wismar:* Vycke Tessyn de is vurvestet dar umme, dat he rovede Hinrik Beltere den schiphoren zynes ghudes, dat he reddede, do he schipbrokech ward *(S. 46); für Stralsund vgl. Nr. 49 und 328. In dem Eintrage 235 bildet ein Schiff sammt seiner Getreidelast den Gegenstand des Raubes. Daran mögen sich gleich einige andere mit dem Seewesen zusammenhängende Verbrechen reihen. Hier ist namentlich eines mit* submergere *bezeichneten Delicts zu gedenken. Dass es sich dabei nicht um ein unschädliches ins Wasser Werfen, sondern um ein Ertränken handelt, zeigt Nr. 316:* anno Domini 1362 hii infrascripti fecerunt homicidium in stangno juxta Resehovede et submerserunt virgines et mulieres, *wo das erste* et *nicht copulativ, sondern erklärend ("indem") zu verstehen ist, sowie Nr. 185 und Mckl. U. B. 5, S. XXII aus Rostock:* fuit submersa et interfecta. *In andern Fällen ist es bei einem* jactare de navi *geblieben und die auf* submergere *gerichtete Absicht nicht zur Ausführung gekommen (448. 476). Das Wismarsche Verfestungsbuch giebt in einem zwischen 1391 und 1393 stehenden Eintrage auch den deutschen Namen für das Verbrechen:* Albrecht vanme Zande unde Hinric Sappeleke unde alle ere medehulpere, de zint vorvestet umme den [mort] unde umme den reroef unde umme de vorretnisse unde [umme den] zeedrank, den ze hebben gedaen an unsen borgheren unde [an] Bernevure unde an den Hazenkoppen unde an menneghem [bedder]ven manne an unses heren des koninghes orleghe .... *(S. 39). Ob das oben S. LXV aus dem alten Stralsunder Register angeführte* calcare homines in paludes *hierher zu zählen, oder als ein dem* wapeldrank, wapuldepene *(Wassertauche) des friesischen Rechts (Richthofen, Fries. Wb. S. 1125), dem Falle des dithm. Rechts:* efft en man mit unmynnen in dat water schoven worde, alzo dat eme dat water over dat hovet ghinge *(Michelsen S. 34 § 101) ähnliches Verbrechen (vgl. Grimm R. A. S. 631; Wilda, Strafr. S. 778) zu deuten ist, bleibt zweifelhaft. Mit einem andern hier zu erwähnenden Delict macht Nr. 440 bekannt:* quidam dictus Martinus Klynke nauta de Prutzia in portu invelificavit quendam dictum Johannem Grawecop ita, quod idem Johannes submersus fuit, pro quo delicto idem Martinus cum omni jure Lubicensi est proscriptus; Hinrik van der Lippen is vorwestet dar umme, dat he heft helpen en schip ansegbelen van me Sunde, dar umme is he vorwestet hir in dessem rechte unde in alme Lubesschen rechte *(Wismar S. 46). Ueber die Rechtsbestimmungen für den Fall* ubicunque quis alium advelat quod

e*

dicitur angheseghelet *s. das Schreiben Hamburgs an Lübeck c. 1260 (Lüb. U. B. 1, Nr. 260), Lüb. Recht Hach II 137, Hamb. Schiffr. Art. 21 bei Lappenberg R. A. S. 82. Von dem Ansegeln und dem Uebersegeln, wovon ein Beispiel Lüb. U. B. 4, Nr. 12 gewährt, verschieden ist das Entsegeln:* Nicolaus Schorsow civis in Camyn est proscriptus cum omni Lubicensi jure ex eo, quod ipse Hilbrando Runde de Stetin fregit fidem et furtive abnavigavit proprie entseghelde sua bona *(647);* Vlof let vorvesten Symon dar umme, dat hee em sin schip heft entzeghelt van dem Elenboghen *(Wismar S. 87).* Everh. de Lubeke et Nicolaus tabernarius sunt proscripti pro eo, quod duos pueros tradiderunt et furtive navigio deduxerunt *(Strals. Reg. 120).* Hans Tymmerman de vorsweret de stad dar umme, dat he Leverhinrike syn wif unde syn ghut gheschepet hadde unde wolde mode zeghelen in Dennemarken *(Wismar S.73). In andern Stellen kommt dasselbe Delict unter Bezeichnungen vor, wie* furtive develificare cum bonis alicujus *(442) oder* furtive velificare navem cum bonis pertinentibus N. N. *(460).*

Am häufigsten beschäftigen sich die Einträge, wie sich von selbst versteht, mit dem Verbrechen des Diebstahls. Durch feste Bezeichnungen wird es vom Raube geschieden, was nicht ausschliesst, dass einmal in einem Athem von einem Verbrecher gesagt wird: furatus est duas ollas et spoliavit unam anforam stanneam *(275), ohne dass man einen verschiedenen Verbrechensbegriff hier und dort annehmen dürfte. Die gewöhnlich zur Bezeichnung des Diebstahls verwandten Formeln sind:* furabatur, *auch wohl einmal* furtivo furabatur *(Reg. 116, 125),* proscriptus pro fure eo quod abstulit *(90) oder* pro furtu[1] 30 marcarum quas abstulit *(66);* furtive detulit, furtive abstulit, *wofür auch* occulte detulit *(18) oder* detulit *allein (9. 19. 72. 249) gleichbedeutend gebraucht werden kann. Als Gegenstände des Diebstahls werden wie beim Raube oft Pferde genannt; ausserdem Geld (*parati denarii *19,* denarii prompti *156, 171), worunter etwa die* scilde aurea *(188), die* antiqua schudata *(424) oder die in Nr. 184 und 460 erwähnten* vinkenoghen *hervorzuheben sein möchten[2]; ferner Kleidungsstücke, Schmucksachen u. a. m. Meistens wird der Werth des Gestohlenen ausdrücklich angegeben:* abstulit fibulam 3 marcarum Slavicalium *(66),* furati sunt equum valoris 14 marcarum Sund. *(314), oder* equum de 12 marcis *(57),* detulit furtive in ciphis argenteis et in aliis clenodiis et vestimentis in valore 30 marcarum *(271); der Gegenstand des Delicts wird wie hier häufiger mit der Präposition in (deutsch: an) eingeführt, vgl. Nr. 105, 156, 171, 233. Den Werth des gestohlnen Gutes anzugeben empfahl neben andern Gründen das juristische Bedürfniss der Unterscheidung zwischen grossem und kleinem Diebstahl.*

---

1) Furtu *ist die ganz regelmässig wiederkehrende Form (z. B. 66, 143, 165), ebenso im Wismarschen Verfestungsbuche, oben S. XLIII.*

2) *Ueber jene vgl. Lüb. U. B. 4, S. 913; über diese Sartorius-Lappenberg, Urkundl. Gesch. 2, S 760.*

Nach lübischem Recht war jeder Diebstahl ein grosser, wenn das Object beter danna enen virdunc, mehr als ¼ Mark werth war (Hach I 37, II 83), und wurde mit dem Strange gestraft, während der kleine Diebstahl mit einer Strafe an Haut und Haar bedroht war. Stimmt damit auch das Hamburger Recht und der Sachsenspiegel in der Straffestsetzung, so grenzen sie doch kleinen und grossen Diebstahl anders ab, als das lübische Recht (Cropp S. 326 ff). Der Werth der gestohlnen Sache wurde durch den Eid des Klägers festgestellt.

Da der Diebstahl sozusagen das normale Eigenthumsverbrechen ist, so werden dieselben Ausdrücke, die zur Bezeichnung des furtum dienen, in unserer und andern Quellen auch da angewendet, wo es sich um Unterschlagung, Betrug, Täuschung und verwandte Delicte handelt. Bei der gedrängten Kürze, mit der die Einträge den verbrecherischen Thatbestand aufzuzeichnen gezwungen sind, lässt sich deshalb oft nicht mit Sicherheit ermitteln, welches der verschiedenen Delicte gegen das Eigenthum gemeint sei. Recht characteristisch dafür ist eine Inscription des Wismarschen Verfestungsbuches zum Jahr 1370: Hinricus Tribuz advocatus quondam in Wismaria proscriptus est eo, quod furatus est aqueductum do molendino civitatis, et propter falsitatem, quam peregit in eo, quod consules crediderunt sibi et ipse construxit aqueductum non sicut decuit (S. 8).

Aus den zahlreichen den Diebstahl betreffenden Einträgen verdienen etwa folgende hervorgehoben zu werden. Den Diebstahl mit Einbruch behandeln Nr. 314: furati sunt ex curia nocturno tempore unum equum et fregerunt parietes domus et stabulum (vgl. Nr. 275), Nr. 253 und 255, die das besonders verpönte Verbrechen des kerkenbreken zum Gegenstande haben, dann aber auch die Einträge, welche von dem Erbrechen eines Behältnisses in einem Gebäude oder Raume reden: Johannes do Derhaghen proscriptus est pro eo, quod fregit cistam domini sui et furtive deportavit denarios suos (60, vgl. 218). *Verbrechen der letztern Art kommen namentlich auf Schiffen vor:* fur qui confregit cistam domini Wilhelmi cruciferi de Anderscowe nocturno tempore in navi propo civitatem (12), *ein Fall, von dem schon das Stralsunder Register Nr. 155 spricht. Damit verbindet sich oft ein Bestehlen des Schiffsherrn durch Personen aus der Schiffsmannschaft:* Detlevus Wolf quidam nauta confregit cistam domini navis et accepit id quod invenit in cista (Reg. 174). *Wie hier nauta einen aus der Schiffsmannschaft bezeichnet, so auch im Revaler Codex des lübischen Rechts Art. 90, wo von einer Klage* coram nauclero et nautis *die Rede ist. Nauta kann aber auch den Schiffer im Sinne unsers heutigen Rechts, den Schiffsführer bedeuten, wie in dem Hamburger Schreiben an Lübeck über Gegenstände des Seerechts c. 1260:* ubicunque mercator contra nautam conduceret navim (Lüb. U. B. 1, Nr. 260). *Die* mercatores *werden in derselben Urkunde* vruchtlude (vrechtlude, vrachtlude), *ebenso im lübischen (Hach II 136) und im hamburgischen Rechte (Lappenberg R. A. S. 77) genannt, also Befrachter,* onustarii, *wie der Eintrag Nr. 504 unsers Buches sie bezeichnet. Auffallender als die doppelte Verwendung des Wortes* nauta *ist, dass* nauclerus *ausser dem Schiffer auch den Schiffsmann übersetzt, vgl. für jene Bedeutung Nr. 325, für diese Nr. 364 und 500. In den deutschen Formen des lübischen Rechts (Hach II 139), im Lübecker Schiffs- und Seerecht von 1299 (Lüb. U. B. 2, Nr. 105) werden gleichwie im ältesten Hamburger Schiffrecht (Lappenberg, Rechtsalterth. S. 75) die Personen einander gegenübergestellt als* de schiphere *und* de schipmanne (schiplude). *In einem Falle unsers Buches begeht der Schiffsherr einen Diebstahl und sucht den Verdacht auf seine Schiffsleute abzulenken:* Johannes Zund furabatur 24 ulnas panni, quem suis naucleris apportavit, cum quo fuerunt ligati, unde ipsi cum omni jure separabantur, et idem Johannes fugam recepit, pro quo est proscriptus *(500). Das* ligare *besieht sich auf die bekannte Rechtsgewohnheit, dem Dieb, bei dem man die gestohlne Sache vorgefunden hat, diese auf den Rücken zu binden und ihn so dem Gerichte vorzuführen, ebenso wie in dem Eintrage Nr. 491 zwei Räuber* ghebunden mit der schymbaren daat *vor Gericht gebracht werden, obschon sich die Gegenstände dieses Delicts nicht den Verbrechern auf den Rücken binden liessen. Die Schiffsleute des Falles Nr. 500 wurden aber von der Beschuldigung losgesprochen,* schededen dar van myt rechte, *würde deutsch gesagt sein (vgl. Nr. 454), während den flüchtigen Schiffsherrn die Verfestung traf. — Einen Diebstahl mittelst Anwendung von Nachschlüsseln, den die Carolina nicht aufführt, während ältere Rechte wie die* lex Salica *(Art. 11 § 5 nach Behrend's Ausgabe) das* clavem adulterare *kennen (Wilda S. 878, Hälschner S. 475), erwähnt unsere Quelle und zwar schon unter Gebrauch des heutigen Namens:* Johannes filius Bernardi scriptoris dominorum vinariorum facere fecit postclavem et aperuit seras consulum et furatus fuit quatuor balistas et tela et vendidit *(209). — Einigemale bildet den Thatbestand des Verbrechens das Verkaufen gestohlnen Guts (243, Reg. 175):* Nycolaus van der Lů proscriptus est per Johannem Bekker aurifabrum eo, quod vendidit sibi annulos aureos, quos prefatus Nicolaus furabatur *(Wismar S. 8) oder das Verpfänden desselben:* Gotschalcus de Holthe constituit Hinrico de Loon in pingnůs furata bona, pro quo dictus G. per Heinricum predictum consequtus est *(365);* Johannes filius Yden furabatur equum in Boltenhaghen, quem inpignoravit Judeis in Stralessunt *(Reg. 45).*

Als Diebstahl wird auch aufgefasst das Entweichen mit Hinterlassung von Schulden. Johannes est proscriptus, quia furtive exivit civitatem propter debita, Nicolaus Kule est proscriptus, quia detulit debita nec persolvit. *Diese neben einander stehenden Einträge des Stralsunder Registers (52. 53) für sich können das allerdings noch nicht beweisen, wohl aber wenn man sie mit Inscriptionen wie den folgenden zusammenhält:* Henneke de Brema est proscriptus pro eo, quod detulit Hennekino scutten 2 marcas, in quibus sibi tenebatur, justis sententiis pro fure *(217);* Johannes Mukes est proscriptus pro fure pro eo, quod furatus fuit Konekino 10 septimanarum expensarum pecuniam *(Auslagen oder Kostgeld von 10 Wochen),* cum quibus furtive recessit *(259 vgl. 119)*. *Eine principielle Festsetzung zur Behandlung solcher Fälle giebt das Braunschweiger Recht aus der ersten Hälfte des 14. Jahrh.:* we van henne veret van scult weghene unde usen borgeren ere gud mit voresate unford, dene wel de rad sulven vorvesten in deme wicbelde, dar dat inne gheschen is; heft he eyne inninge, de scal he vorloren hebben; men wel it ok vor duve hebben unde scal ene in de veme scriven *(U. B. Nr. 39 § 27). Ebenso wird es behandelt, wenn jemand Waaren kauft, ohne den Kaufpreis zu entrichten:* Johannes sutor et sua uxor sunt proscripti pro eo, quod a Tideken Kusselin emit uxor predicta in *(an)* panno super *(um)* 3 marcis minus 3 solidis, et cum eo panno furtive recesserunt et deportaverunt *(207 vgl. 313). Das wird auch wohl einmal so ausgedrückt, dass der nicht gezahlte Kaufpreis (133) als der Gegenstand des* furtive deferre *erscheint. Volksthümlicher wird das in der Zunftrolle der Hamburger Schuhmacher bezeichnet:* welcker knecht bröckhaftig wert in der morgensprake und na der tydt wechleepe mit der stadt bröcke und der mestere *(Rüdiger, Hamb. Zunftrollen S. 277). Andere Umschreibungen, die zugleich die deutschen Bezeichnungen durchblicken lassen, sind:* alienavit proprie heft untfeert furtive *(544),* asportavit proprie entdreghen furtive *(545). In einem andern Sinne als dem obigen ist das* furtive bona mercatorum emit et ea furtive deduxit *in Nr. 44,* furtive ligna vendiderunt *in Nr. 40 zu verstehen; hier ist es das heimliche Kaufen und Verkaufen im Gegensatz des auf offenem Markte geschehenden (Cropp S. 352), was die Strafbarkeit der Handlung begründet.*

Dem detulit debita sua *stellen sich die zahlreichen Einträge an die Seite, in denen als Grund der Verfestung angegeben wird:* deportavit suum servicium *(125),* detulit vestimenta et servicium *(128),* cum servicio suo recessit *(320) u. a. m. Aehnliche Vermerke finden sich auch schon im ältesten Stralsunder Verfestungsregister (164. 170), und Fabricius ist geneigt, darunter das Entweichen mit unverdientem Lohne zu verstehen (S. 258 s. v.* precium *und S. 254 s. v.* furtive*). Das würde aber voraussetzen, im Mittelalter sei der Lohn den Dienstboten regelmässig im Voraus bezahlt. Dafür fehlt es jedoch an Belegen, die Rechts- und Statutenbücher, die sich ausführlich mit dem Gesindeverhältniss beschäftigen, gehen keineswegs von dieser Voraussetzung aus, sondern von einer unsern heutigen Einrichtungen entsprechenden Ordnung. Dasselbe gilt von unserm Verfestungsbuche. Damit scheint allerdings sehr wenig zu stimmen, wenn Einträge wie die folgenden vorkommen:* Kersten de Demmyn furabatur Bertoldo de Mynden suum precium videlicet 3 marcas, quas recipit super suum servicium *(d. h. die er auf seinen Dienst empfangen hatte)* a eodem Bertoldo suo domino *(294, vgl. 310, 578, 586, 588, 597, 607, 617).* Ludolfus Rozenwater de sprak unde claghede vor deme richte over Wilken Beyer unde Hinrik van Vredelande, dat ze weren zine brodighen knechte unde weren eme mid deenste unde mid ghelde uppe den denst ghedan hemeliken untgan *(558).* Hermannus Sconeveld furtive abstulit domino

suo 10 ½ sol den. et recessit ab eo cum servicio suo duorum annorum,
pro quibus erat sibi satisfactum *(315)*. Wolterus de Lubek est proscriptus, quia abstulit domino suo 37 sol., pro quibus debuisset servi-
visse Johanni Meswerten, a quo recessit ante terminum debitum
(*Strals. Verfestungsregister 91*). *Dasselbe meinen Einträge, nach welchen der Verfestete furtive recessit cum servicio et pecunia (615, 631),
womit sich die Strafbestimmungen der Zunftrollen gegen den Knecht,
der* sineme heren entgeit mit sineme denste und mit sineme gelde
hemeliken (*Hamb. Zunftrollen Nr. 17 § 12, Nr. 25 § 5) vergleichen
lassen. Aus der verhältnissmässigen Häufigkeit solcher Belege ergiebt
sich, dass nicht selten Handwerksgesellen,* knechte *oder* lonknechte, *wie
man sie damals hiess, und Dienstboten sich schon vor Ablauf ihrer
Dienstzeit oder eines Dienstabschnittes im Besitz ihres Lohnes oder
eines Theiles desselben befanden. Die Erscheinung erklärt sich aus
dem* mutuare ad respectum servicii, *das so im Schwange war, dass
die städtische Gesetzgebung sich genöthigt sah, ein bestimmtes zulässi-
ges Mass der Darlehen festzusetzen und die zuwiderhandelnden Gläubiger mit dem Verlust ihrer überschiessenden Forderung zu bedrohen.
Es genüge auf die von Hamburg und den wendischen Städten 1321
vereinbarte Böttcherrolle hinzuweisen:* dat neyn sulvesbere ut deme
ammete en scal neneme knechte lenen up sin deynst mer denno 8 schill.
penn., lenedo he em over meer, dat schal he degher vorloren hebben
(*Hanserecesse 1, Nr. 108 vgl. 106*). *Auf einen solchen Lohnvorschuss
wird sich auch der Eintrag Nr. 651 beziehen, in welchem zwei verfestet werden* pro servicio et vormede, cum quibus secrete discurrerunt,
wenn auch das Wort vormede *sonst im Sinne von Handgeld oder Gottes-
pfenning gebraucht wird (Rüdiger, Hamb. Zunftrollen S. 344; Lüb.
U. B. 4, S. 914 und Wehrmann, Lüb. Zunftrollen S. 523). Alles das
beweist aber nicht, dass unter dem einfachen* furtive recedere cum suo
servicio *dasselbe zu verstehen oder die Erwähnung des* servicium *in den
voranstehenden Fällen etwas überflüssiges wäre. Der Sprachgebrauch
ist wohl zu beachten. Er scheidet scharf die lateinischen Bezeichnungen
für Dienst und für Lohn, vgl. Nr. 412:* recessit a domino suo cum
servicio et ipsius precio, *er spricht vom* precium pro quo debuit servi-
visse (*Reg. 105*). *So zahlreich die Ausdrücke für den Lohn sind*
(pecunia, denarii, solidi, precium denariorum *[Reg. 179]*, gelt), servicium
ist stehende Bezeichnung für den Dienst. Wenn cum suo servicio
*mit dem unverdienten Lohne bedeuten könnte, würde häufiger der
Betrag angegeben sein, um welchen der ungetreue Dienstbote seinen
Herrn betrog. Nach alledem muss unter dem* servicium *dieser und
ähnlicher Formeln die Summe der versprochenen Dienstleistungen
verstanden werden. Wie der Schuldner nach Ausdruck und Auffassung dieser Quellen seinem Gläubiger die nicht gezahlten Schulden die-
bisch entführt, so entweicht der Diener* cum servicio promisso, *wie es
einmal heisst (619), und wurde um dieses Delicts willen, mit dem
sich allerdings häufig noch ein Diebstahl an Sachen des Herrn verband, verfestet. Neben dem* servicium *und dem* precium *wird in ähn-*

*lichen Einträgen des ältern Registers einigemale noch als Gegenstand
der Entwendung* labor *genannt.* Hinricus et Lemmeko proscripti sunt
pro eo, quod laborem Jacobi de Kolberg dolificis et 5 m. den. et
servicium occulto deportaverunt et instrumenta dolifica sunt furati
(171). Zwei Schmiedeknechte werden verfestet, quod Bartolomeo fabro
suum precium denariorum et laborem furtive detulerunt *(179). Ein
Zimmermann wird verfestet,* quod occulte recessit deportans precium
Johannis Albi cum labore suo, quia sibi non satisfecit *(165). In dem
letztern Eintrage ist* quia etc. *auf* precium *zu beziehen, und dieses
mithin als unverdienter Lohn zu verstehen. Demnach kann nicht*
labor *so gedeutet werden, wie Fabricius S. 256 für möglich hält. Die
erste Inscription zeigt, dass es auch nicht mit* servicium *identificirt
oder etwa als Arbeitswerkzeug erklärt werden kann. Es bleibt daher
nichts übrig, als den dem Knecht zur Bearbeitung übergebenen
Gegenstand darunter zu verstehen.*

*Unter den zahlreichen Inscriptionen, die vom Gesindediebstahl
handeln, ist eine Reihe dadurch bemerkenswerth, dass sie eine eigen-
thümliche, sonst soviel ich sehe noch nicht beachtete, Bezeichnung für
den um dieses Verbrechens willen verfesteten Dieb gebrauchen.* Brudegam nauta infregit cistam sui naucleri Petri Snaken et abstulit ex
illa 6 m. den.; pro quo effectus est suus rokereghe fur et est cum
omni jure pro tali fure proscriptus *(283).* Paulus Sump est proscriptus
justis sentenciis pro fure qui dicitur eyn rochersdeyf pro eo, quod
detulit Tiderico preconi suo domino in 20 m. *(306, vgl. 299)* N. N.
unde Taleke de zint vorvestet umme de rokreghen deverye, de ze heft
ghedan an creme brodeghen heren *(Wismar S. 44). Die lateinische
Bezeichnung ist* pro fumeo fure *(363),* pro fure fumigali *(458),* pro
paneo fure et fumigali *(475)* proscriptus. *Worein der Begriff des
Verbrechens zu setzen ist, zeigt besonders Nr. 499:* Hinricus Begkermester,
Johannes Geysmer furabantur Rotghero Schelen 8 m. den. Sund. et
unam togam valentem 5 m. Sund., hoc fecerunt interim, quod in
expensis suis fuerunt, unde pro fumeis suis furibus sunt proscripti.
Der Dieb muss also in der Kost des Herrn stehen, sein brodighe
knecht (558), paneus *servus (386, 404, 431),* broed etender knecht
(Hamb. R. 1292 N. X.) sein und wird deshalb auch pro panisco fure
dicto en brodegh def *(449) verfestet. Dass der Diebstahl im Hause
des Brotherrn (*paneus dominus *363) geschehe, ist nicht erforderlich;
nach Nr. 436 wurde jemand, der aus der Kiste seines Herrn in Falsterbo 40 Mark gestohlen hatte, daselbst* pro suo fure fumeo *verfestet.
Auffallend bleibt nur, dass das Bestehlen der Herrschaft durch Dienstboten in einer sehr grossen Anzahl von Fällen vorkommt, von denen
nur eine verhältnissmässig kleine Zahl zur Verfestung wegen räuche-
rigen Diebstahls Veranlassung gegeben hat. So zu übertragen würde
allerdings die lateinische Uebersetzung allein noch kein Recht geben,
wohl aber die Erklärung des Inhalts, die auf einen Diebstahl an den
Sachen derer, mit denen der Thäter Brot und Rauch theilt, zu deren
Haushalt er gehört, hinführt.*

Dem Diebstahl sind Betrug und Fälschung so nahe verwandt, dass das lübische Recht den, der beim Kauf und Verkauf sich falscher Gewichte bedient, gleich zahlreichen andern Rechtsquellen (Osenbrüggen, Alam. Strafr. S. 332) secundum furem *zu richten befiehlt (Hach I 45, II 131). Von Fälschungsverbrechen, die eine Verletzung der publica fides enthalten, erwähnt unser Stadtbuch die Münzfälschung in Nr. 432:* falsificavit monetam Stralessundensem et *(indem)* fecit denarios Sundenses falsos *vgl. 663 und 267. Der letzte Eintrag verdient Beachtung, weil hier ein Ritter Henning Warburg und sein Sohn beschuldigt werden,* quod habuerunt 4 servos monetarios sedentes supra municionem eorum in Biscopesdorpe, qui cuderunt falsos denarios, *und die Bemerkung mit den Worten abschliesst:* hoc notum est civitatibus Stralessund, Gripeswald, Tanclem et Demyn, *welche vier Städte damals in einem Landfriedensbündniss vereinigt waren (O. Fock 3, 117). Der Eintrag 663 ist dadurch wichtig, dass er die Strafe der Münzfälschung angiebt:* falsitatis monete propter quam Clawes Elmhorst fuit judicatus ad caldarium buliendo in aqua. *Auch die Stralsunder Chronik von Joh. Berchmann gedenkt dieses Falles zum Jahre 1431, doch nennt sie den Münzer, der auf dem alten Markte gesotten und dreimal mit kaltem Wasser aufgekühlt wurde, Meister Ludwig (Strals. Chroniken 1, S. 11). Die lübischen Statuten behandeln dies Verbrechen nicht, dagegen das Hamburger Recht 1270 XII, 7 in der allgemeinen Festsetzung:* enen valscher schal men in der kopen bernen *(in der Kufe verbrennen)[1] oder, wie andere Handschriften und mit ihnen in Uebereinstimmung die jüngern Redactionen des Hamb. Rechts von 1292 und 1497 lesen:* enen valscher schal men seden umme valsche penninge *(Koppmann, Kämmereirechnungen 1, S. LXII). Das Hamb. Recht fährt an der erstbezeichneten Stelle fort:* unde dat valsche schal men uppe deme markede bornen openbare. *Dazu bietet einen Beleg aus der Praxis, der zugleich zeigt, wie man* dat valsche *auch auf Waarenverfälschung bezog, das Wismarsche Verfestungsbuch:* Nicolaus Westede est proscriptus pro falsis bonis scilicet nucibus avellanis *(Haselnüsse),* que pro falcitate (!) dijudicate et per preconem apud kacum combuste fuerunt (S. 12). *Das lübische Recht hat keinen so allgemein lautenden Satz wie das Hamburger, sondern beschränkt die Strafe des Verbrennens auf* dat valsche werk *d. h. auf die von Handwerkern angefertigten Waaren (Hach II 132). Den Verfertiger bestraft es mit einer Wette von 10 Schillingen und giebt dadurch zu erkennen, dass es das Delict unter den Gesichtspunkt des Betruges bringt (Hälschner S. 339 ff.). Für schwerere Betrugsfälle gieng man über die Geldbusse hinaus und griff zu einer Strafe an Haut und Haar.* Peter Smyd wart brant ton tenen ..... umme dat he valsche kopenschop dref tuschen den gerweren to Rostke und den schomakeren van der Wysmer *(1410 Wismar S. 68).* Hans Pentzyn de wart to

---

1) *Im Magdeburger Recht ist* in de kopen steken und bernen *die Strafe der Ketzer (Schöffenchron. S. 235[2], 331[2]), welche das Hamburger Recht 1270 XII, 8 gleich dem Ssp. II 13 § 7* uppe der hort bernen *lässt.*

den tenen brant, de hadde velsscherie dan unde gaf zyk enen anderen namen und borghele darmede van den luden want unde ander gut *(das. S. 103). Der Name* velscherie *darf an der Beurtheilung des Delicts nicht irre machen, ebensowenig wenn eine andere Stelle (das. S. 48) gradezu sagt:* de velscher is geheten Rodenbur unde wart to den tenen gebrant. *Die verhältnissmässig geringere Bestrafung des Schuldigen weist darauf hin, dass das Delict nicht unter die Fälschung im rechtlichen Sinne fiel. Bei dem Eintrage unsers Buches Nr. 305 kann es zweifelhaft erscheinen, ob Betrug oder Fälschung vorliege; letzternfalls würde das Delict nicht Siegel-, sondern Urkundenfälschung sein; der Eintrag selbst hilft sich mit dem allgemeinen Prädicate* pro traditore *für den Verfesteten. Ebenso macht das Fehlen der nähern Umstände die Einreihung des Falles Nr. 543 unthunlich, in welchem Henning Witte gegen das Gebot des Raths Hermann von Dorpen um sein Erbrecht gebracht hatte.*

Einige Stellen unsers Buches handeln von falschem Zeugniss und Meineid. Nr. 319 spricht von einem Erbschaftsstreite, in welchem eine Partei ihre angebliche Verwandtschaft zum Erblasser durch eine Reihe falscher Zeugen beschwören lässt; die Verfestung hat es nur mit den falschen Zeugen zu thun. — Der Meineid einer Partei liegt in Nr. 143 vor: hier war einem Ritter Niclaus von Wolde ein Pferd als Pfand vom Gläubiger, Herrn Rudolf Tornow, abgenommen und letzterm durch das Gericht, um sich für seine Forderung bezahlt zu machen, übergeben; nichtsdestoweniger hatte der Schuldner das Pferd, als es vom Gläubiger einem dritten verpfändet war, als ihm gestohlen angesprochen und, nachdem er selbdritt seinen Anspruch beschworen, zugesprochen erhalten. Darauf hin hat nun Rudolf Tornow den Ritter Niclaus von Wolde verklagt, der dann vom Gericht pro perjuro verfestet worden ist. Das hier über die Beweisführung Bemerkte, der Kläger Niclaus von Wolde habe sich selbdritt zu seiner Sache gezogen, cum suo juramento ipse tercius ipsum reacquirebat, *entspricht den allgemeinen Rechtssätzen über Klagen auf Rückgabe abhanden gekommener Mobilien (Laband, vermögensrechtl. Klagen S. 115 ff.)[1]. Die nach den zwei Zeugen des Klägers genannten vier Personen sind als diejenigen zu verstehen, die durch ihren Eid in dem Verfestungsprozesse gegen Nicolaus von Wolde sein und seiner Zeugen Schwur bekundet haben. — Auch in dem Falle Nr. 439 findet eine Verfestung wegen Meineid Statt gegen einen Beklagten, der zur Erlangung einer Sache einen falschen Eid vor Gericht geleistet hatte.*

Ueber die Tödtung lässt sich aus unserm Buche nicht viel sachliche Aufklärung gewinnen. Ob Mord, ob Todschlag gemeint sei, bleibt bei der Kürze und lateinischen Fassung der meisten Einträge und dem Mangel eines festen technischen Sprachgebrauchs oft unbestimmt. Occidere

---

1) *Das von Laband S. 117 angezogene lüb. Statut (Hach II 157) darf nicht verallgemeinert werden: es lässt nur bei solchen Pfändern, die für Bier oder Garspeise gesetzt sind, zu, dass der Kläger mit eines sulves hant den Beweis führe, dass sie ihm gestohlen oder geraubt sein.*

und interficere *werden gleichbedeutend verwendet und beide deshalb oft durch denselben deutschen Ausdruck erläutert:* occiderunt proprie ghemordeden *(540, 584)*, occidit proprie vormordede *(585, 614)*, interfecit proprie ghemordet heft *(610, 659)*, proscriptus pro uno mordere pro eo quod interfecit *(589, 612). Ebenso werden* occisio, homicidium, morticinium *(Mekl. U. B. 3, Nr. 1938) durch* mord *verdeutscht. Eine Zeitlang ist in den Inscriptionen zwei- und dreifache Häufung des Ausdrucks in mannigfacher Variation beliebt:* occiderunt vel mortificarunt *(646)*, mortifera (interfectiva) occisione interficere *(408, 410, 411)*, mortifera occisione occidere *(155, 488, 503)*, mortifera morte occidere *(386), deutsch:* ghemordet mortlikes mordendes *(490)*[1]. *Eine mit Sicherheit auf den Todschlag zu beziehende Wendung wie das* die den man slat *des Sachsenspiegels (II 13 § 5) bietet unsere Quelle nicht. Der* de burgense occiso *handelnde Artikel der lübischen Statuten ist in den deutschen Formen übersetzt als:* van dotslaghe *(I 54, II 91), aber da er gleich dem unübersetzt gebliebenen Artikel* de homicidio *(I 53) nur von dem Beweise, nicht von der Strafe der That redet, ist nicht mit Sicherheit festzustellen, ob er sich auf Mord oder Todschlag bezieht. Gleichwohl darf nicht in Zweifel gezogen werden, dass in Lübeck übereinstimmend nicht blos mit dem Rechte des Sachsenspiegels, sondern der gemeinen deutschen Rechtsauffassung (Hälschner 3, S. 46) dem Mörder das Rad, dem Todschläger das Schwert gedroht war. Das bedarf der Hervorhebung, weil C. W. Pauli neuerdings eine Abweichung des lübischen Rechts darthun zu können gemeint hat (Ztschr. f. lüb. Gesch. 3, S. 281). Gestützt auf einige Stellen des Nieder-Stadtbuches, behauptet er, in Lübeck sei das Rad auch als Strafe des Todschlages eingetreten. Allerdings wird übereinstimmend in drei Vermerken aus den Jahren 1159, 1463 und 1496 einem Verbrecher, der* dotgeslagen hadde, *vom Rathe das Rad zuerkannt, auf Bitten von Verwandten und Freunden aus Gnaden das Schwert und der Kirchhof gegönnt (Nr. 68, 73, 98 der beigegebenen Urkunden); aber man ist in keiner Weise gezwungen, die* dotslachtinge *dieser Stellen im heutigen Sinne des Worts zu verstehen; mit* slachtinge, dotslachtinge, manslacht *verbindet sich in dieser und andern Quellen häufig genug blos der allgemeine Begriff der Tödtung. Als Beweis mag hier die Stelle der Detmarschen Chronik dienen, welche die merkwürdige Verordnung des Grafen Claus von Holstein vom J. 1392, die sich gegen die unter den Bauern fortbestehende Blutrache wendet, bespricht (1, S. 358). Die Urkunde (Schlesw.-Holst. Urk.-Sammlg. 2, Nr. 290) unterscheidet bestimmt zwischen* welk man den anderen mordet *und* we den anderen sleit, dat nen mord is. *Detmar spricht auch von* dotslag unde morderie, *gebraucht aber vorher und nachher daneben die generellen Ausdrücke* afslagen, dotslagen, slagen. *Um das J. 1372 wurde der Lübecker Rath beschuldigt,* quod nos debuissemus

---

1) *Damit darf ausser dem oben S. LXVIII erwähnten* furtive furari *und dem Passus des Verfestungsformulars (S. LI) eine Rostocker Verfestung wegen Raubes (Mekl. U. B. 5, S. XVI) verglichen werden.*

mortificasse quomodo sonat afghemordet Ludekinum Scharpenbergh in pace et bona securitate *(Lüb. U. B. 4, Nr. 182. 183). In der Klage des Sohnes heisst es dann aber,* dat se bynnen enen velighen wissenden vrede hebben mynen vader dot afgeslaghen *(Nr. 184). Dazu kommt, dass das Hamburger Recht, dessen Bestimmungen man grade im 15. Jahrhundert mit dem lübischen Rechte verband, Mord und Todschlag ganz in Uebereinstimmung mit dem Sachsenspiegel behandelt (1270 XII, 3 und 7 = Lüb. R. III 395 und 399).*

Die Einträge unsres Buches heben bei den Tödtungen hervor, wenn sie nocturno tempore verübt sind *(203, 206, 208, 247),* dormienti populo *(137) vgl. Lüb. U. B. 1, Nr. 658:* infra communem hominum nocte tormicionem quod slapende deth dicitur *(Homeyer, Richtsteig Landr. S. 529), eine bekanntlich später missverstandene Wendung:* Mauricius van Kochehelstorp is vorvested, de makede to ioduchte in nachtslapender tyd *(Wism. S. 103)* [1]. *Weiter wird bemerkt, dass sie* intra civitatem, hic in civitate *(645, 646),* intra muros civitatis *(603) geschehen seien. Ein auf dem Meere,* in mari recenti, *verübter Mord wird Nr. 201 erwähnt,* 495 (in nave super mare), *514 (*occiderunt in mari et jactaverunt eundem de navi*). Dass die öffentliche Strafe des Todschlages, vereinzelt sogar die des Mordes durch eine Busszahlung Seitens des Schuldigen und seiner Verwandten an die Angehörigen des Getödteten ausgeschlossen werden konnte, hat Pauli in dem vorhin benutzten Aufsatze über das Lübeckische Mangeld aus einem reichen Vorrath von Urkunden der Stadtbücher gezeigt. Ein paar Belege dazu bietet auch unsere Quelle:* Hinricus advocatus de Richenberch occidit Wicboldum nostrum burgensem, pro qua insufficientem, exhilem et pudibundam fecerat conposicionem *(12). In der auf Godeke Güstrow bezüglichen Eintragung (31) wird erwähnt,* quod Hinricus Rufus de Rostoc eundem Godekinum Ripis in Dacia pro 200 marcis den. inculpaverat pro occisione Nicolay Kransonis, quas in reversionem dictus Godeko solvere promisit Hinrico Rufo memorato.

Der Tödtung mag sich die Ehr- und die Körperverletzung anreihen. Als Fälle der Realinjurie zählt das lübische Recht: orslage unde hartent unde schuvent *(Hach II 145) auf; ein späteres* register des broecks *(Ztschr. für lüb. Gesch. 3, S. 399) sagt statt dessen* muntslag *und* hartog, 'ohne das Schieben *(*skuva bei Richthofen, Fries. Wb. S. 1035) — das heutige niederdeutsche* schubsen *würde dem Begriff am nächsten kommen — zu erwähnen. Einen höhern Grad der Beleidigung durch Thätlichkeiten bezeichnen* ertval *und* spleteno (toretene) kledere *(Hach II 145, III 210 und Dreyer, Einleitung S. 589 § 23); sie werden mit 60 Schillingen gebüsst, während für die erstgedachten nur eine Strafe von 12 Schill. angesetzt ist. Unter den Verbalinjurien wird ein Unterschied gemacht zwischen Worten, die dem Gescholtenen* an sin ruchte eddor an sin ere gad, scheldewordt an ere, *wie sie wohl.*

---

1) *Dass dieser Eintrag keine von der sonstigen Bedeutung des Verfestens abweichende Erklärung nöthig macht, wie Petersen, Forschungen S. 241 meint, liegt auf der Hand.*

kurz heissen, und scheltworden edder schmeworden: *ein Gegensatz, der
z. B. in den hamburgischen Zunftrollen streng in der Weise durchgeführt wird, dass jene nach Stadtrecht gebessert, diese dagegen in der
Morgensprache mit 6 Schill. abgemacht werden (Rüdiger, Nr. 17 § 13;
48° § 12; 54° § 21). Als Beispiele der erstern Kategorie machen die
Quellen namentlich das Vorwerfen von Verbrechen geltend, vgl. das
lüb. Recht II 78 mit der bezeichnenden Ueberschrift:* de den anderen
vorachtet. *Auch wegen dieser Delicte kommen Verfestungen vor. Wenn
unsere Quelle solche grade nicht zahlreich aufweist und regelmässig nur
dann, wenn andere Brüche damit verbunden waren oder besonders
erschwerende Umstände hinzutraten, so darf man nicht daraus folgern,
in der grossen Menge leichter Fälle sei die Verfestung ausgeschlossen
gewesen, sondern der Schuldige begab sich um des geringern Uebels
willen, das ihm drohte, nicht leicht auf die Vorflucht und erlitt lieber,
anstatt die Heimat zu meiden, die Strafe. In einigen Fällen ist es
der Gebrauch von Waffen (2. 48), in andern der Ort der That, was
die Strafbarkeit des Delicts steigerte, z. B. der Markt, wo das* ovele
handelen mit slande oder stotende *neben der Busse an den Kläger
eine Wette an den Rath nach sich zieht (Hach II 142 und oben
S. LXIII).*

 *Unter den Körperverletzungen wird keiner häufiger gedacht, als
der* bla *unde* blot *in den Rechtsquellen, in unserm Verfestungsbuche*
blud *und* blau, blaveum et sangwineum *(546, 550),* rubea et blavea
*(652, 654) genannten. Die Strafe beträgt 60 Schillinge (Hach II
145; Hamb. R. 1270 IX 2, Anhang Art. 8). Dass so häufig die
Zahl der Blut- und Blau-Streiche angegeben wird, mag zum Theil
mit der Bestimmung des lübischen Rechts zusammenhängen:* also manech
bla unde blot alse dar is, also maneghen mach he beclaghen, oft er
mer heft ghewesen, de dar manc weren *(II 145). Da aber auch von
einem einzigen Thäter gesagt wird, er habe dem Verletzten drei, vier
Blut und Blau beigebracht, so wird hier die Zahl um deswillen zuge-
fügt sein, um die vervielfachte Summe von 60 Schillingen als seine
Schuld zu buchen.*

 *Verletzungen, die Lähmung bewirken, werden der Stadt und dem
Vogte mit 60 Schillingen, dem Verletzten mit 10 Mark (= 160 Schill.)
gebüsst. Dem stehen Knochen- und Beinbrüche gleich (Hach II
140 und III 211). Eine kurze Zusammenstellung der bei Körperverletzungen zu beachtenden Unterschiede giebt ein von Lübeck nach
Kiel ergangenes Urtheil vom Jahre 1458 (Michelsen, Oberhof Nr. 8
vgl. mit Nr. 220):* nademe dat de sworen arste heft ingebrocht, dat
eme de adern· unde zenen entwe gehouwen sint went in den knoken,
is dar denne ene lemede van gekomen, so mot men daraff wedden mit
10 mark sulvers; is dar mede egge und ort, is dre mark sulv.; bloet
unde blaw dre pund. *Einträge unsres Buches, die hierher gehören,
finden sich unter Nr. 94, 466, 468, 480, 549 u. a. m. Wenn das
Hamb. Recht 1270 IX 2 auf* wunden mit eggewapene *und der Sachsenspiegel II 16 § 2 auf Lähmung und Verwundung schlechthin das Abhauen*

der Hand als Strafe setzt, so darf deshalb noch kein Gegensatz zwischen diesen Quellen und dem lübischen Rechte statuirt werden; denn die in diesem genannten Bussen sind doch wohl nur als Ledigungssummen für die nicht erduldete Körperstrafe zu verstehen. Der Verlust der Hand als Rechtsfolge einer Körperverletzung wird z. B. in unserm Buche Nr. 446 ausdrücklich bemerkt. Die im letztcitirten Eintrage und auch sonst häufig vorkommende Bezeichnung perfectum vulnus, *einigemale mit der deutschen Glosse* dictum ene vullenkomene wunden *(529), wird in Rostock und Wismar durch* plenum vulnus *vertreten (Mekl. U. B. 5, S. XXIII, Wismar S. 6). Als deutscher Ausdruck wird wohl* id est varwunde *dazu gesetzt (Mekl. U. B. das.), wie auch ein späterer Codex des lübischen Rechts von einer* fullenkame fahrwunde *(Hach IV 70) spricht. Die bei Dreyer, Einleitung S. 587 und Nettelbladt S. LXXXII abgedruckte Gerichtsordnung [1] unterscheidet eine* vollkommene Wunde, *je nachdem sie gehauen oder gestochen ist, und bestraft erstere mit einer an den Kläger zu zahlenden Geldbusse von 30 M. Silber, letztere mit Handabhauen, falls nicht der Kläger Gnade üben will; dem Gericht werden für eine vollkommene Wunde immer bloss 60 ß gewettet. Was ist eine vollkommene Wunde? Nach der mitgetheilten Glosse würde man eine gefährliche Wunde (Haltaus S. 443) darunter zu verstehen haben, eine Deutung, die für eine rechtliche Classificirung nicht ausreicht. Der Ausdruck* Vollwunde *scheint sonst in deutschen Rechtsquellen nicht heimisch, dagegen bezeugen ihn J. Grimm (Rechtsalterth. S. 629) und Wilda (Strafrecht S. 734) als den schwedischen Gesetzen wohlbekannt. Nach diesen steht* fullsar *in der Mitte zwischen der blossen Blutwunde und der grossen oder qualificirten Wunde und wird characterisirt als solche, die ärztliche Hülfe* lin ok läker, spik ok spiär *(Leinen und Arztlohn, Salbe und Instrument) nöthig macht. Diese Begriffsbestimmung werden wir auch für das lübische Recht adoptiren dürfen, jedoch mit einer Beschränkung, die ein Passus des hamburgischen Rechts (1270 Anhang § 7), der auch in das lübische Recht übergegangen ist (III 211), dahin ausspricht, dass man* in handen noch in hovede en kan nene vollenkomen wunden werken, dar en syn hant mede vorlesen mach, *während man lebensgefährliche Wunden [2] oder Blut und Blau, also schwerere und leichtere Verletzungen als man unter Vollwunden begreift, auch an diesen*

---

1) *Dass sie keine* Bursprake *ist, wofür sie Dreyer ausgiebt, ist bereits früher bemerkt (Verf. Lübecks S. 164 A. 3). Sie blos Rostock zuzuschreiben, wie Stobbe, Rechtsqu. 2, S. 297 A. 32 verstanden hat, war nicht die Meinung. Es walten mancherlei kleine Verschiedenheiten zwischen beiden Formen. So heisst es z. B. bei Dreyer § 14:* ein punt alse sostich schillinge, *bei Nettelbladt:* alze 20 schilling sundisch. *Die §§ 44—49 Dreyers fehlen Nettelbladt. Dies Denkmal des lübischen Rechts bedarf ebenso sehr der Textrevision wie einer Untersuchung seines Inhalts.*

2) wunden de vare des levendes bringen. *Dazu vgl.* Hans Woltmann unde Hinryk Boem de zynt vorvestet dar umme, dat ze Tydeke Reynstorpe hebben anghewracht 1 vullekomene wunden unde 1 var des levendes *(Wismar S. 98).*

Körpertheilen hervorbringen könne [1]. *Eine bündigere Begriffsbestimmung giebt die schon oben S. LXXVI verwendete Urkunde
des Grafen Claus für Holstein v. 1392:* were ok dat een den andern
wunde ene vullenkomene wunde alse enes ledes dep, dar schal
men over richten an sine hand [2]. *Auch der weitere Inhalt der
Urkundenstelle ist für uns benutzbar:* und do man schal sine vare
sitten, werd he begrepen, 14 daghe; wenne storve de· vorbenomede
man binnen der tiid, so schal men dat richten in sin hogheste,
*denn der Eintrag Nr. 151 zeigt uns den gleichen Grundsatz auf
das Verefstungsrecht angewandt: gegen den jetzt wegen schwerer
Verwundung Friedlosgelegten, soll, wenn der Verletzte an seinen Wunden stirbt, demgemäss mit einer Verfestung wegen Tödtung vorgegangen werden. Vgl. auch den Eintrag des Wismarschen Verfestungsbuches:* Hannig Piper, Levold percusserunt doleatorem tempore nocturno
in civitate cum verberibus, de quibus mortem recepit, pro quo homicidio proscripti sunt *(S. 13) und unten Nr. 278. Die Gefahrtage sind,
wie in oben mitgetheilter Urkunde, bemessen im Billwärder Landrecht
Art. 28; das Hamburger Recht sieht im Geiste des ältern Rechts von
abstracten Zahlverhältnissen ab und lässt entscheiden, ob der Verletzte*
na der tid to der kerken ofte to deme markede ofte to deme stoven
beseen worden ist *(1270 XII 9; anders 1497 O. 4). Das spätere
lübische Recht (Dreyer, Einltg. S. 588 § 19) sagt:* eine lemnisse steit
jaer unde dach.

*Verhältnissmässig selten kommen Verbrechen gegen die Sittlichkeit
in unserm Verfestungsbuche vor. Das einfache Stuprum ist einmal
erwähnt:* Joh. Roze defloravit sive violavit Ghebbeken puellam *(548),
von der Nothzucht würde dasselbe gelten:* Everhardus Vrighdach privavit quandam Gheseken cum violencia et tradicione sua virginali honore
(559), wenn man nicht die bei Gewalthandlungen mehrfach mit erwähnte
oppressio virginum *(239) oder* mulierum *(255) ebenfalls dahin zu
rechnen hätte. Bigamie behandelt Nr. 648. Häufiger wird des
Ehebruchs gedacht. In den meisten Fällen ist damit eine Entführung
der Ehefrau und ein gemeinsames Bestehlen des Ehemannes verbunden:* Ghiselbrecht Odensono deduxit occulte et seduxit Margaretam
uxorem magistri Johannis Vresen, cum qua legem fregit et furabatur
sibi 61 antiqua schudata; unde est proscriptus pro fure, legifrago et
traditore *(424 rgl. 321, 382, 456, 496). Der Ausdruck* legifragus
oder legisfractor *(435) statt* adulter, legem frangere *statt* adulterare
*ist ganz ständig in unserer Quelle, er zeigt, wie das deutsche ê in
dieser Zeit noch gleichermassen die Begriffe* matrimonium *und* lex *in
sich schliesst. Der an dem verlassenen Ehemanne verübte Diebstahl*

---

1) *Dazu vergl. die bei Dreyer, Einltg. S. 587 abgedruckte Gerichtsordnung*
§ 44 ff.
2) *Aehnlich das Billwärder Landrecht § 28:* stekt eyn deme anderen ene
vullenkomen wunden, de deper is den nagels dep. *Die cit. Gerichtsordnung § 48:*
de vullenkame wunde schal wesen ledes deep von dem middelsten vinger na Lübe-
schem recht.

hat regelmässig Geld zum Gegenstande, auch wohl Gegenstände des Hausraths, einmal daneben Urkunden (427).

Stellen wir zuletzt die gegen das Gemeinwesen als solches gerichteten Verbrechen und Vergehen zusammen, so bedarf es hier keiner nähern Erörterung der historischen Vorgänge, die den einzelnen in den Einträgen behandelten Fällen zu Grunde liegen. Nach dieser Seite hin sind sie genügend in den Anmerkungen und den dort citirten Schriften erläutert. Nur nach ihrer rechtlichen Bedeutung seien sie hier noch gewürdigt.

Das in unsern Quellen so vieldeutig verwendete Wort traditio *wird auch mit ganz besonderer Beziehung auf politische Verbrechen gebraucht. Wo es wie nicht selten den verbrecherischen Angriff auf die Stadtverfassung ausdrückt, nähert es sich sehr unserm Begriffe des Hochverraths. So trägt die Handschrift, welche den Lübecker Knochenhaueraufstand von 1384 schildert, den Titel:* liber de traditoribus et eorundem bonis *(Pauli, lüb. Zustände 2, S. 62); der Führer des Aufstandes wird im Ober-Stadtbuche wiederholt* Hinricus Paternostermaker traditor, *sein Verbrechen* traditio *genannt. Das lübische Recht beschäftigt sich mit dem Versuch von Verbrechen, die gegen den Bestand der Stadtverfassung gerichtet sind, aber nicht mit dem vollendeten Verbrechen. Die in Verschwörungen bestehenden Versuchshandlungen (mit* sampinghe unde mit gheslechte) *werden mit einer Strafe von 100 M. Pfennigen und Stadtverweisung bedroht (Hach II 202). Die Strafe ist nicht die höchste Geldstrafe, welche die Statuen kennen (Pauli, Ztschr. f. lüb. Gesch. 1, S. 200); aber wie die Praxis Strafen zur Anwendung bringt, die über alle in den Statuten gedrohten hinausgehen (das. S. 214), so wurden auch über den vollendeten Hochverrath schwere Strafen verhängt, die doch nicht blos das freie Ermessen des Raths bestimmt haben wird, sondern vermuthlich ein im ungeschriebenen Rechte wurzelnder Masstab regelte. Pauli, Abhdlgn. 3, S. 7 ist der Meinung, man habe dabei ein Statut Hach II 184 analog angewendet. Dasselbe bedroht den Lübecker Bürger, der ane not die Stadt verlässt, sich mit ihren Feinden verbindet und seinen ehemaligen Mitbürgern Schaden zufügt, mit Confiscation seines Immobiliarvermögens (* ereghut) *und ewigem Ausschluss aus dem Bürgerrecht. Detmar giebt drei verschiedene Schärfungen der Todesstrafe an, mit denen man gegen die Hochverräther von 1384, deren man habhaft wurde, vorgieng (Grautoff 1, S. 327):* der wart en deel gheslepet, radebraket unde quarteret; en deel gheslepet unde radebraket; en deel gheslepet unde koppet unde up dat rat geleghet. *Ausserdem traf sie alle Vermögensconfiscation:* ok na keiserrechte so wurden se eres gudes untweldiget, unde dat quam an en mene gud der stad. *Dass Detmar die Massregel auf das römische Recht stützt, beweist natürlich nichts gegen ihre Begründung im lübischen Rechte. Die Nachricht selbst wird durch das Lübecker Ober-Stadtbuch bestätigt, das aus den Jahren 1385 u. ff. verschiedene auf Grundstücke bezügliche Einträge mit dem Zusatz:* (domus) nunc confiscata civitati racione (pretextu) tradicionis, propter

quam idem Henricus (sc. Paternostermaker) extitit judicatus, *enthält*
(s. ob. S. LII und Pauli, Abhdlgn. 4, U. B. Nr. 329; lüb. Zustände
2, S. 64 ff.). — Wie schon früher angeführt, wurden seit Beginn des
15. Jahrh. besonders Seitens der Hanse Beschlüsse gegen hochverräthe-
rische Unternehmungen in den Bundesstädten gefasst (s. ob. S. XXXI).
Die den Theilnehmern gedrohte Strafe wird auch auf die Mitwisser
erstreckt, de alsodanen uplop, sorchlicke vorgadderinge wusten unde
der nicht enmeldeden. *Die ausserhansische Stadt, die sich solcher*
Missethäter annimmt, soll vom Verkehr mit jeder Stadt der Hanse
ausgeschlossen sein.

    Die politischen Verbrechen werden sehr oft unter den Gesichts-
punkt einer Verletzung des Rechts der Stadt gebracht. Wie das lübische
Statut (II 202) Versuche zum Umsturz oder zur gewaltsamen Aende-
rung der städtischen Verfassung unter der Ueberschrift behandelt:
de der stades recht wil krenken mit samminge, *so sagt der Eintrag*
des Rostocker Verfestungsbuches von den Empörern, die 1313 auf
kurze Zeit das Regiment der Stadt zu Gunsten der Handwerker geän-
dert, den alten Rath vertrieben und Altermänner eingesetzt hatten:
isti fecerunt congregationes pessimas, per quas juridicionem Lubicensem
leserunt et civitatem Rozstok multis malis perturbaverunt (*Mekl. U. B. 6,*
Nr. 3672 vgl. Nr. 3590). Object und Mittel des Angriffes sind hier
also ganz ähnlich bezeichnet wie im Statut, nur dass hier noch speciell
das lübische Recht als durch den Angriff gefährdet hervorgehoben wird,
wie sich denn auch die vertriebenen Rostocker Rathsherren in dem
Bündniss, das sie mit dem Fürsten Heinrich von Mecklenburg Namens
des Königs von Dänemark 1314 Jan. 8 abschlossen, für den Fall der
Restauration ganz besonders die Geltung des jus Lubicense, sicut in
privilegiis nostris possumus rite et racionabiliter demonstrare, *zusichern*
liessen (das. Nr. 3669). Ist hier das lübische Recht mit dem Kern
und Inhalt der bisherigen Stadtverfassung identificirt, so will das
detrahere nostre civitati jus Lubicense, *das dem Godeke Güstrow von*
Stralsund Schuld gegeben wird (31), einen Eingriff in die städtische
Selbständigkeit bedeuten: er hatte gedroht, sich anderswo Recht zu
schaffen (vellet alias conqueri aut illi, qui sufficienter sibi judicaret).
Jus nostrum Lubicense *nannte die einzelne Stadt dann auch das in*
ihren Mauern dem lübischen Recht gemäss gehaltene Gericht (Wism.
Burspr. 1419 § 21 s. unten S. LXXXIII), wie der lübische Baum die all-
gemeine Bezeichnung der Gerichtsstätte in diesen Städten war (Bran-
denburg, Stralsund St. 3 und Mittelniederd. Wb. 1, S. 383). Den Ver-
such, die Stadt Stralsund vor ein auswärtiges Gericht zu ziehen, machte
Conrad Papenhagen; doch wiesen die Greifswalder die vor ihnen erho-
bene Anschuldigung zurück (193). Es ist bemerkenswerth, dass in dem
Eintrage das Verhalten der Greifswalder aus dem materiellen Grunde,
cum intellexerunt eos probos viros et omni suspicione innocentes, *erklärt*
wird, nicht aus dem formellen, dass ihnen keine Jurisdiction über die
Stralsunder zustehe. Die vorangehenden Worte: movit quandam incitacionem super consulibus in Sundis contra justiciam, *woraus O. Fock*

*(3, S. 81) das Gegentheil beweisen will, können sehr wohl von einer
materiell ungerechten Anklage verstanden werden. Eine derartige
Zuständigkeit der Greifswalder müsste ihre Grundlage an einem Vertrage, etwa einem Landfriedensbündnisse haben, in welchem Einsetzung
von Schiedsgerichten eine sehr häufige Erscheinung ist. Eine Bein-
trächtigung der städtischen Gerichtsbarkeit kommt auch sonst noch in
mancherlei Gestalten vor: z. B. durch Wegschleppen eines Getödteten
aus dem städtischen Jurisdictionsbezirk nach Gingst auf Rügen in*
juridicionem Zwerinensem *(169 s. ob. S. LVII), im Eintrag 106 in
der Weise, dass jemand einen Dieb privatim mit einer Busse belegt,*
(occulte talliavit uuum furem). *Besonders gefährlich wurde den
städtischen Gerichten das Anrufen geistlicher Gerichtsbarkeit. Deshalb wird von Seiten der einzelnen Städte wie der Hanse dagegen mit
Verboten und Strafen eingeschritten. Wism. Bursprake 1419 § 21
(vgl. aber auch schon 1373 § 22):* quilibet civis habens actionem cum
alio cive debet stare contentus in jure nostro Lubicensi et non debet
aliquem civem impetere coram judicio spirituali nec hoc committere
vel resingnare alicui spirituali persoue. *Die Strafe ist Ausschluss aus
der Stadt und 50 Mark Wette. Der Hanserecess von 1418 (Burmeister, Wism. Burspr. S. 64) bedroht jeden, der seine Klage gegen
einen Bürger einem Geistlichen übergiebt, mit Ausschluss aus dem
Bürgerrecht aller Hansestädte (§ 18). Einer allgemeinen Missachtung
und Beschimpfung der städtischen Gerichtsbarkeit machte sich Herr
Reinfrid von Penitz schuldig (13), aber auch ein Bürgersmann, Johannes
Winsen, der sich über eine erbrechtliche Entscheidung des Stralsunder
Raths beschweren zu können glaubte, gestattete sich die Bemerkung, in
ihrem Stadtbuche stände kein wahres Wort. Konnte sich die Stadt den
auswärtigen Herrn nur für künftige Fälle vormerken, den Bürger vermochte sie sofort durch ihre Verfestung wirksam zu treffen (304).
    Dem Angriff auf Recht und Gericht steht nahe die Verletzung
städtischer Privilegien. Zu den zahlreichen Verbrechen des Godeke Güstrow
gehörte es auch, dass er die städtischen vor den Fürsten lange geheim
gehaltenen Privilegien abschrieb und verrieth (31). Konrad Papenhagen wurde beschuldigt, dass er* privilegia vasallorum et consulum
infirmavit *(kränkte)* et infregit *(193). Im letztern Falle handelt es
sich um bestimmte, im Eintrag selbst nach ihrem Inhalte characte-
risirte Privilegien, die wir aus den uns erhaltenen Urkunden
nachzuweisen vermögen. In mehrern Verfestungsurtheilen werden
speciell städtische Statute aufgeführt, durch deren Uebertretung
sich jemand einer Verletzung der Stadt schuldig machte: Gerhard
Wigeblot hatte gegen das Verbot des Raths eine Bude auf der Stralsunder Vitte zu Falsterbo errichtet (167), Markward Trybow einen
Mitbürger vor den dänischen Vögten auf Schonen um Geldschuld verklagt und damit* contra arbitrium communium civitatum *gehandelt, das
solche Klage zur Jurisdiction der deutschen Vögte verwies (402). Ein
anderer hatte sich Nachts auf der Gasse bewaffnet treffen lassen und
damit eine Vorschrift übertreten, welche sich in der städtischen Bur-*

sprake befunden haben mochte. Statt mit den Rathsherren über die verwirkte Busse — das Gesetz drohte Lebensstrafe — zu verhandeln (placitare, teidingen), entzog er sich durch die Flucht der weitern Verfolgung und wurde nun verfestet ex parte consulum *d. h. auf Antrag (s. ob. S. XLII), nicht etwa von Seiten der Rathmannen (75). Derselbe war bereits aus einem andern Grunde verfestet, weil er trotz seines Versprechens zu Recht stehen zu wollen* (stare juri coram judicio) *heimlich entwichen war. Auch wegen solchen Wortbruches und der darin enthaltenen Missachtung des Gerichts kommen wiederholt Verfestungen vor (117, 596). — Vereinzelt steht eine Verfestung da wegen Eingriffs in die Privatgerichtsbarkeit: der Schuldige hatte ohne Auftrag in einer Schenke auf dem Gute zweier Stralsunder Bürger gerichtet und Bussen eingezogen* (judicavit jus eorum et sumpsit excessum eorum 582).*

Zum Verständniss der gegen den Vogt Heinrich von Richenberg erhobenen Anklage: permutavit jus de Stralessunt versus Rostoc, quod apud nos afferre consueverant, in qua permutacione maximum prejudicium nobis sentimus inpositum *(12), sind die beiden Thatsachen heranzuziehen, dass der Rechtszug im Jahre 1295 nach dem eigenen Zeugniss des Raths von Stralsund nach Rostock und von da nach Lübeck (Hanserecesse 1, Nr. 68, 19), 1314 dagegen nach einem Privileg Wizlav III. direct nach Lübeck gieng (Fabricius IV 2, S. 31). Unser Eintrag, der nicht lange vor dem letzten Datum aufgezeichnet ist, lässt kaum eine andere Erklärung zu, als dass Heinrich von Richenberg es war, der die Aenderung des bisherigen Rechtszuges bewirkte. Bis dahin hatte man die Urtheile von Stralsund nach Rostock gescholten und von dort mit der Rostocker Entscheidung nach Stralsund zurückgebracht. Wenn jetzt jedes Urtheil sofort nach dem fernern Lübeck gezogen werden sollte, so lag darin allerdings eine Benachtheiligung der Bürger im Vergleich mit dem frühern Verfahren.*

Persönliche Angriffe auf die Rathsmitglieder behandelt ein Statut de consulibus *überschrieben (Hach I 81; II 47). Der Schuldige wurde für seine wörtliche oder thätliche Misshandlung mit einer Wette von 3 M. Silb. an die Stadt und 10 ß an jeglichen Rathmann und mit einer Busse von 60 ß an den Verletzten gestraft, falls der letztere im Dienst gewesen und unverschuldet misshandelt worden war (Verf. Lübecks S. 142). Einen praktischen hierher gehörigen Fall besprechen die Einträge Nr. 110 und 112. — Häufigen Angriffen scheinen besonders die Stadtdiener ausgesetzt gewesen zu sein. Diese auf Grund des Rostocker Verfestungsbuches gemachte Bemerkung (Mekl. U. B. 5, S. XXI) findet sich auch im Stralsunder bestätigt (347. 151. 104).* Loweke Mekeler proscriptus est ex parte dominorum meorum omnium pro eo, quod preconem jactavit cum lapide de minore judicio in medio fori, pro quo profugus factus est *(1368 Rostock, Mekl. U. B. S. XVII). Ebenso werden 1351 zwei Schuhknechte verfestet,* pro eo quod famulum civitatis percusserunt et minus judicium debilitaverunt *(das. S. XXI). Das* judicium minus, *dat mynneste recht kann der Frohn* (preco)

hier und anderswo z. B. Lübecker Nieder - Stadtb. z. J. 1436: vor-
panden mit dem mynnesten rechte vormiddelst eynem vronen *(Pauli,
Abh. 4, U. B. B. Nr. 64); Detmar 1, S. 342; Hamb. Recht 1292
P. XV genannt werden, weil er* de sex denariis judex erit et non
amplius *(Hach I 56). Er steht im Dienst der Stadt* (nuncius civitatis), *muss aber auch dem Vogte Folge leisten und geniesst* in obse-
quio burgensium *besondern Rechtsschutz (I 55; Verf. Lübecks S. 142
A. 72 und S. 173). Unter Umständen kann der Frohn sogar als das
Gericht schlechthin bezeichnet werden. So verbieten Hamburger Zunftrollen, dass ein Handwerksgenosse dem andern* dat richte sende edder
borghen affneme. ohne der Werkmeister Volbort *(Nr. 11 § 8), wofür
andere Rollen gleichbedeutend sagen:* deme anderen enen bodel senden
edder borgen affnemen *(das. Nr. 12 § 28).*

----

*Wenn auch nicht grade häufig, so kommen doch in unserer Quelle
Einträge vor, in denen nicht das vollendete Verbrechen, sondern schon
der Versuch den Anlass zur Verfestung gegeben hat. Gegen Hermann
Kruse erfolgt eine Verfestung* pro eo, quod dominum suum volebat tradidisse et crudeliter occidisse *(20); ebenso wird in Nr. 82, 277 und 580
wegen eines Versuchs zu tödten verfestet. Das Strals. Register hat eine
Verfestung zweier Personen* pro violencia, quam facere nitebantur
cuidam femine *(30). Unser Verfestungsbuch erzählt von einem Falle,
wo ein Rügener, der an der Ueberfahrt vom Festlande durch einen
Stralsunder an seine Schulden gemahnt war, diesem mit Injurien ant-
wortete* et circumvenit lanceis et gladiis evaginatis eundem cum suis
conplicibus *(86). Es muss das damals ein beliebtes Verfahren gegen
unbequeme Gläubiger gewesen sein. Das Wismarsche Verfestungsbuch
enthält mehrere ganz entsprechende Einträge:* Hermen unde Lyppolt
brudere gheheten van Oertze sint vorvestet dar umme, dat so Merten Wiscuren sproken to vele quader wort unde negheden
em to egghe unde ort unde wolden ene dot hebben slaghen, do he se
manede umme sine schulde *(S. 25).* Hinric Quittzowe proscriptus est
eo, quod Johannem Bölen et filium Amilii Bekervissen tractavit cum
multis verbis obprobriis et contumeliosis et inclinavit ad eos scissu-
ram et aciem propter debitum quem (!) tenebatur eis *(S. 29 vgl.
S. 21, 98).*

*Ausser dem Thäter oder Urheber der strafbaren Handlung wer-
den auch die der Theilnahme Schuldigen verfestet. Jener wird als*
capitaneus *bezeichnet (329. 113) oder als* capitaneus et principalis *(98),*
capitaneus omnium *(316). Der Eintrag Nr. 113, aus der Zeit der
Semlowschen Unruhen herrührend, giebt zugleich einen deutschen Namen
für die Urheberschaft: die Semlows bekennen,* quod essent capitanei
et quod vulgo dicitur warent hujus cause et violencie. *Das Wort
bedeutet sonst Gewährsmann (Hach II 82) und ist vielleicht als Uebersetzung des lateinischen* auctor, *das zugleich Gewährsmann und Urheber bezeichnet, an diese Stelle gerathen. Das Wismarsche Verfestungs-*

buch zeigt den gewöhnlich gebrauchten deutschen Ausdruck: Arnold Alward de let vorvesten Reyneke Schelen unde Haus Groten, de hebben em anghewracht 1 vullekomene wunden unde 2 blut unde blau. Schele was en hoftman; Grote de was dar mede an vlocke unde vore *(S. 98). Die am Schluss gebrauchte Formel lautet sonst in derselben Quelle:* an vlocke unde vǔre *(S. 98),* in flok unde in vǒre *(S. 106),* an vlocke unde an wǔre *(S. 76. 77). Das Stralsunder Verfestungsbuch sagt:* in vlokke et in vorde *(552),* in vlocke in vorden *(677), das Hamburger Recht 1270 VII 16:* an vlocke unde au verde. *Das Lübecker Nieder-Stadtbuch 1448* in vlocke unde in viero *(Ztschr. f. lüb. Gesch. 3, S. 314 Nr. 58),* 1462 in volken unde in verde *(das. S. 319 Nr. 71); in ältern Zeugnissen, den dem 13. Jahrh. angehörenden Reductionen der Nowgoroder Skra:* an vlocken unde (ofte) an verden *(Lüb. U. B. 1, S. 702 Z. 2; S. 706 Abs. 2). Unter den letztern Stellen, auf welche Pauli in der eben cit. Zeitschr. (S. 293) aufmerksam gemacht hat, ist eine (S. 702 des Lüb. B.) dadurch besonders interessant, dass sie ganz wie der vorhin angeführte Eintrag des Wismarschen Verfestungsbuches die fragliche Formel als den Gegensatz zu* hovetman *verwendet, was mit einem ähnlichen Passus der lateinisch redigirten Skra verglichen werden darf*[1]*, wo sich die Gegensätze durch* auctor injurie *und* quilibet de suis complicibus *bezeichnet finden (S. 697 Abs. 5). Die philologische Erklärung der oft missverstandenen Formel*[2] *hat Schiller (Beiträge zu einem mittel-niederdeutschen Glossar 1867) gegeben:* vlocke = *Haufe (*flockr *altnord., speciell einen Haufen von 5, Grimm R. A. 212,* flock *engl. =* cohors, *Grimm Wb. 3, Sp. 1810),* verde = *Nachstellung, Anschlag (*farda *altsächs. =* insidiae *Grimm 3, Sp. 1256). Aber Pauli polemisirt mit Recht gegen die blos grammatische Auslegung der Alliteration, die offenbar ein specifisch juristischer Ausdruck war. Unter der Menge begriffen sein, wie das Lüb. U. B. 4, S. 919 erläutert, trifft die characteristische Verwendung des Worts in der Rechtssprache nicht; mag ursprünglich der Begriff Menge, Haufe mit hineingespielt haben, dass er später nicht mehr erforderlich war, zeigt die Stelle des Wismarschen Verfestungsbuches, ebenso unser Eintrag Nr. 552, wo zwei verfestet werden, einer wegen Tödtung, der andere, weil er* fuit ejus ad hoc perfectus adjutor, *in vlocke et in vǒrde proprie. Statt* perfectus adjutor, *wie es hier vorkommt, wird auch* plenus adjutor *(416. 508) oder* plenarius adjutor *(181) in unserer Quelle gebraucht: offenbar gleichfalls ein technischer Ausdruck, für den man als deutsche Unterlage* die unrechte vullest *des Ssp. II 25, 1,* unrechte vullenst *im Lüb. U. B. 2, Nr. 758,* volleist *oberdeutscher Quellen (Osenbrüggen, Z. f. deutsches R. 18 S. 86; John, Strafrecht in Norddeutschl. S. 227), vermuthen darf. Der häufig übersehene und auch in den Quellen nicht immer als nothwendig erachtete Zusatz* unrechte

---

1) *Die Stellen der beiden Reductionen der Skra decken sich nicht nach ihrem Inhalte, wie Pauli anzunehmen scheint.*
2) *Fock 4, S. 254, Petersen, Forschgn. 6, S. 265, die beide an Fluch und Wort denken.*

oder bose v. giebt erst die volle Erklärung des Ausdrucks; denn das Substantiv allein bedeutet nach dem ursprünglichen Sinn von leisten = folgen Nachfolge, Mitwirkung ganz allgemein, so dass sowohl Folge, Zustimmung im prozessualischen als Folge, Beihülfe im criminalistischen Sinne darunter verstanden werden kann; beiderlei Bedeutung erhellt z. B. aus Magd. Fragen (hg. v. Behrend) I 2, 23 (die von John S. 226 A. 23 cit. handschriftl. Stelle) vgl. mit I 2, 24. Das vorgesetzte vul bezeichnet wie in vulvoderen, vulkomen das Völlige, das Durchgeführte des Thuns. Erst durch den Zusatz unrechte vullest wird deutlich und ausdrücklich die Beihülfe zu einem Unrecht, zu einem Verbrechen angezeigt. Der Zusammenhang dieser Bezeichnung mit der Phrase, von der wir ausgegangen, wird hergestellt durch eine Vergleichung des braunschweigschen Stadtrechts aus dem Beginn des 15. Jahrhunderts mit der Redaction von 1532. Dort heisst es § 46: werd eyn man benomet to eynem unrechten vulste an eyne vestinghe, de tud sek ut myt synes hand ane broke (U. B. der Stadt Braunschw. S. 106); die jüngere Redaction giebt das wieder § 37: wert ein man benömet mit unrechte, dat he scholde in volge unde verde[1] gewest syn, an eine vestinge, he tüt etc. (das. S. 301)[2]. Es ist nicht undenkbar, dass in unserer Formel sich ein Nachklang an das alte contubernium, das Zusammenrotten einer Gefolgschaft unter einem Führer zur Begehung von Verbrechen (Wilda S. 612 ff.) erhalten hat, aber die Bedeutung hat sich in den uns beschäftigenden Quellen offenbar zu der der Beihülfe schlechthin verallgemeinert.

Soll jemand als der alleinige Thäter eines Verbrechens, als der Thäter ohne Rücksicht auf Gehülfen bezeichnet werden, so verwenden die Quellen des lübischen Rechts wohl den Ausdruck: de handledige (Lüb. U. B. 1, S. 706[2]; Hach II 140 A. 8 und oben S. LI), welker slachtinge H. Stralendorp handadich scholde gewest ziin (Ztschr. f. lüb. Gesch. 3, S. 318 Nr. 69); vgl. auch Hamb. R. 1497 O. VII.

Welcher Art die Theilnahme war, wird mitunter besonders hervorgehoben. Intellectuelle Beihülfe ist angedeutet, wenn es in Nr. 441 heisst: pater ipsorum est proscriptus pro eo, quod consilio et verbis interfuit. Von strafbarer Anstiftung wird man Nr. 668 verstehen dürfen, vielleicht schwebte bei der Wendung: fuit causa hujusmodi homicidii eine Erinnerung an das deutsche sächer, ursacher vor, das allerdings auch Thäter bedeuten kann (Osenbrüggen S. 167). Am Schluss der Verfestungen, welche der Rostocker liber proscriptorum 1314 gegen die Aufständischen verhängt, heisst es von Goceke, frater domini Ratwort sacerdotis: principalis certus capitalis fuit, quando domini consules fuerunt de civitate ejecti. Vielleicht darf man auch hier an den eigentlichen Anstifter des Aufstandes denken, denn unter denen, die physisch am Aufruhr betheiligt waren, wird Heinrich Ilunge

---

1) Dieselbe Form der Alliteration schon im braunschweigschen Fehdebuche des 14. Jahrh., vgl. Chron. der deutschen Städte 6, 68[10].

2) Das an eine vestinge ist mit benömet zu verbinden und danach die Interpunktion des Urkundenbuches zu bessern.

als Haupt genannt, wie er auch an der Spitze der Verfesteten auf-
geführt wird (Mekl. U. B. 6, 3672. 3673, 4. 3590). Mit grösserer
Sicherheit darf man auf Anstiftung deuten, wenn Conrad Papen-
hagen Schuld gegeben wird, dass er fuit primus motor et capitaneus
verus, qui animavit Gherwinum Semelowen et incitavit, ut se opponeret consulibus et contra eos insurrexit (193). *Ebenso fällt unter den*
Begriff der Anstiftung, wenn Henneke de Dulmunde *juvenem (knecht,*
knappe) Hencekini Bruchusen alliciebat hoc, ad quod furabatur eidem
4 m. den. *(194); verfestet wird* Henneke pro traditore et fure, *da er*
zugleich Hehler des Gestohlenen ist.   Physische und intellectuelle Bei-
hülfe drücken die Formeln aus: consilio et auxilio coadjutor fuit
(520), de mit en hebben gheweset in rune, in rade, in dade unde in
medeweten (677).

Kurze substantivische Bezeichnungen für Theilnehmer sind socii
(15, *Reg. 166*), coadjutores (221), conplices (52. 98. 110), conplices
et cooperatores (113), coadjutores et cooperatores (81), *oder es heisst:*
interfuit homicidio (668), de was mede in der reyze (*Wismar S. 36*).
Die Gehülfen werden gleich den Thätern verfestet: simul et semel
et una vice proscripti sunt per penam colli (113). *Besonders*
kenntlich treten sie bei dem Verbrechen des Strassenraubes her-
vor.   Hier wird der traditor honorum (263), *der* nuncius et traditor perfectus (256) *genannt, der den auflauernden Wegelagerern den*
herankommenden Waarenzug verräth, oder der hospes, conservator et
tutor et coadjutor latronum (58), *bei dem sich Begünstigung und Theil-*
nahme verbindet.

Als einer der Hauptfälle der Begünstigung ist die Hehlerei zu
erwähnen.   Das Verbrechen wird selten durch einen kurzen technischen
Ausdruck bezeichnet: occultavit et detinuit equum furatum (326 vgl. 7);
Rughe unde Mummenzone de zint vorvestet dar umme, dat ze van
Schinkel unde Düren dat rovede gud koften unde dat mede`holen heb-
ben (*Wismar S. 100*) [1]. Ermegart Bekemans vorzweret de stad by
ereme levende dar umme, da ze dat mede hovede unde herberghede,
dat ere zone stolen hadde (*das. S. 100*). Talke W. heft vorzworen
de stad umme de duverye, de se hul myt deme deve (*das. S. 52*).
Weitläufiger ist das Verbrechen in einem Falle des Strals. Registers
geschildert, der dadurch besonders interessant wird, dass hier die
rechtliche Gleichstellung von Hehler und Dieb ausgesprochen wird: ille
qui abscondit tam reus sit furti tanquam ille qui furatur (84).

Eine andere Form der Begünstigung ist das Beherbergen von
Verbrechern: Heyneke Garbrader heft vorzworen de stad by syme
levende, umme dat he serovere hovede unde husede unde verkofte em (!)
af unde to dat gud se roveden in der se (*Wismar S. 48*) *und Nr. 58*
unsres Buches (s. ob.).

---

1) *Zum Verständniss dient der vorangehende Eintrag:* Clawes Syzyk is
vorvested vor enen zerover, de hadden nomen een schip van Asnisse myt vele
gudes myt Schinkel unde Peter Düren unde heft zyk gheven an ene vorevlucht
(*Wismar S. 99*).

Auch das Befreien eines gefangenen Verbrechers fällt unter diesen Begriff: Eler Zoltouwe let vorvesten onen do is heten Hans, dat hee em stolen heft up 18 mark edder mer; vortmer zo is vorvested Hermen Cellin dar umme, dat hee om den deff untferet heft *(Wismar S. 87). Zu untferen vgl. in unserm Buche Nr. 544 (oben S. LXXI), wo es von Sachen gebraucht wird und* alienare *übersetzt. Dagegen wendet* alienare *auf Personen an Nr. 12:* alienavit (Hinricus advocatus de Richenberch) nos a fure depremso, qui confregit cistam in navi prope civitatem. Clawes Holste und Wittense de hebben vorvesten laten Swartehavers medehulpers, de em nemen ut des vronen handen, do he van demo richte scholde ghan in de bodelie *(Wismar S. 108). Ueber das untvoren eines peinlich Beklagten ute deme rechte, handelt nach Anleitung des Ssp. III 9 § 5 das Hamb. R. 1270 X, 1. Das Stralsunder Verfestungsbuch bespricht einen gleichfalls hierher gehörigen Vorgang, nur dass es sich in demselben um Verhinderung der Gefangennahme eines verfesteten Verbrechers handelt, Nr. 587 vgl. mit Nr. 583. Dem in öffentlicher Gefangenschaft sich befindenden Verbrecher steht der in Privathaft befindliche zahlungsunfähige Schuldner gleich:* Woltorus et Hinricus proscripti sunt pro eo, quod nocturno tempore violenter acceperunt Petro unum virum, qui pro debitis obligatis sibi fuerat presentatus, quem catenatum et conpeditum do domo portaverunt *(Strals. Reg. 180), womit der Art. des lübischen Rechts zu vergleichen ist:* so we deme anderen wert to eghene gegheven (si quis alteri in proprietatem donabitur propter · debiti obligationem) he *(der Gläubiger)* schal ene achterwaren sekerlike unde spannen ene, ofte he wil *(Hach II 200 und I 69) und das Hamb. R. 1270 IX 13 aus Ssp. III 39 § 1:* wil he ok ene spannen mit ener helden *(Fessel),* dat mach he wol don.

Von der Friedloslegung oder Verfestung ist, wie bereits im Eingange der Abhandlung bemerkt ist, die Stadtverweisung, eine durch die Rathsgesetzgebung eingeführte und von der Rathsbehörde gehandhabte Strafe, wohl zu unterscheiden. Das lübische Recht bezeichnet sie im Gegensatz zur proscriptio *als* ex civitate ejicere et expellere *(Hach I 84) oder in den deutschen Texten* ut der stat wisen *(II 48, 12, 140, 221),* ut der stat driwen *(II 175), der stat untberen oder des stades woninghe untberen (enberen) II 202, 198, 221. Wie der Rath diese Strafe verhängt, so kann er sie nach seinem eigenen Ermessen auch wieder aufheben und den Verwiesenen* in civitatem revocare *(I 84),* weder in de stat laten *(II 48); nur ist zuweilen die Zustimmung des Verletzten dazu einzuholen, dass der Verwiesene der stat weder krighen kann (II 140). Als alleinstehende Strafe kennen die Statuten die Stadtverweisung nicht, sondern nur in Verbindung mit anderen, entweder so dass sie zusammen mit einer Geldstrafe den Schuldigen trifft (Hach II 198. 202. 221), oder so dass sie anstatt einer solchen über den Unvermögenden verhängt wird, in welchem*

*Falle zu der Stadtverweisung Thurmstrafe (II 140), oder die des
Schupfestuhles (II 175) oder die des Kakes (II 12) hinzutritt.
In unserm Verfestungsbuche werden für die Stadtverweisung vor-
nehmlich zwei Formeln gebraucht, ebenso wie das schon in dem ältern
Register der Fall war (vgl. Nr. 122, 126 mit 39, 114 u. a. m.):* nemlich abjuravit civitatem (6 — 8, 27) oder arbitratus est, se nunquam
intrare Stralessunt civitatem (5, 3, 55). *Vereinzelt kommen daneben
Wendungen vor, wie:* pro quo exivit, civitatem non intraturus (37);
inhibita est ei civitas, quam nunquam do cetero inhabitare (intrare)
debet (153, 229). — *In Wismar ist die stehende Wendung* perjuravit civitatem (S. 21. 29), *die in Stralsund nur selten sich findet (129)*,
vorsweret de stat (S. 72. 75), vorwylkort zyk (*arbitrium fecit* S. 22),
nicht mer in de stad tho komende *(S. 75). In Rostock ist* abjurare
civitatem *die durchgehends gebrauchte Phrase, die auch der ganzen
hierher gehörigen Abtheilung des Verfestungsbuches zur Ueberschrift
gedient hat (s. ob. S. XIV). Auch in den Chroniken begegnet der
entsprechende Ausdruck, so wenn Detmar von Heinrich dem Löwen
sagt:* vorswor dat land to dren jaren *(1, S. 61), mit Vorliebe verwendet
er aber:* uter stad vorvesten *(1, S. 327, 372, 366),* vorvesten to ewigen
tiden *(1, S. 298),* ut Lubeke vordreven unde ewichliken vorvestet *(2,
S. 13). Auch in den hamburgischen Chroniken liest man:* darna sint
de anderen, so dar weddergeropen hadden, ut dusser stadt vorwiset
und vervestet worden *(Lappenberg, Hamb. Chron. S. 157). Diese
Verwendung des Wortes* vorvesten, *unjuristisch wie sie ist, wird in
den Rechtsquellen, namentlich der ältern, auf correcten Sprachgebrauch
haltenden Zeit nicht gefunden.*

*Das Gelöbniss, nicht ohne besondere Erlaubniss zurückkehren zu
wollen, wurde wohl regelmässig vor dem Rathe ausgesprochen, da von
ihm die Strafe der Stadtverweisung ausgieng. Wie aber für Rostock
bezeugt ist, dass solche auch von dem Gerichte verhängt werden konnte
(Mekl. U. B. 5 S. XXIII), so zeigt das Stralsunder Register ein
Beispiel, dass* Mekelenborch quidam fertor arbitratus est sub pena patibuli, quod nunquam hanc intrabit civitatem, quod factum est in judicio
quoram consulibus judicio residentibus, videlicet domino Herm. Albo et Joh.
Papenhagen *(178). Man darf vielleicht annehmen, dass das Gericht
nur, wenn es die Stadtverweisung im Wege der Gnade an die Stelle einer
peinlichen Strafe treten liess, zum Erkennen derselben befugt war.*

*Dem der Stadt Verwiesenen wird für den Fall seiner unerlaubten
Rückkehr eine Strafe angedroht, und er unterwirft sich ihr schon im
Voraus:* arbitrata est se sub pena vite sue amplius non debere intrare
civitatem *(31). Gleichbedeutende Wendungen sind:* per vitam suam
(188, 229), per suam vitam optinendam *(154),* per penam mortis *(87).
Die Todesstrafe wird dann auch wohl genauer bestimmt:* arbitrari per
penam colli *(55),* sub pena vite et patibuli *(27),* per patibulum civitatem abjurare *(42),* sub pena auris *(Reg. 153),* abjuravit civitatem
quod debet conburi in crate (uppe'r hort bernen, *ob. S. LXXIV A. 1),*
si unquam redit *(Reg. 126). In dem* sub penam vitis *des Rostocker Ver-*

festungsbuches (Nettelbladt S. CXIX) hat sich eine Erinnerung an das alte bi der wide *(Grimm R. A. S. 684, Cropp S. 322) erhalten. Der Eintrag:* Grotekop juravit sub pena colli sui, quod civitatem Stralessund amplius non intrabit, et si eam introierit, eandem justiciam quam pati debuit patietur *(Reg. 110) verräth deutlich, dass er eine Begnadigung zur Stadtverweisung anstatt der Verurtheilung zu einer qualificirten Strafe an Leib und Leben enthält.*

Mitunter bezieht sich die Verweisung nicht blos auf die Stadt selbst, sondern auch auf das Land: ein Bigamus verwillkürte sich, quod nunquam civitatem Stralessunt intrabit nec terram istam (55); Sifridus Hals abjuravit civitatem et totam terram dominorum nostrorum *wegen falschen Spieles (Reg. 122). Oder es wird eine Stadtverweisung auf das Gebiet lübischen Rechts erstreckt:* Wenemer aurifaber abjuravit omne jus Lubicense, quia seduxerat legitimam unius de Gustrow et pessime loquebatur omnibus consulibus ibidem *(Rostock, Mckl. U. B. 5, Nr. 3366). Eine Vereinigung beider Formen zeigt:* Henco Luneburg abjuravit terras Slavorum dominorum et omnes maritimas civitates, quia furabatur ferrum *(Reg. 23). Mit der Verweisung aus der Stadt ist zuweilen noch ausdrücklich die aus dem Gebiet und den auswärts liegenden Stadtgütern verbunden:* abjuraverunt civitatem et proprietatem civitatis *(Mckl. U. B. 5 S. XXIII). Proprietas in diesem Sinn ist auch dem Stralsunder Verfestungsbuche bekannt:* ipsum sumpserunt in suam pacem in sua civitate et in proprietate eorum *(189 und oben S. LVII). In dem Landfrieden zwischen Sachsen, Holstein, Hamburg und Lübeck von 1374 wird den Landen der Herren der* stede eighedome unde ghebede *gegenübergestellt (Lüb. U. B. 4, Nr. 219). In dem Wismarschen liber proscriptionis wird nicht selten das dem Verwiesenen verbotene Gebiet nach Meilenzahl begrenzt: so heisst es in dem ob. S. LXVIII erwähnten Urtheile gegen Hans Tymmermann:* he seal der Wysmer nicht negher komen wanne up teyn mile by symo levende. Hinrik unde Clawes brodere Augustinere de vorzweret de stad by creme levende nicht up 10 myle na to komende, dar umme dat zo deme rechte wedderstal deden *(Wism. S. 74). Neben dieser örtlichen Begrenzung der Stadtverweisung kommt eine zeitliche vor:* Gotschalcus pultifex debet abesse do civitate per 10 annos, nisi possit amicabiliter redire, *und es wird dann genau der Tag bezeichnet, an welchem er die Stadt verliess* (recessit) *Reg. 74.* Korsten Hertoghe vorwylkort zyk by zyneme levende nicht mer in de stad tho komende, alzolanghe de vrowe levet, do zin wyf was *(Wismar S. 75). Wo nichts über die Dauer der Abwesenheit angegeben wurde, war es dem Ermessen des Raths anheimgestellt, wann der Verwiesene* mit bede und mit minne weder in de stat komen durfte *(Detmar 1, S. 298). Das meinen wohl auch die Einträge des Wismarschen Verfestungsbuches, die so lauten:* vorsweret de stad up gnade der herren *(S. 72. 75. 88). Die unerlaubte Rückkehr eines Verwiesenen unterlag harten Strafen:* Grete Harmaker heft de stad vorzworen by erem levende unde wart to der stupe slaghen dar umme, dat ze de stad to voren vorzworen hadde unde quam dar wedder in (*Wismar S. 103*). *Andere Einträge zeigen, dass die dem ohne Erlaubniss Zurückkehrenden gedrohte Strafe in der Praxis oft gemildert wurde.*

Die Gründe, aus welchen nach unserm Verfestungsbuche die Stadtverweisung verhängt wurde, waren sehr verschiedenartig und lassen sich nicht auf ein gemeinsames Prinzip zurückführen, ebenso wenig als die der Statuten. Unsere Quelle erkennt sie für folgende Delicte: Hehlerei (7), Verdacht der Entwendung (8), heimlicher Verkauf von Holz (42), Körperverletzung (154, 229), Meineid (37), Spielen mit falschen Würfeln (188), Schmähreden (3, 7, 87), Kuppelei (87), Bigamie (55), unbefugtes Läuten der Sturmglocke (27), die Wette eines Böttchers, er wolle die vom Rath eingesetzten Altermänner seines Gewerkes stürzen (153). Ein Zusammentreffen mit den den Statuten bekannten Fällen ergiebt sich nicht.

Eine dritte Kategorie von Einträgen neben den Verfestungen und den Stadtverweisungen bilden die Urfehden. Jurare caucionem dictam orveyde, jurare caucionem ac promittere dictam orveyde, certificacionem que teutonice dicitur orveyde (*Mckl. U. B. 6, Nr. 3795*) *sind die gewöhnlichen Formeln. Es wird auch wohl versucht, das deutsche Wort gradezu zu übersetzen:* fecerunt exodium (*Wismar S. 9*), cesodium (*Rostock, Nettelbladt S. CXXIV*). *Eigenthümlich und, soviel ich sehe, noch nicht bemerkt ist das zweimal im Wismarschen Verfestungsbuche vorkommende Wort für Urfehde:* eodem die Cunradus Boneneter fecit orebram proprie orveyde in presencia domini Johannis Gletzowe (*S. 4*), Cupeke et Henneko et Hinceke fratres dicti Trebbowen fecerunt orabram pro fratre suo (*S. 6*). *Ausser an diesen Stellen* [1] *ist das Wort bis jetzt nur in einer Zarrentiner Urkunde aus dem Anfang des 14. Jahrh. begegnet:* item fidejussores istorum fratrum de Wokendorp pro orbra, quod in vulgo dicitur orveyde (*Mckl. U. B. 5, Nr. 3242*). *So klar die Bedeutung, so dunkel ist die Herkunft des Worts. Darf man an das in westfriesischen Urkunden sich findende bar, das Richthofen als Sühne, Vergleich erklärt (Fries. Wb. S. 618), denken?*

Der regelmässige Inhalt einer Urfehde ist, sich nicht für eine erlittene Gefangenschaft rächen zu wollen. Henneke Sporgegher sub pena vite suo juravit caucionem dictam orveyde quod nunquam vindicabit sessionem ad domum preconis (*28*). *Diese Art der Gefängnissstrafe, das* sedere ad domum preconis (*33*) *oder in* domo preconis (*167. 168. 220*), statui in domum preconis (*170*), poni ad domum budelli (*516*), sedere in bodelia (*681*), *ist es, die am gewöhnlichsten in den Urfehden unsers Verfestungsbuches erwähnt wird. In Wismar lauten die Urfehden-Einträge regelmässig wie dieser:* Jacop Rinkstede heft dan orveyde

---

1) *Deren Lesung, wie ich mich aus einer von Herrn Dr. Crull veranstalteten Photographie überzeugt habe, völlig sichergestellt ist.*

dar umme, dat he sat in der hechte (*S. 70, vgl. 71, 74, 75*). *Dasselbe Wort, mit Haft gleichbedeutend, wird für Gefängnissraum auch an anderen Orten gebraucht:* in Hamburg de hechtnisse in des woltboden hus (*1270 XI, 2 § 4*), de hechte (*das. XII, 7*); *in Lübeck, wo unter der Ueberschrift* van der hechte dat rect *von dem Einschliessen in dat* yseren *gehandelt wird* (*Hach II 186 vgl. 209*). — *In anderen Fällen enthalten die Urfehden eine Zusage des Ausstellers,* quod nusquam debet vindicare, quod sedebat iu cippo super stabulum civitatis (*176. 163*), in der ratmanne stalle (*454*), in der stad slote uppe der vere (*682. 684*). *Vgl. dazu Detmar z. J. 1395, wo von den Massregeln der Stralsunder gegen die Vitalienbrüder die Rede ist:* de se alle setten up den perdestal (*1, S. 366*) *und die Lübecker Urfehde eines Knappen v. J. 1395, der* vor enen zerover ghevanghen wart unde in der beren torne und sloten ghevanghen unde ghesloten zad (*Lüb. U. B. 4, Nr. 628*).

Die Gefängnissstrafen dieser Art konnten aus sehr verschiedenen Gründen über eine Person verhängt werden. Bald erscheinen sie als blosse Sicherungshaft, als Massregeln einer vorläufigen Captur, bald als wirkliche Strafen. Das Neue und Ungewöhnliche, das in diesen Strafen verglichen mit dem ältern Rechte lag, giebt sich darin zu erkennen, dass die Stadträthe es für erforderlich hielten, sich bei der Entlassung besondere Garantieen gegen etwaige Versuche der Rache-übung zu verschaffen. Denn nur vereinzelt kommt der Fall vor, dass jemand für ungerecht erlittene Haft sich nicht rächen zu wollen gelobt, wie im Eintrag 168. Das ponere ad domum budelli *konnte nicht blos von der Obrigkeit, sondern auch von Privaten ausgehen, die damit die Verpflichtung auf sich nahmen, mit einer Anklage gegen den Verhaf-teten vorzugehen und ihn während seiner Haft zu verpflegen. Unter-liessen sie das, so machten sie sich selbst strafbar (516).* Proscriptus est Henneke Schypman ex parte meretricis, quam injuste pro furtu posuit ad domum preconis eamque ibidem ultra decem judicia sedere fecit (*Wismar S. 2*). *Dass sich Private nicht leichtfertig des Siche-rungsmittels der Haft bedienten, wurde durch Bestimmungen verhütet, wonach derjenige, der anstatt Bürgen anzunehmen seinen Gegner iu* de froneric setten *liess, ohne ihn* mit rechte vorwinnen *zu können,* vor iewelken ort und vor iewelik dwerstrate, dar he ene heft voraver brin-gen laten, *3 Pfund Strafe zu entrichten hatte (lüb. Gerichtsordnung bei Dreyer § 43 vgl. mit Nettelbladt S. LXXXVIII).*

Bei der Freilassung schwört der Verhaftete nicht blos, dass er selbst sich nicht rächen wolle, sondern auch dass niemand von seiner Seite (nec aliquis ex parte sua) *solches thue:* juravit orveyde pro natis et nascendis (*33*), pro se et omnibus suis amicis natis et nascituris (*120*), pro natis et innatis (*220*), vor boren unde vor unneboren (*Wismar S. 32*), pro omnibus facere et demittere volentibus causa sui (*165*), vor alle de yene de umme mynen willen doen unde laten willen (*Lüb. U. B. 4, Nr. 628 vgl. unten Nr. 678*), vor sik, vor alle de dar upp manen mochten, gestlik ofte werlik, baren ungeboren (*683*). — *In Wismar heisst es beim Gebrauch solcher Formeln oft:* deyt oreveyde,

also oreveyde recht is, vor boren unde vor unneboren (*S. 71. 83. 88.
92*). *Den activen Racherverzichten sind auch wohl zur Verstärkung
passive hinzugefügt:* quod non debent vindicare id, quod ipsis illatum
est et fuit, in aliquos natos et nascituros (*120*).

*Das Versprechen, sich nicht rächen zu wollen, ist nicht der ein-
zige Inhalt der Urfehden. Häufig enthalten sie auch den Verzicht,
keinerlei weitere Klage oder Ansprache bezüglich des Erlittenen selbst
oder durch andere zu erheben:* quod nunquam inpetere debet quod
sibi accidit in Sundis (*100*), quod nunquam propterea velit incausare
vel propterea inpetere civitatem Stralessundensem (*681*), so dat dar
nummet scal upp saken (*684*). Arnd Hildebrand de laved unde
boswert orveyde, also orveyde recht is, dar umme, dat he in der
hechte sad, unde was uppe namen myt ens echtemans wive, dar nycht
mer up to zakeude uppe den rad, do stad, uppe des wives man to
tocamenden tyden (*Wismar S. 107*).

*Die Form, in welcher die Urfehde geleistet wurde, erhellt aus
Nr. 681:* juravit ad sancta Dei ewangelia (*vgl. 120, 189*); Gosschalk
heft alle desse artikle ghelovet unde mit upgherichteden vingheren
ghesworen (*Lüb. U. B. 4, Nr. 628*); Moseke judeus juravit orveyde
super librum Moyse (*71*); Jacobus et filii sui fecerunt coram consulibus certificationem, que teutonice dicitur orveyde, cum juramento super
librum Mosis, in quo ipsorum lex continetur (*Mckl. U. B. 6, Nr. 3795*).
Neben dem Hauptschwörer treten Bürgen auf, die mit ihm schwören
(*33*). *Im Eintrag 148 werden solcher 20 genannt. Im Rostocker Verfestungsbuche ist folgende Art der Einträge üblich:* item Johannes
Losmeker fuit vinculis innodatus, amici sui ut evaderet fecerunt caucionem cum eo, que orveyde dicitur (*Nettelbladt CXXIII vgl. Mckl. U. B.
5, Nr. 3436*). *Sie werden als* fidejussores (*189*), compromissores (*Nettelbladt a. a. O.*) *bezeichnet, was deutsch durch* medelovere *wiedergegeben
wird, ein Ausdruck, in Lübecker Urk. des 14. Jahrh. häufig (Lüb.
U. B. 4, 323, 361 u. a.) und dem* sakewolde (*vgl. hovetman oben
S. XLIII*) *gegenübergestellt. In den beiden Fällen, welche* schadeborghen
kennen, bürgen sie conjuncta manu et in solidum (*681*), *mit ener
samenden hand also schadeborgen (683). Die Bürgen einer im Lüb.
U. B. 4, Nr. 628 abgedruckten Urfehde von 1395 verpflichten sich
für den Fall des Bruchs derselben, ein inlegher in der Stadt Lübeck
zu halten bis zur gänzlichen Erstattung des angerichteten Schadens.
Die Urfehden, und zwar auch die unter Parteien aufgerichteten, wurden vor dem Rathe beschworen und dann in das Stadtbuch eingetragen:* actum in cameria (*681*), coram universis consulibus et magistris
operum (*120*), et hoc accidit coram dominis consulibus (*132*); *der
letztere Fall eine Urfehde vor dem Stralsunder Rath wegen einer zu
Rostock erlittenen Haft, wenn nicht, wie wahrscheinlicher, eine von
Rostock nach Stralsund gemeldete und hier bewirkte Eintragung.*

Im Vermerk Nr. 681 heisst est: juravit ad sancta Dei ewangelia
in forma solita eno orfeyde pro natis et nascendis *forma meliori und
ähnlich 683:* orfeyde dan unde beswarn *in der besten wise. Haltaus*

S. 2001 hat eine Reihe von Beispielen gesammelt, in denen eine alte
oder gute alte, eine gewöhnliche, eine schlichte Urfehde geleistet wird.
Er sicht darin ein Vorrecht der ritterbürtigen Personen, eine Urfehde
durch blosses unbeschwornes Gelübde zu leisten.* Auch der Ssp. stellt*
orveide geloven oder sveren *neben einander (III 41 § 1). Man wird*
danach annehmen dürfen, dass die Einträge unsres Buches, welche
von der forma melior *einer Urfehde reden, die durch den Eid herbei-*
geführte Verstärkung der Garantie im Sinne hatten.

Nach dem Sachsenspiegel setzt die Verurtheilung eines Verfesteten
voraus, dass er mit namen inkomen is, *dass er mit Nennung seines*
Namens in die Verfestung gekommen ist *(I 66 § 3), eine Vorschrift,*
die nach der Erläuterung des Richtsteigs Landrechts (Art. 35 § 4)
verhüten sollte, dass jemand blos unter einer Gesammtbezeichnung, wie
N. N. mit unrechter vullest, N. N. und seine Gehülfen verfestet werde. In
der Praxis muss die Befolgung dieses Grundsatzes, der auch im Gebiete
des lübischen Rechts gegolten haben wird, auf mancherlei Schwierigkeiten gestossen sein.* Da oft bei Diebstählen, Ueberfällen, Raufhän-
deln Unsicherheit über die Person, den Namen des Thäters herrschen
musste, so suchte man durch möglichst genaue Angabe von indivi-
duellen Merkmalen den Schuldigen zu characterisiren: *Hinricus cum
uno pede sive cum stilta (Stelze?) est proscriptus eo, quod furtive
sustulit equum Gherardi (88). Quidam nomine Paulus, est in facie
cicatricosus dictum poenarech, et Echardus sunt proscripti, propter
quod equos furati sunt (243).* Selbst wo Vor- und Zuname bekannt
war, führte man wohl wie in einem Signalement zur grössern Sicherheit die Existenz besonderer Kennzeichen an: *Hinceke Esten, qui habet
maculam dictum mal super oculo uno, est proscriptus pro fure (90).
Tydeke Haleschilt, de heft nicht ene haut, de vorzweret de stad by
zyneme levende (Wismar S. 90). Auch das darf man hierher rechnen,*
dass häufig in unserm Buche der Stand, die Beschäftigung, die ver-
wandschaftliche Beziehung eines Verfesteten statt unmittelbar dem
Namen in einem weitabstehenden Relativsatze oder mit videlicet eingeleitet am Schlusse der Inscription nachgetragen wird: *Rode Lodewicus fuit fassus coram dominis consulibus, qui habet filiam Willekini
institoris (78 vgl. 51. 175.)* Wo die Unsicherheit sich trotzdem nicht
heben liess, bemerkte man es wohl gradezu: *Radeke, cujus cognomen
non scitur, extitit profugus factus et proscriptus (492).* Nicolaus Turowe
sic vulgariter nuncupatus est proscriptus ex eo, quod Nicolaum Hoppener vulneravit; et cautum est in judicio, si de alio cognomine ipsius
Nicolai Turowen quid habet, maneat dicto Nicolao Hoppener salvum
et inneglectum (654). *Die Verfestung soll also völlig bei Kräften*
bleiben, auch wenn sich hinterdrein ein anderer Zuname des Verfesteten
als richtig herausstellen sollte. *In dem Eintrag Nr. 551 wird nach*
mehrern namentlich bezeichneten Strassenräubern et quidam alius, qui
mansit in jure inneglectus, *aufgeführt. Die erstern werden verfestet,*

*von dem letztern ist keine Rede; jener Passus hatte aber doch einen
rechtlichen Werth, den einer Vormerkung für eine künftige Verfestung,
falls man den Namen des Schuldigen erfuhr.   Sehr oft gieng man so
zu Werke, wo eine grössere Anzahl von Theilnehmern eines Verbrechens, die man nicht alle mit Namen kannte, verfestet werden sollte:*
Plomer heft laten vorvesten Henneke Hasecoppe unde sine medebul-
pere, de he voresschen unde bevragen kan, dar umme dat se em hebben
nomen sin gut *(Wism. S. 73, vgl. S. 71).   Am Schluss der von den
Bremer Verräthern des J. 1366 handelnden Inscription (335) wird in
gleicher Absicht bemerkt:* Erer is noch wol meer, dy noch hir na wol
openbar werden. *In Wismar findet sich einmal ein Eintrag, der ganz
auf zukünftige Namen gestellt ist:* Merten Wolters de wart vormordet
in nachtslapender tyd; gicht (= icht, *falls*) men yemande dar van
voresschen kan to tokomenden tyden by namen unde tonamen, de zynt
myt allen Lubeschen rechte vorvested *(S. 94).   Ein anderes Mal heisst
es das. S. 23:* ille traditor, qui interfecit servum Johannis by der
muren proscriptus est eo, quod predictum servum interfecit. *In dem
Stralsunder Register werden auch die mitverfestet* quorum nomina
ignoramus *(148, 159).   Zuweilen beruht die Unsicherheit nicht auf
dem Mangel, sondern auf dem Ueberfluss an Namen:* Unus utebatur
duplici cognomine et fuit unus boetseman *(433 vgl. 131).   Hinric
Eclof* let vorvesten Hans Gustrowen anders gheheten Schowenatele dar
umme, dat he eme stolen heft twe hemmede *(Wismar S. 90).*

*Die Wiederaufhebung einer Verfestung wird selten ausdrücklich
vermerkt; in der Regel geschieht sie vermittelst Unter- oder Durchstreichens des Passus, der das Urtheil enthielt.   Einmal ist dazu die
Randbemerkung gesetzt:* Judices domini jusserunt cancellari *(659),
ausgelöscht auf Befehl der Richtcherren.   Ein andermal ist der Name
des Verfesteten in dem Strafurtheil getilgt (69), hintennach aber noch
ein Vermerk eingetragen:* Domini consules Sundenses dimiserunt *(folgt
der Name)* liberum et solutum ab excessu supradicto et a proscriptione
*(74).   Im Eintrage 74 ist nicht angegeben, aus welchem Grunde die
Löschung erfolgt.   Ausdrücklich bemerkt ist er in Nr. 222, wo ein Ver-
festeter* solutus et quitus de spolio *erklärt wird,* quia conposuit se cum
civitate et villanis !predictis.   . *Ist hier von einer Sühne die Rede,
nachdem Urtheil und Recht ergangen waren, so spricht Nr. 189 von
einem Vergleich, der zwischen dem Rath und einem des Raubes blos
Verdächtigen abgeschlossen wird:* dieser schwört, *von nun ab nach
Kräften das Wohl der Bürger fördern zu wollen, und die Stadt,
bevorwortend, dass er auf Klagen von aussen sich nur mit ihrem
Beirath vertheidige, nimmt ihn in ihren Frieden auf.*

Göttingen.

F. Frensdorff.

Hic* est liber de proscriptis inceptus sub anno Domini 1310 in die beati Severini confessoris [1].

1. Arnoldus dictus Quade proscriptus est pro eo, quod occidit Lambertum lapicidam infra commestionem foris civitatem in domo laterum.

2. Hinricus Vorkenbeke proscriptus est, quia percussit et baculavit ultra modum cum lanceis Hinricum dictum Ghusehals nostrum burgensem prope ventimolendinum Starkowe.

3. Kristina dicta Waghescinkel arbitrata est, se sub pena vite sue amplius non debere intrare civitatem Stralessunt, propter procacionem bonarum mulierum.

4. Hinricus advocatus de Richenberch ex.....*.

5. Johannes quidam Vir dictus de Ghnoyen bis arbitratus est, se nuncquam intrare Stralessunt civitatem.

6. Mechtildis ghosepluckersce et Johannes Thunne abjuraverunt civitatem.

7. Reynborch Dobeleresce abjuravit civitatem propter furtum in cellario ejus inventum, quod sepius occultavit, et procacionem sepius commisit.

8. Meyneko dictus Krans abjuravit civitatem sub pena vite, de quo fuit suspicio subtraxionis, que facta fuit in cellario Reynborch Dobelerescen et ibidem occultata.

9. Hinricus filius Lamberti de Lubec proscriptus est justis sentenciis pro eo, quod detulit domino suo vestimenta sua cum suo servicio.

10. Herman de Bart, Henneko Stubbendorp, Andreas bodeker et Lyrendorp, Tydeko Stenhus, Johannes Ghrulle sartor, Lemmeko, Meyneko Krans, Herman Kropelin, Albertus Kropelin: hii omnes acceperunt uni hospiti marsubium cum denariis in cellario Ghotfridi Mangni de Gustrov, quod idem hospes conquerebatur in presencia consulum et horum predictorum ubi[b] in consistorio ipsis audientibus scribebantur.

*) *S. 2.*
a) *Das Uebrige fehlt; vgl. unten Nr. 12.*
b) uibi. *Fabricius, Urkunden zur Geschichte des Fürstenthums Rügen Bd. 4, Abth. 2, S. 48 liest* sibi *und hält dies für verschrieben für* ihi. *Vgl. Nr. 110 und die Einleitung.*

1) *Oct. 23.*

11. Domina Reyneke et ejus filii Johannes et Matheus et predicta Reyneke pro filiabus suis dimiserunt consules, familiam consulum et omnes cives Sundenses solutos et liberos ab omni inpeticione et suspicione omnium causarum. Qui id juramentis suis affirmaverunt. Testes sunt magister Paulus, Conradus Albus, Lambertus Loge, Hinricus Rotermunt sacerdotes ac Hermannus Vraccle.

12. Hinricus* advocatus de Richenberch excessit contra civitatem hiis modis: Primo occidit Wicboldum nostrum burgensem, pro qua insufficientem, exhilem et pudibundam fecerat conposicionem, projiciens suam cyrotecam cum modicis denariis quoram (!) nostris consulibus et burgensibus, et se satisfecisse in hiis confirmavit. Secundo permutavit jus de Stralessunt versus Rostoc, quod apud nos afferre consueverant, in qua permutacione maximum prejudicium nobis sentimus inpositum. Tercio alienavit nos a fure deprenso in Vogelzang, qui confregit cistam domini Wilhelmi cruciferi de Anderscowe nocturno tempore in navi prope civitatem.

13. Anno Domini 1309 dominus Reynfridus de Peniz locutus est in obbrobrium (!) nobis consulibus et nostris burgensibus, cum dominus noster Wiz[laus] princeps Ruyanorum nos amicabiliter vocasset ad suam cenam in Cinxt*. Qui, cum caperetur cervus, dixit mactatoribus: 'Deponite, minorate et auferte de cervo, quidquid poteritis, quia rustici et smerscnidere de Stralessund optinebunt', sua verba multiplicans contra nos et nostros indecenter. Item secundo anno post hec in molendino fratris Walteri ante civitatem in presencia domini nostri Wiz[lai], principis Ruyanorum, pudibunde et indecenter reclamavit et repungnavit nostram justiciam, quam ultra modum ibidem vilipendit, accipiens gladium suum ad manus, ac si vellet evaginare et aliquem de nostris molestare.

14. Otto dictus Vûle proscriptus est pro eo, quod Nicolao Kriteken abstraxit unum equum.

15. Boytin filius Boytin et suus socius, dictus Went, proscripti sunt pro eo, quod duos judeós ante civitatem occiderunt.

16. Godeko dictus Fur proscriptus est pro eo, quod unum latus carnium abstraxit Kristiano.

17. Thesslaus de Sueceviz et Gerhardus Litesson et Johannes filius Mosteken proscripti sunt pro eo, quod Petrum Wiggerb sive servum suum spoliaverunt quatuor equis in Ruya pro suis debitis eidem presentatis; quod factum est circa dominicam letare[1].

Anno** Domini 1313 quarta feria ante Margarete[2] incepta sunt hec.

18. Henneko filius Borchstraten justis sentenciis proscriptus est pro eo, quod occulte detulit suo domino 9 marcas denariorum, videlicet Johanni Malchin.

*) S. 3.   **) S. 4.
a) Cixnt *in der Urschrift.*   b) *Vor* Wigger *getilgt* Vicberni.

1) *1313 um März 25.*   2) *Juli 11.*

19. Unus dictus Dreger, qui fuerat supra kuterhus, proscriptus est justis sentenciis pro eo, quod detulit sibi suum servicium cum paratis denariis Nicolao Godesknecht, qui dampnum sustinet in quantitate 6 marcarum denariorum ab eodem.

20. Herman Kruso proscriptus est justis sentenciis pro eo, quod dominum suum Leonem lapicidam volebat tradidisse et crudeliter occidisse.

21. Marquardus Rodesce oltbuter proscriptus est justo modo pro eo, [quod] furtive detulit unum talentum denariorum, et vestimenta domine Ghesen relicte Walteri consumpsit interim, quod ipsa fuit in terra Scone.

22. Henneko Meyger justo modo proscriptus est pro eo, quod in curia sancti spiritus occidit Johannem de Elmhorst.

23. Ludeke de Bremis proscriptus [est] justis sentenciis ideo, quod Hinrico Paris cellatori detulit furtive 21 solidos et unum par vestimentorum lineorum cum suo servicio.

24. Nicolaus de Ghotlandia sutor justis sentenciis proscriptus est pro eo, quod occidit crudeliter burgenses in civitate Rostoc; cum hoc violenter accepit bona eorum, faciens rerof.

25. Herman Palborn pistor proscriptus est eo, quod in civitate occidit suum socium Arnoldum in vigilia circumcisionis [1].

26. Henneko Poswalc justis sentenciis proscriptus est eo, quod Meynekino carnifici suo domino furtive detulit 3 marcas denariorum ex suo servicio.

27. Unus dictus Spechals, qui pulsavit campanam violenter, cum dicebatur, quod illi de Rostoc debuissent hic fuisse, et debebat commeddere siliques (!) cum porcis in stabulo, abjuravit civitatem sub pena vite et patibuli [2].

28. Henneko Sporgegher sub pena vite sue juravit caucionem dictam orveyde, quod nunquam vindicabit cessionem (!) ad domum preconis pro eo, quod accepit uni braxatori suos pullos in strata libera penes bolbrugge.

29. (Nicolaus videlicet Cronevisce induxit unum Danum, quod Hinricum Loten inpeteret et incusaret contra justiciam. Postmodum idem Cronevisce eundem Danum graviter percussit sub ducatu dominorum consulum, et postea concordavit cum eodem Dano et fecit bascone. Postea factus fuit perjurus pro eodem.)

30. Wolraven mater et soror[a] pro eo, quod eidem[b] Wolraven accidit per Wůstenvelt, et in principatu non debet morari.

---

a) *Hinter* soror *ist anscheinend* fecerunt caucionem dictam orveyde *ausgelassen.*
b) *Die Worte* pro eo, quod eidem *stehen doppelt*, *sind aber das eine Mal ausgestrichen.*

1) *1313 Dez. 31.*
2) *S. über diese Eintragung Fabricius a. a. O. Bd. 4, Abth. 2, S. 82; O. Fock, Rügensch-Pommersche Geschichten 3, S. 23.*

31. Hii* sunt excessus Godekini Ghustrowen:

Dixit primo, cur non vocaretur ad consilium cum ceteris; sciret tamen bene, si vel* non diceretur sibi, et quamvis scire non debeat, quod agitur; 'sed s[c]itote pro vero, quod nunquam ex eisdem aliquod bonum continget'. Quod Petro Rustowen et Hermanno Lindowen et Johanni Hogheman constat.

Item dixit, si Johannes Gustrowe suus patruus tunc temporis in consilium electus fuisset, cum Johannes de Rethem et Slaweko eligerentur, tunc de omnibus hiis molestiis et turbacionibus hujus civitatis habitis non esset necesse, nec umquam ita evenisset. Quod constat Slawekoni de Scapruden.

Item dimisit se includi inter hostias camere consistorii, audiens secreta ibidem dicta et dicenda in sentenciis dividendis. Hiis auditis, cum exiret hostium, accedens alios burgenses, dixit, quod multa miraculosa audivisset, de quibus maxime risisset: 'Si audivissetis, ita bene possetis ultra modum ridere'. Quod Volrado camerario domine nostre, Hermanno Defholte, Leoni filio domini T[hiderici] Wicberni constat.

Item dixit in presencia consulum, quod vellet ire cum Kristiano Võgen bone memorie ad nostrum dominum, volens ipsum commonere, quod eis promisit, et quod in alterutrum absque consulibus et oldermannis specialiter esset eisdem compromissum.

Item dixit in presencia omnium oldermannorum, si de infamia super ipsum verbotenus facta non fieret emenda, vellet alias conqueri aut illi, qui sufficienter sibi judicaret, detrahens nostre civitati jus Lubicense.

Item dixit, cum consules et oldermanni sub firma pacis concordia se unirent, et ob bonum civitatis nostre et in alterutrum se confederarent, et quod non vocaretur ad hoc, quod molestum esset sibi, quod umquam aliquod bonum inde proveniret. Quod Godekino Lensan constat.

Item dixit sub mendacio et turfa ad oldermannos, quod consules ad hoc maliciose se expedivissent, quod omnes oldermannos vellent crudeliter occidere et quod in parato arma sua in domo Pukenberch habuissent; a quo mendacio nostra civitas in sempiternum destructa fuisset. Hoc Hinrico Sculderknoken constat.

Item Bernardo de Dorpen constat, quod Hinricus Rufus de Rostoc eundem Godekinum Ripis in Dacia pro 200 marcis denariorum inculpaverat pro occisione Nicolay Kransonis, quas in reversionem dictus Godeko solvere promisit Hinrico Rufo memorato.

Item in vigilia Bartolomei[1] cum dominus T[hidericus] Zukov et Podin advocatus fuissent in consistorio in negocio domini nostri, cum ipsi descenderent, Godeko sequebatur advocatum in domum suam, habens cum eo multa colloquia, de quibus suspicamur, de ipso nostre civitatis profectum (!) non egisse.

---

*) *S. 5. Diese und die folgende Seite stehen auf einem eingelegten losen Pergamentblatte.*

a) *In der Urschrift steht* sil, *was Brandenburg in seiner Geschichte des Stralsunder Magistrates S. 99 in:* si vel *auflöst.*

1) *Aug. 23.*

Item in die Bartolomei [1] occulte et nocturno tempore equitavit Novum Campum ad dominum nostrum, diu jacens cum eo in consilio, ubi profectum nostre civitatis, ut credimus, non peregit. Nicolao Borneholme et Ertmaro Woltorp constat.

Item prodidit nostra privilegia, que vidit et exscripsit, et que diu fuerunt, ne domini scirent, occultata.

Item exsingnavit multos articulos de libro nostre civitatis.

Item in collecta notavit divites et pauperes, et scripturam multiplicavit.

Item in omnibus hiis perjurus est effectus et profugus.

32. Hii [*] sunt articuli sive excessus Johannis de Gustrowe.

Dixit primo in consistorio, quod dominum nostrum juvasset ad pecuniam 11 milium marcarum et voluntatem suam optinendam; sed ex quo nunc aliter vellet, ipsum amplius ad consimilia non juvaret.

Item juravit et promisit cum omnibus consulibus et oldermannis, se velle consentire, quidquid octo viri electi cum omni arbitrio decrevissent, quod non fecit, sed perjurus est effectus. Quod omnibus consulibus et oldermannis constat.

Item fecit nobiscum commune arbitrium, ut, quicunque proferret aliquam fictam racionem et nocivam ab aliquo auditam, de qua brige possent generari nocue, si non posset illum producere, ut fateretur, nec vellet illum prodere, ille deberet sustinere, quod super alium intendebat. Quod arbitrium infrinxit Johannes supradictus, quod omnibus consulibus et oldermannis constat.

Item munuit (!) Godekinum, ut recederet, qui nostre civitatis est verus traditor.

Item in supradicto articulo est secretorum et aliorum, que prodidit, nostri consilii et civitatis proditor manifestus.

Item cum militibus precivit in placitis de theloneo et 6 milibus marcarum quantitatem.

Item arbitratus est et juravit, quod nullum de octo electis a consulibus et oldermannis deberet angariare sive exquirere aut bekoren de facto illorum octo electorum; pro quibus tamen Tidericum Luscum subtiliter equisivit; in quo mendax et perjurus est effectus.

Item sedens in consilio audivit et collegit omnia nostri consilii et oldermannorum secreta, que Godekino revelavit, et omnia audita domino nostro scribebantur [2].

Anno [**] Domini 1315 in vigilia conversionis sancti Pauli [3] hoc folium est inceptum.

33. Johannes Vos vector juravit caucionem dictam orveyde pro natis et na[s]cendis, se nunquam velle vindicare, quod sedit ad domum

---

1) Aug. 24.   2) Vgl. über die Güstrowschen Händel Fabricius a. a. O. S. 81, 82; O. Fock, Rügensch- Pommersche Geschichten 3, S. 28 ff.; O. Francke, Geschichte der Stralsunder Verfassung in Heft 2 des 21. Jahrgangs der Baltischen Studien S. 29.   3) Jan. 24.

preconis , sub pena vite sue.   Quod Haveman filius Bertoldi de Conradeshagen et Paulus de Cippeken cum eo juraverunt.   '

34. Elizabet, que cremabatur stabulum Hinrici de Dalviz et
pecuniam Godescalci furtive recepit, est proscripta, que hujusmodi
facto est profuga.   Id toto jure Lubicensi est consecutum.   Et fuit
nutrix predicti Hinrici de Dalviz.

35. Henneko hòtsleger est proscriptus eo, quod furtive detulit
Tanken helmslegher suo domino 3 marcas denariorum, vestem et tunicam.

36. Hinricus de Claustro, Hermannus Sure, Radolfus Vitenize,
Johannes Willeri, Marquardus Molner, Johannes Hoveman, Hinricus
Manduvel, Henneke Friso, Parvus Nicolaus, Albertus sutor et Hinricus carnifex sunt proscripti, quod tradiderunt et spoliaverunt Hinricum Ekken, Arnoldum fratrem ejus et Nicolaum fratrem ejus, Hinricum Hareghe, Henneken Gotjar, Hinceke Gotjar, Mathiam sartorem,
Henningyum de Clune et Nicolaum de Clune et tradiderunt opidum
Usnim.   Et predictos prodiciose depulerunt et amoverunt consules ejusdem opidi cum predictis.   Actum anno Domini 1332 presentibus consulibus Gramelowen et Jacobo de Wilsen et Wesent advocato.

37. Johannes filius Hin[rici] coriatoris factus est perjurus.   Pro
quo exivit, civitatem non intraturus per penam sui colli.

38. Lutbertus de Lendersbachen est proscriptus eo, quod filium
Fleming apud nostram civitatem in die beati Viti[1] werberavit ad
mortem.

39. Grotegoten, (Tesceke), Hin[ricus] Mildes, Barolt Morder,
Henneke Audenrot, Marquart Kok, Hin[ricus] Scutte, Heyne Pape pro
eo, quod spoliaverunt Hermannum Crans.

40. Henneke Spandowe, Sprutenkol et filius ejus Scutte juraverunt orveyde pro leporibus agitatis in Omans.

41. (Johannes Greve et Bertoldus de Jasmunt invaserunt violenta
manu dotem in Scaprode, Hermanno Papenhagen et Hinrico Loten
ibidem missis a dominis consulibus.)

42. Cruso holtdregher, Flaming et Arnolt holtdregher abjuraverunt civitatem per patibulum, quod furtive ligna vendiderunt.

43. Enghelke de Lubek et Reymarus Rikepeterson abjuraverunt
civitatem per penam colli.

44. Johannes Rostok est proscriptus pro fure eo, quod furtive
bona mercatorum emit et ea furtive deduxit.

45. Johannes Lange est proscriptus pro 45 talentis racione
excessus, quos (!) fecit in Ecbertum.

46. Item 2 lastis allecium, quas verwarlosede, pertinentes eidem
Ecberto.

1) *Jun. 15.*

47. Leffart Gris et Heyno Witte interfecerunt Gherardum Sot dictum.

48. Borghart de Setlevitze est proscriptus eo, quod graviter percussit avunculum Grellen cum pipenni (!).

49. Soldanus est proscriptus eo, quod furtive detulit bona naufragata illorum de Kil.

Sub* anno 17.

50. Bernardus Roseboye justis sentenciis proscriptus est pro excessu facto suo domino Johanni pistori svagero Jordani.

51. Item Cernekowe et suus filius justis sentenciis sunt proscripti pro eo, quod pecora mortificavit in Deneholme ex parte domine in Deneholme commorante (!).

52. Dominus Hinricus et dominus Reynfridus de Penizce milites et eorum conplices, videlicet Clunderus et iterum Clunderus, Score et iterum Score, morantes in Donye, Molthane, Johannes Galop et Johannes Keding justis sentenciis sunt proscripti ex parte domini Hinrici et Willekini, militum, dicti (!) cum thorace, pro eo, quod dominum Thomam militem, eorum fratrem, sub tempore pacis et dominorum conductu in bona securitate occiderunt.

53. Anno Domini 1337 proscripti sunt Stacius et Nicolaus fratres pro incendiis, que fecerunt in bonis et curiis Thiderisci (!) Travemundi et suorum in Brantesh[aghen] et Ghesenitze. Judices fuerunt Thidericus Bertoldi et Arnoldus Pes consules; et Wesent advocatus.

54. Henneke Scele est proscriptus, quod interfecit Ludekinum de Molendino de Anclem*.

55. Schele* carnifex est arbitratus per penam colli, quod nunquam civitatem Stralessunt eo, quod duas habuit uxores legitimas, intrabit, nec terram istam°.

56. Item Conradus Brabant fecit securitatem.

Sub** anno 18.

57. Primo Volradus Holste est proscriptus pro eo, quod Johanni de Rethem, nostro concivi, [et] suo filio detulit equum de 12 marcis et 3 solidis grossorum, unum pelliceum de 17 et duas ocreas de 9 solidis.

58. Janowe fuit hospes, conservator et tutor et coadjutor latronum et malificorum (!) et fractorum eclesiarum⁴. Pro hiis est scriptus°.

---

*) S. 8.   **) S. 9.

a) Ueber de Anclem anscheinend von derselben Hand: de Tanclem.
b) Ueber Schele stehen die Buchstaben he.
c) Zwischen dieser und der folgenden Eintragung ist etwa ¹/₈ der Seite unbeschrieben.
d) eclesiorum die Urschrift.
e) Folgt ein Raum von 5 Zentimetern leer.

Sub anno 19.

59. Hinricus Somervelt juravit cum Nicolao Nyekop pistore, Vlemingo de Somerstorp, cum Hinrico cerdone de Velegast veram pacem et securitatem sic, quod idem Hinricus securitatem civitati Sundensi juratam debet servare et predictam civitatem non intrare et redire, nisi possit habere cum amicicia consulum Sundensium.

Sub anno 21.

60. Johannes de Derhaghen justis sentenciis proscriptus est pro eo, quod fregit cistam domini sui Hinrici Moederensoene et furtive deportavit denarios suos.

61. Gerghardus (!) Junyeleie et Ricquinus socius suus justis sentenciis proscripti sunt pro eo, quod socium eorum interfecerunt in Ruden et navem cum bonis acceperunt et furtive deportaverunt.

62. Wernerus de Oldenhagen justis sentenciis proscriptus est pro eo, quod Alardum nostrum burgencem (!) interfecit.

63. Hinricus Witelvebe de Kersebome justis sentenciis proscriptus est pro eo, quod Nicolaum Aldeste in villa Kersebome interfecit.

64. Hii* sunt proscripti ex parte homicidii Nicolai Quaz in jure Lubicensi: Primo Hermannus de Vicen, Heyneke de Vicen, Nycolaus Heye, Henneke Kok, Henneke Ruter, Henneke Starkowe, Hermannus de Ofterdinghe, Bernardus de Alkun, (Hermannus de Vicen, Gherardus de Vicen,) Vicko de Vicen, filius Hermanni de Vicen*.

65. Item Wichmannus de Vrowendorp proscriptus ex parte Hopponis nostri burgensis.

66. Item proscriptus est Nicolaus de Prinslawe pro furto 30 marcarum, quas abstulit Lemmekino de Travenemunde et 1 fibulam 2 marcarum Slavicalium et cenacula 24 solidorum. Actum anno Domini 1322 post epiphaniam Domini[1].

67. Item proscriptus est Nicolaus dictus de Trebesez, servus Reynekini de Tevin, eo, quod detulit sibi 17½ solidos Slavicalium furtive.

68. Hinricus Vunkenberg est proscriptus eo, quod furtive detulit et deportavit a Hinrico Grellen ultra arbitrium 36 solidos.

69. Anno Domini 1322 ante Michaelis[2] proscripti sunt pro dufroph in Gelant perpetrato Henneke ..... et Johannes filius Johannis[b], Hincecke Ralowe, (Nicolaus Graweswinesson[3],) Radolf Stôvenson.

---

*) *S. 10.*

a) *Die Worte:* filius Hermanni de Vicen *sind stark verlöscht. Dann folgt getilgt der Anfang der folgenden Eintragung:* Wichmannus de Vrowendorp.

b) *Die Worte zwischen* perpetrato *und* Hincecke *sind ausgelöscht, das zwischen* Henneke *und* et *im Texte fehlende bis zur völligen Unleserlichkeit.*

1) *Nach Jun. 6.*   2) *Vor Sept. 29.*   3) *S. Nr. 74.*

70. Conat[a] proscriptus est, quod furabatur bona Johannis de Strande sub incendio.

71. Mosseke judeus juravit orveyde super librum Moysi. Wescel et Pinneke, fratres ejus, eciam fidejusserunt orveyde cum Mosseken, quod non debet vindicari, quod sibi factum fuit in Sundis.

72. Thideke Cappelan detulit domino suo Rugelant 6 marcas denariorum et 2 lastas tunnarum cum servicii (!) quartalis anni.

73. Hermannus Mencelin est proscriptus eo, quod Heynen bekerer de Halle vulneravit.

74. Domini consules Sundenses dimiserunt Nicolaum Graweswinessone[1] liberum et solutum ab excessu supradicto et a proscripcione. Actum anno Domini 1337 in septuagesima[2].

75. Henneke Luningh est proscriptus eo, quod Hennekinum filium Proder voluit privare vita sua. Pro quo fecit fidejussiariam caucionem, quod vellet[b] stare juri coram judicio; sed occulte profugus recescit (!).

Idem ex parte dominorum consulum est proscriptus eo, quod preceptum dominorum consulum non servavit, sed infregit; quia preceptum erat unicuique per penam colli, ne nocturno tempore iret cum armis in plateis. Pro isto idem placitare debebat cum judicibus, scilicet Thiderico albi Bertoldi et Wichmanno; sed profugus sine placitis recescit (!).

Anno[*] Domini 1322.

76. Gherardus Langhedorp et Borchardus Somer et Heyne Pels fidejusserunt pro orveyde Vulpis.

77. Hin[ricus] Brochuse, Her[mannus] de Hervorden ac Ber[nardus] de Odeslo, sutores, fidejusserunt pro orveyde pro Yda.

78. Henneke[c] servus Leonis est perjurus factus in causa Braschen.

79. Rode[d] Lodewicus fuit fassus coram dominis consulibus, qui habet filiam Willekini institoris, illud, quod fecit cuidam hospiti, dicto Mas de Campe, et postmodum pro illo, quod prius fassus fuit, coram judicio juravit.

80. Ecbertus[d] Westvalus coram judicio voluit jurare pro 9 marcis et levaverat manum suam super hoc, et postmodum fuit victus testibus pro eisdem denariis.

*) S. 11.

a) Conat Conat *die Urschrift.*
b) deberet vellet *die Urschrift.*
c) *Erst ist* Hinricus *geschrieben, dann durch Unterpunktirung für ungültig erklärt;* Henneke *ist darüber gesetzt, dann wieder ausgestrichen, endlich aber wieder als das richtige hingeschrieben und zwar, da es am Anfang der Aufzeichnung nun an Raum gebrach, hinter den Schluss derselben mit einem Kreuze davor zum Zeichen, dass das Wort an den Anfang, wo unter* Hinricus *eben solch Kreuz hingesetzt ist, gehört.*
d) *Nr.* 79 *und* 80 *sind stark ausgekratzt; einige Worte in Nr.* 79 *äusserst schwer zu entziffern.*

1) S. Nr. 69.   2) 1337 Febr. 16.

81. Thideke Kalf juravit coram nobis, quod juvenis Bolte de Slawekestorpe fuit coadjutor et cooperator, quod oculi sui sibi fuerunt eruti et excecati, et spoliavit eum apud Millesowe in rubo.

82. Anno Domini 1324 post Margarete [1] proscripti sunt Johannes de Jorke miles, Hôneke de Dike, Kolberg servus domini Johannis de Jork, Reymarus servus ejus, Gherardus de Jorke, Marquart Stute eo, quod se intromiserunt violenter de bonis Walekendorp et quod servum suum voluerunt interficere in eisdem bonis suis.

83. Koler oltbuter fecit orveyde pro inpeticione facta contra eum pro interfecto oltbuter. Iste eciam per penam colli non debet intrare civitatem.

84. (Dominus Bertoldus Stuve sacerdos et Ribe Bowerstorp fidejusserunt pro orveyde scolaris ejusdem domini Bertoldi, quod fuit detentus in domo preconis.)

85. Allardus pellifex, Bucowe sartor, Gher[ardus] Vrigensten ac Godeke Johanneshaghen fidejusserunt caucionem dictam orveyde pro Hinrico Cropelin, qui detentus fuerat pro furtu.

Anno [*] Domini 1323.

86. (Parvus Slaweke de Rugia est proscriptus secundum exigenciam omnis juris eo, quod Conradum Bouman offendit verbis viciosis et opropriis (!) et circumvenit lanceis et gladiis evaginatis eundem cum suis conplicibus. Pro isto facto fuit citatus et vocatus ad judicium; sed conparere recusavit. Istud contigit in pasagio, ubi ipsum Slaweken monuit pro debitis suis justis.)

87. Heylwich nunquam civitatem intrabit eo, quod procatrix et seductrix fuit; per penam mortis abjuravit.

88. Hinricus cum uno pede sive cum stilta est proscriptus eo, quod furtive sustulit equum Gherardi de Demin et ipsum equum deduxit.

89. Hinricus de Jorke, Georrius et Bertoldus fratres ejus, Johannes Scutte, Tescemer, Granbis dictus, sunt proscripti, quod Hinricum Solvedele spoliaverunt.

90. Hinceke Esten, qui habet maculum dictum mal super oculo uno, est proscriptus pro fure eo, quod tetulit (!) Hennekino Wulf 15 solidos et Bertoldo Somer 13½ solidos.

91. Her[mannus] Poserin est proscriptus, servus Struis, eo, quod detulit eidem Strus 10 solidos furtive.

92. Gher[ardus] Witte, Henneke Hervorde ac Hin[ricus] Pankelowe sunt proscripti eo, quod furtive detulerunt arma suorum sociorum ad terram inimicorum.

93. Hin[ricus] et Meyneke Crakowe ac Hin[ricus] Pankelowe fidejusserunt pro orveyde pro Johanne scolare de Medowe.

*) S. 12.

1) Nach Jul. 13.

94. Gher[ardus] Grotingh est proscriptus eo, quod equitando lesit Arnoldum linicidam, quod fregit suum crus s[ive] wedeben.

95. Hermannus Thoringhus et Johannes Visch* nunquam intrabunt civitatem per penam colli propter falsam tesseraturam.

96. Hinricus Perdemole est proscriptus eo, quod interfecit Vickonem Rubenowe.

97. Johannes Stekebusch, Nicolaus Stekebusch, latore[s], Arnolt Ragan, Johannes Vuncke sunt proscripti eo, quod interfecerunt Johannem Keding.

98. Ciscebur* proscriptus est eo, quod quondam cum suis conplicibus in portu nostro furtive abstulit pulcros pannos, de cujus conplicibus duo. fuerunt susspensi, qui per animas eorum in extremis eorum ipsum Ciscebur capitaneum et principalem prodiderunt. Uxor eciam ejus habuit de eodem panno duo paria vestium, et ipse Ciscebur habuit unum par caligarum de eodem panno.

99. Rudes Jade est proscriptus eo, quod Gotekinum nostrum concivem ter graviter vulneravit. Judices fuerunt Gramelowe et Thidericus de Dorpen.

100. Henneke Visch fecit orveyde pro natis et non natis, quod nunquam inpetere debet, quod sibi accidit in Sundis.

101. Spoliatores* maris (Herman Cronevicze,) Johannes de Kalent, Johannes Woteneke et frater ejus, (Johannes Vruvenlof,) Gruntgriper, Henneke Woker, Johannes filius Kote, Bremesse, Quaseus, Stake de Vemeren.

102. Hinceke Kost est proscriptus eo, quod interfecit Tidekinum Brunswik [1].

103. Pistores**, qui orveyde fecerunt, de quibus quinque fuerunt decollati:

Conradus, pro eo fidejussit Hermannus Westvali;
Hinceke Righeman, pro eo fidejussit bleke Ecbertus;
Nicolaus filius Renceke, pro eo fidejussit Misner pellifex;
Johannes, pro eo fidejussit Bertoldus frater ejus.

104. Quok de Maleghin, Johannes filius Grete, et Parvus Titlevus servus domini Ghunteri tradiderunt, spoliaverunt et ligaverunt Haghemester servum dominorum consulum; pro quo sunt proscripti.

---

*) S. 13.   **) S. 14.

a) Ueber Johannes Visch steht ein hakenförmiges Zeichen und ein gleiches vor Nr. 100. S. dort.

b) Ueber Ciscebur steht derselbe Name noch einmal in einer eigenen Zeile.

1) Nr. 101, in der Urschrift zwei, Nr. 102, eine Zeile, sind alles, was auf der Seite 13 steht. Es scheint aber beabsichtigt gewesen zu sein, auf ihr noch manche Verfestung oder dgl. aufzuzeichnen, da die ersten Vermerke auf der folgenden Seite wohl sicherlich frühestens aus dem Jahre 1326 herrühren, aus den beiden Jahren vorher also anscheinend gar keine vorhanden sind; vgl. Fabricius a. a. O. Bd. 4, Abth. 4, S. 39 am Schlusse.

105. Marquardus Weghener, Conradus de Oldenborgh sunt proscripti justis sentenciis eo, quod furtive detulerunt domino eorum Arnoldo Rockenbuk pistori in valore 5 marcarum in diversis rebus.

106. Nicolaus servus Ottonis de Plone est justis sentenciis proscriptus eo, quod occulte talliavit in civitate nostra unum furem ad valorem 7 marcarum pro plaustris lignorum ductis in civitatem.

107. Hermanus Westvalus est proscriptus eo, quod suo domino Johanni ante portum pistori deduxit et detulit 14 solidos furtive et recessit.

108. Henneke de Vreden est proscriptus eo, quod vulneravit unam pauperculam mulierem.

109. Petrus Golnowe est proscriptus eo, quod vulneravit Conradum dictum Kortewile in domo Sanderi cultellificis.

110. (Johannes Neseke de Trebyses est proscriptus pro eo, quod violenta manu et arrepto cultello invasit dominos consules cum suis conplicibus, ubi* secure sedebant ad pupplicas res terminandas in consistorio presentibus multis concivibus fidedignis. Proscriptus sub pena colli. Actum anno Domini 1328 in quarta feria, scilicet in crastino beate Lucie [1].)

111. (Item Johannes Neseke dictus de Trebuses semel unum percussit ad maxillas in foro.

Item percussit unum ad maxillas extra civitatem apud portum.

Item percussit unum ad maxillas in domo[2] apud consistorium violenter. In his maximum fuit delictum[b].)

112. Item Gherwinus Semelowe est proscriptus pro eodem, videlicet, quod cum suis conplicibus violenta manu invasit dominos consules in consistorio, ubi securi sedebant ad pupplicas causas terminandas, ad quod electi fuerunt. Istud fecit presentibus pluribus fidedignis concivibus, et est proscriptus sub pena et sentencia colli.

113. Item[c] pro eodem facto, ubi conplices et cooperatores fuerunt, manifeste, simul et semel et una vice proscripti sunt per penam colli Thideke Semelowe, Henneke Holste ac Lowe filius Thiderici Wicberni. In hac causa predicti Gherwinus Semelowe et Thidekinus frater ejus fassi fuerunt coram dominis consulibus et aliis concivibus pluribus fidedignis, quod essent capitanei, et quod vulgo dicitur warent hujus cause et violencie, et quod astare vellent et jussissent id fieri. Hujus* cause secundum ordinem tocius juris Lubicensis judices fuerunt Johannes Wesent tunc advocatus, item Johannes Saytelevent, Siffridus Parvus, Jacobus de Wilsen et Thideman Witte consules

---

*) S. 15.

a) uibi *die Urschrift.*

b) *Die Nummer 111 ist auf den Rand vor die Nummern 110 und 112 geschrieben, aber von derselben Hand, wie diess.*

c) Item item *die Urschrift.*

1) *1328 Dez. 14.*

2) Domus *ist hier jedenfalls das Rathhaus.*

et judices predicte. Actum et terminatum coram judicio in Sundis anno Domini 1328 in vigilia nativitatis Christi [1].

114. Nota: Predictus Gherwinus, cum domini consules civiloquium haberent et eligere vellent 4 de universitate ad capitaneos werre, reclamavit cum congregacione sua et dixit, quod domini consules illos quatuor eligere non deberent, sed ipse cum universitate eligere vellet. Item quicunque aliquid apud dominos consules et contra dominos consules agere habuit, illum et illos animavit et eis adhesit in grave prejudicium dominorum consulum.

115. Item predictus ex consilio . . . . . [a].

116. Item Tidekinus Semelowe, non sine consilio predicti Gherwini sui fratris, petivit coram universitate quarte partis civitatis, ut ipsa universitas sibi complementum justicie ordinarent de dominis consulibus. Id idem fecit predictus Thidekinus cum magna multitudine civium coram dominis consulibus.

117. Gherwinus arbitratus fuit per penam colli et omnium bonorum suorum, quod stare velle[t] [b] juri pro omnibus excessibus suis, et profugus recessit [c].

a) *Das Uebrige fehlt; das Ganze stark verlöscht und als getilgt zu betrachten.*
b) velle *die Urschrift.*
c) *Zwischen Nr. 117 und Nr. 118 ist eine Fläche von beinahe 6 Zentimetern unbeschrieben.*

1) *Dez. 24. — Auf das gewaltsame Eindringen Gerwin Semlowe und seiner Genossen in die Sitzung des Rathes Dez. 14 bezieht sich noch eine Aufzeichnung im s. g.* liber memorialis, *welche folgendermassen lautet:*
Anno Domini 1328 in crastino beate Lucie virginis, dum Gherwinus Semelowe et sui socii irruerunt in consules violenter, infrascripti consules presentes fuerunt: Johannes Crans, Bernardus de Dorpen, Gotfridus Lentsan, Bertramus Travemunde, Hermannus Papenhaghen, Martinus Kalsowe, Albertus Rockut, Hinricus Dalviz, Johannes de Dorpen, Conradus Voghe, Seghefridus, Borchardus Athgeri, Gherardus Leo, Johannes Sachtelevent, Jacobus de Wilsen, Albertus Hovener, Kerstianus de Brema, Conradus Pes, Meyno Raceborch, Thi[dericus] Luscus, Gherardus Langhedorp, Hermannus Stenhaghen, Borchardus Somer, Bertholdus Albus, Thidericus Kulpe, Henricus de Lothen, Petrus Rustowe, Nicolaus Velin, Siffridus Parvus, Thidemannus Albus, Hinricus de Cippeken, Conradus Albus.
Isti oldermanni presentes fuerunt: Moyneke Carnifex, Rolavus de Baard, Johannes Somerstorp, Jacobus filius Frederici, carnifices: Vorwold, Albertus Malchin, cerdones; Hafman, Ropeke, pistores; Werceborch, rode Peter, Johannes Ropekini, doleatores; Bruchusen, Secker, sutores; Kerceboom, Tangke, Godscalcus Manhagen, fabri; Johannes Papenbaghen in angulo, Everardus de Lothen, Vruwenlof, pannicide; Fredericus Elsingeborch, Eggehardus vor deme verdor, Cesarius Crispus, emptores pellium, dicti budecoper. Oldermanni: Hinricus Kalsowe, Ti[dericus] de Dorpen, Mauricius, H[inricus] Schulowe, Gh[erardus] Storkowe, Ar[noldus] Pes, Borchardus Bringworth, Ludekinus de Haren, Johannes de Dome, Ra[dolfus] Sachtelevent, Johannes de Buscho, Lippoldus, Tilo (auraf) [*].
Ueber die Bedeutung dieser Urkunde für die damaligen Stralsunder Verfassungszustände s. O. Fock a. a. O. 3, S. 232 ff. und O. Francke a. a. O. S. 64 ff..

*) *Verschrieben für* aurif, d. i. aurifaber; s. O. Francke a. a. O. S. 65 und 76.

118. Nicolaus filius Thiderici, Vrunt filius Thiderici ac Hasso et duo conplices eorum sunt proscripti jure Swerinensi eo, quod Thidekinum interfecerunt in Mordorp.

119. Berriggher servus Backen piscatoris est proscriptus eo, quod cum 35 solidis, in quibus eidem obligatus fuerat, furtive recessit.

120. Tideke Semelowe, dominus Johannes Trebusez, Loweke, Henneke, fratres dicti Semelowe, et Johannes Holste fecerunt caucionem dictam orveide suis juramentis coram universis consulibus et magistris operum pro se et omnibus suis amicis, natis et nascituris, quod non debent vindicare id, quod ipsis illatum est et fuit, in aliquos natos et nascituros, jure spirituali et civili, et nullum et nullos debent de cetero habere susspectos, et debent civitatem et omnes, quorum interest, et precipue a suis judicibus in hac causa optentis reddere solutos et inde[m]pnes, nec Gherwinum Semelowe auxiliis et consiliis quovismodo debent promovere in prejudicium civitatis, nec se aliquo modo intromittere de bonis ipsius Gherwini ipso vivente et mortuo, nec heredes esse bonorum suorum.

Johannes Trebusez et Tideke Semelowe hanc caucionem super ewangelium fecerunt et juraverunt preposito magistro Johanne, dominis albo Rotgero, Lamberto Loge, Weling plebane (!) Landaue, Hermanno Westval [1].

1) *Ueber diese Sühne besitzt das Stralsunder Stadtarchiv noch eine andere, einige Jahre jüngere Urkunde, welche die Bedingungen, unter denen sich die Stadt mit den genannten Genossen Gerwins von Semlow verglichen hat, genauer angibt; sie steht auf einem Pergamentblatte, welches bisher lose im* Liber de arbitrio consulum et de eorum specialibus negociis *lag, ist anscheinend eine gleichzeitige Abschrift der Ausfertigung des Vertrages und lautet:*

Nos consules civitatis Stralessund recognoscimus, tenore presencium protestantes, quod inter nos et nostram civitatem ex una, et inter Thydericum, Lowen et Johannem fratres dictos de Semelowe et Johannem de Tribuzez ac Johannem Holste parte ex altera, taliter exstitit sona et concordia et finaliter terminata, quod predicti fratres de Semelowe dimiserunt nobis et civitati nostre totum, quod habuerunt in theolonio nostre civitatis, videlicet 142 marcarum redditus nostre monete perpetue obtinendum et libere sine iterata repeticione possidendum. Item dimiserunt civitatem nostram et nos quitos et omnino solutos de omnibus debitis, in quibus ipsis sive in literis sive extra literas fuimus obligati, et de omnibus, que de bonis ipsorum eis absentibus levavimus, et de singulis inpeticionibus valentibus eis competere contra nos vel contra civitatem nostram quoquomodo; sed debita ducentarum marcarum stabunt ad determinacionem dominorum Ber[nardi] Travenemunde, Johannis Crans et Got[fridi] Lentsan. Item Johannes Tribwzez dimisit nos nostramque civitatem de omnibus debitis, in quibus sibi fuimus obligati de hiis, que ipso absente de ejus bonis percepimus, de dampnis per nos eidem quomodolibet irrogatis et de omnibus inpeticionibus, quas contra nos vel nostram civitatem pro quacunque causa movere posset, liberos et solutos. Vice versa nos nostro et civitatis nostre nomine dimisimus et libero dimittimus predictis tribus fratribus et eorum heredibus precariam et id, quod habuimus in villa Thevin, cum duobus mansis dictis Gronehove sitis in Voghedehaghen. Ceterum predicti fratres Gerwinum fratrem eorum, pendente inimicicia intor nos, nostram civitatem et ipsum, neque consilio neque auxilio aliqualiter promovere debent in prejudicium nostrum et nostre civitatis. Mortuo eciam predicto Gerwino vel eciam ipso vivente et hujusmodi inimicicia stante, predicti fratres de bonis ipsius Ger[wini] nichil omnino

121. Hermanus* Huneke est proscriptus pro eo, quod incendit et exussit molendinum Gherbodehagben. Judices fuerunt Conradus Vot, Conradus Voghe; Wesent fuit advocatus.

122. (Pinneke, Wescel, Habraham, judei, Johannes Witte et Clunder sunt proscripti pro spol[i]atoribus et tradidoribus (!) eo, quod unam cristianam noviter ad fidem conversam apostatam fieri conabantur et eam spoliaverunt et captivam duxerunt.)

123. Nicolaus Scute pistor fecit proscribi Sverin, (Hincekinum Righeman,) Hennekinum Hoyers servos pistoris, pro eo, quod venerunt ab extra et projecerunt eum in sua domo cum pane et lapidibus, et suam uxorem cum pane projecerunt ad capud (!) ad effusionem sangwinis.

124. Gherekinus de Hervorde est proscriptus, propter quod occidit in civitate hic unam mulierem nomine Greten de Brandeborch, et est servus pistrinus. Judices fuerunt Hin[ricus] de Loten et Nicolaus Rodehose.

125. Hinseke Ghosler est proscriptus pro fure. Parvus Borchardus fuit dominus suus et actor contra eum, cui deportavit suum servicium, suum scotvel et sua vestimenta. Judices fuerunt Ditmarus Gramelow et Gherardus Kanemaker.

126. Johannes Dorinc est proscriptus eo, quod inpetebat duos equos, qui sibi essent despoliati et ad hoc furtive subtracti, quos equos habuit una virgo et defendit exigencia juris. Tandem ille profugus, scilicet predictus Johannes, effectus fuit suo jure et adjudicatus injustus in istis causis. Judices fuerunt Hinricus de Loten et Nicolaus Rodehose.

127. Hille ancilla Westerso est proscripta eo, quod furtive detulit ei multa velamina serica et vestimenta alia. Judices fuerunt Ditmarus Gramelow et Gherardus Kanemaker.

*) S. 16.

obtinebunt, nec sibi eadem bona jure hereditario vel quocumque alio poterunt usurpare; sed omnia bona ipsius Ger[wini] nostre cedere debent civitati. Cum hiis condicionibus et placitis predicti uti debent omnibus bonis eorum intra et extra civitatem, ut prius, libere et secure, exceptis bonis superius scriptis, que, ut dictum est, nostre dimiserunt civitati.

In horum testimonium nostre civitatis sigillum presentibus est appensum. Datum anno Domini 1333 in vigilia ascensionis Domini.

O. Fock a. a. O. 3, S. 78, 79 meint zwar, dass diese Urkunde und die Nummer 120 des Textes sich auf verschiedene Vorgänge beziehen, indem letztere eine Urfehde sei, welche die darin genannten Personen vor ihrer Ausweisung aus der Stadt hätten leisten müssen; aber diese Ansicht darf wohl, und zwar aus mehr als einem Grunde, als entschieden unrichtig bezeichnet werden. Hervorgerufen scheint dieselbe dadurch zu sein, dass Fock dem in der Nr. 120 genannten Holste irrthümlich den Vornamen Heinrich beigelegt hatte, weshalb er denn freilich den in dem Vertrage von 1333 vorkommenden Johannes Holste für eine von jenem verschiedene Person halten musste. Vgl. die Einleitung.

Ueber die ganzen Semlowschen Händel s. O. Fock a. a. O. S. 74—79 und O. Francke a. a. O. S. 33, 34.

128. Hinceke Nibbe est proscriptus eo, quod Willekino suo domino furtive cuprifabro detulit vestimenta et servicium. Judices fuerunt Gramelow et Canemaker.

129. Mertin Vinneke perjuravit civitatem pro eo, quod scerevisiam emit et occulte deportavit.

130. Stephanus carbonator est proscriptus pro eo, quod vulneravit suum vitricum perfecto vulnere.

131. Beneke de Sabow, alio nomine dictus de Boytin, est proscriptus eo, quod occidit fratrem Johannis Nicolaum Raceborch et domum suam incendit. Judices Gramelow et Ghe[rardus] Kanemaker.

132. Johannes Windenberch, Mertin Windenberch, fratres, Claus de Elvinghe fecerunt caucionem dictam orveyde, quod nunquam debent vindicare, quod illi de Rostoc posuerunt eos in domum preconis. Et hoc accidit coram dominis consulibus.

133. Bernardus de Lobese est proscriptus eo, quod furtive detulit quatuor marcas Hinrico Lemhus pro emptis ab eo pecoribus.

134. Johannes* Hildemer cribrifactor trusit perfectum vulnus Johanni dicto lutteke swager; propter hoc est proscriptus.

135. Mysnere mactator occidit Johannem Omeken, ipsum cultello perforando; propter hoc est proscriptus justis sentenciis.

136. Metzeke et suus servus Hermannus de Ukere et Dewen et Ericus Mertins servus de Willershaghen, qui fuerunt servi Ommereysen, occiderunt circa bolbruggen Redditum de Bertoldeshaghen et spoliantes ab eo unum equum; propter quod sunt proscripti justis sentenciis.

137. Lemmeke de waghe, Dovendeghe aurifaber, Claus servus Konekini Semelowen nocturno tempore venerunt ante ostium Korn, accipientes ligna siliquarum, dormienti populo, percusserunt Ertmarum Korn et suum servum, utrumque vulnerantes; propter quod justis sentenciis sunt proscripti.

138. Hinricus Mechtere est proscriptus pro occisione cujusdam de Anclem nomine Hinrici Swanenbeke et pro spolio ejusdem Hinrici, quem Hinricus institor et Bertoldus Swanenbeke coram judicio convincebant, justis sentenciis. Judices Wichmannus et Arnoldus de Essende.

139. Nicolaum Vrouderic interfecit Martinus dictus Bernere in domo laterali sancti Nicolai, propter quod justis sentenciis est proscriptus. Judices Thidericus Albus et Hermannus Prutze.

140. Hinceke Hofnagel deportavit furtive suo domino Parvo Borchardo fabro 4 marcas denariorum et 5 solidos, propter quod justis sentenciis est proscriptus. Hujus testes longus Martinus Wichmannus, Thideke Manhaghen, Conradus Clensmit. Judices Wichmannus et Arnoldus de Essende.

*) S. 17.

141. Henneke Vroverdrunken prodiciose tradidit de manibus Robekini de Grimme 12 marcas et 1 solidum; propter quod est proscriptus justis sentenciis.

142. (Vicko et Henneke fratres dicti Kabolt et Gherwinus Bekermannes sone spoliaverunt Nicolaum Ritzenowe de instrumentis retialibus capture perdicium in campo Hiltebrandeshaghen in agro Gherardi Langedorp; propter quod justis sentenciis sunt proscripti.   Judices Wichmannus et Arnoldus de Essende.)

143. Dominus Rodolfus Tornowo pigneravit a domino Nicolao de Wolde milite unum poledrum pro suis justis pactibus, quem poledrum dictus dominus Rodolfus cum omni juris exigencia exsequebatur, quod posset ducere in propinquissimam clausuram, statuere in judeos vel vendere, cui vellet, quod suos denarios pactus sui recipere potuisset. Quem poledrum prefatum statuit idem Rodolfus miles Hermanno Poyterozen civi nostro pro suis debitis in pignus.   Cum idem Hermannus Poyterose illum poledrum equitavit in Ruyam, prefatus dominus Nicolaus de Wolde ipsum poledrum inpetebat pro furtu, et cum suo juramento ipse tercius ipsum reacquirebat pro suo furato poledro. Qui cum eo juraverunt, fuerunt Bernardus Plotze et Lodwicus Kabolt. Dargumer de Yasmonde, Conradus de Bughe, Hinricus de Bughe miles et Marquart Wostenie hec sunt protestati suis additis juramentis. Propter quod predictus dominus Rodolfus dominum Nicolaum predictum coram judicio inpetebat; qui justis sentenciis pro perjuro est proscriptus.

Anno * Domini 1340.

144. Nicolaus Gruttemaker cultello perforando suam uxorem Fiyen interfecit; propter quod justis sentenciis est proscriptus. Judices Hermannus de Prutzen et Bernardus de Vreden.

145. Johannes de Kalmere est proscriptus justis sentenciis, propter quod furtive detulit suo domino Hermanno Rust unam togam et 1 ollam et unum solidum et 4 marcas denariorum. Judices fuerunt dominus Hermannus Prutze et Bernardus de Vreden.

146. Petrus Starke fuit proscriptus pro vulnere perfecto, quod in quendam inflixit; sed propter intercessionem suorum quorundam amicorum consules sibi excessum remiserunt tali condicione, si amplius excessisset, quod vulnus et unum cum alio deberet resurgere. Post hec excessit 15 libras et locutus est super consules. Propter hoc est proscriptus. Gramelow et Wichman fuerunt judices.

147. Sconow et Hermannus Gruttemaker sunt proscripti pro eo, quod Dolceken et suum filium Nicolaum percusserunt in domo laterina sancti Nicolai ipsis perfecta vulnera infligentes. Judices (Ditmarus Gramelow et Wichmannus) Hinricus de Loten et Hermannus de Prutzen.

148. Thideke Gherste juravit caucionem dictam orveyde. Cum eo juraverunt Nicolaus et Lemeke sui fratres, Dubbeslaf Smantevize,

*) S. 18.

Pribe Gaweren, Wulvinc, Arnolt Bonow, Mathias de Lanke, Jacob
Tolkemisse, Bertolt Grundis, Henneke Grundis, Heyno Molnere, Riquolt
de Kowalle, Sulleslaf de Lanke, Henneke Pape, Helmicus de Karow,
Arnolt de Stubben, Raslaf Matheus servus, Lutteke Dezlof, Tesdarch
Norman.

149. Nicolaus Wode et Hinceke suus frater juraverunt caucionem
dictam orveyde, et Metta tabernatrix et Nicolaus de Wortzisse, Moy-
celmer et Moyslaf et Drews de Kubisse.

150. Heneke Vriensten et Hinceke sunt proscripti pro eo, quod
uno converso fratri Nicolao de Voghelsanc perfectum vulnus inflixerunt.

151. (Martin Nipriz est proscriptus pro eo, quod graviter vulneravit Nicolaum Katzenowen nostrum concivem in nostro portu juxta
passagium in terra Ruya, videlicet carnificem. Quod si moritur de
vulneribus eisdem, secundum hoc proscribendo tunc juris via proce-
datur.)

152. Everardus Vorkenbeke inflixit uni dicto Troyen perfectum
vulnus in suum capud, pro quo justis senteneiis est proscriptus. Judices
fuerunt Gherardus Kanemaker et Wichmannus.

153. Johannes Lome doleator vadiavit cum alio, quod oldermannos, quos constituerunt consules, vellet destituere, videlicet dolea-
torum; propter quod inhibita ei est civitas, quam nunquam de cetero
inhabitare debet.

154. Scerf et sua uxor Metteke de Some abjuraverunt civitatem,
propter quod idem Scerf quendam vulneravit vulnere perfecto et eciam
pro aliis nefariis per eosdem perpetratis per suam vitam optinendam.

155. Johannes Papeke est proscriptus, propter quod Grimmen
mangonem in civitate perfecto vulnere vulneravit. Judices domini
Wolderus de Mynden et Johannes Wismer.

156. Ghodeke de Zosat detulit furtive in vestibus et in promptis
denariis* et suum servicium suo domino Arnoldo de Johanneshaghen
pellifici; propter quod justis senteneiis est proscriptus.

157. (Thideke de Berne suam uxorem percussit, quod inde morie-
batur; pro quo justis senteneiis est proscriptus. Judices domini Hinricus de Loten et Johannes Wismer.)

158. Gherekinus* de Hermelen inflixit uni perfectum vulnus in
suum capud cum uno fossorio, pro quo justis senteneiis est proscriptus.

159. Radeke Subbekens servus et Claus Knecht in Hunddeshagen
Nicolaum Widarn et Henneken de Wittow percusserunt perfecto vul-
nere; propterea justis senteneiis sunt proscripti. Judices Gramelow et
Arnoldus Gholdenstede.

160. Nicolaus Boytin detulit Nicolao de Ruya suo domino
2 ½ marcas denariorum et suum servicium occulte; propterea pro fure

*) S. 19.
a) *Die Summe anzugeben ist vergessen worden.*

justis sentenciis est proscriptus. Judices Hinricus de Loten et Johannes Wismer.

161. Henneke Lange lapicida detulit furtive et occulte Johanni de Gnoyen 20 marcas, Johanni Vestfal 10 marcas, Alberto Vetten 15 marcas et plura bona aliis nostris concivibus; propterea pro fure justis sentenciis est proscriptus. Judices domini Gramelow et Arnoldus Gholdenstede.

162. Johannes Grene neghelere vulneravit nocturno tempore perfecto vulnere Petrum neghelere, propter quod justis sentenciis est proscriptus.

163. Sivert molnere, Nicolaus suus filius, Henneke Wittow de Tevin, Hinric Haghedorn, Hinric Duvendic, quidam villanus, promiserunt conjuncta manu pro caucione dicta orveyde, quod nunquam debeat vindicari, quod ei accidit per dominum Thidericum Travenemunde, quod ductus fuerat in civitatem et vinctus super stabulum civitatis.

164. Kruzeke mango vulneravit Sulten mangonem vulnere perfecto; propter quod justis sentenciis est proscriptus.

165. Johannes Ebelinc de Wilsekendorpe juravit caucionem dictam orveyde Ottoni de Prutzen et suis amicis pro omnibus facere et demittere volentibus causa sui pro eo, quod sibi inpositum fuit de furtu ab eodem Ottone fracminis sue ciste et suorum bonorum ex ea furatorum, et quod suos quatuor fratres debet adducere hic coram consulibus infra hinc et festum pentecostes, ut eandem caucionem jurent, quod nunquam velint vindicare nec aliquis ex parte eorum. Quodsi non fecerit, predictus Johannes debet esse convictus, ubicunque invenitur, eadem de causa.

166. Heyno de Halle detulit Hinrico gladiatore (!) 2½ solidos et 3 marcas denariorum; pro eo proscriptus est pro fure.

167. Gherardus Wigeblot, Johannes Vruchtenicht, Hinceke Wigeblot, Clavus Weytin et Henneke Unrererde juraverunt caucionem dictam orveyde ac promiserunt*, quod nunquam debet vindicari, quod Gherardo Wigeblot accidit, quod sedebat in domo preconis pro transgressione mandati consulum, quod bodam edificavit super eorum vittam in Valsterbode, quam ei edificare prohibebant.

168. Johannes Holzste civis de Lubek fidit per caucionem dictam orveyde pro Benekino Krumessen et Nicolao Luchowen, quam eciam idem duo juraverunt, nunquam vindicaturos se, quod sedebant in domo preconis, propter quod inpetebant unum equum a Thidekino Sconewolt furatum, donec nuncii venirent vel littere, quod essent illius equi veri exsecutores.

169. Clemens Mertin. Tesseke Suleke, Simer sunt proscripti pro eo, quod uni virgini inflixerunt duo perfecta vulnera in juridicione

a) *In der Urschrift:* juraverunt caucionem ac promiserunt dictam orveyde.

2*

dominorum consulum juxta Kalenwerder in glacie, et quod Kreteken interfectum ex juridicione ibidem dominorum consulum Stralesundensium deportaverunt Ginxt in juridicionem Zwerinensem.

170. Henneke Snelle fuit inpetitus pro una tunna allecium, quam debuisset esse furatus, pro quo fuit statutus in domum preconis. Inde cum compedibus decurrit et factus est profugus; propter quod pro fure justis sentenciis est proscriptus.

Anno* Domini 1342 circa festum pasche [1].

171. Nicolaus Scapeshovet detulit suo domino magistro Sifrido lapicide in vestibus, denariis promptis usque ad valorem 4 marcarum cum suo servicio; propter quod justis sentenciis est proscriptus pro fure.

172. Henneke de Trere deportavit furtive 1 marcam denariorum suo domino Nicolao de Ruya fabro et suum servicium; propter quod pro fure justis sentenciis est proscriptus.

173. Dolceke et suus gener Rademer sunt proscripti justis sentenciis pro eo, quod interfecerunt servum longi Martini super Drigge.

174. Ghereke Ghutzekow, Hinceke Rutzow (et Petrus Branteshaghen) sunt proscripti justis sentenciis pro eo, quod deportaverunt furtive 12 marcas denariorum a suo domino rufo Petro doliatore et servicium suum, pro furibus.

175. Hinceke de Lubeke occidit uxorem suam propriam, qui fuit antiquus sutor, ipsam cultello perforando; propterea justis sentenciis est proscriptus pro occisore sive latrone.

176. Nicolaus Rokelose juravit caucionem dictam orveyde, quod nunquam debet vindicare, quod sedebat in cippo super stabulum civitatis, nec aliquis ex parte sui.

177. Greteke de Trepetow detulit furtive $20\frac{1}{2}$ solidos denariorum, propter quod pro fure justis sentenciis est proscripta, Ghesen Engedam.

178. David judeus est proscriptus eo, quod Hinrico Badiseren detulit furtive fibulam auream valentem 40 marcas Lubicenses et dimidiam marcam puri auri, justis sentenciis.

179. Nicolaus Hornestorp occidit Marquardum Vorman in molendino extra civitatem; propter quod justis sentenciis est proscriptus.

180. Thideke Panstorp et Nicolaus Dartzow abjuraverunt civitatem per vitam suam pro falsa tesseracione et aliorum defraudacione.

181. Hartwicus de Celle et Hinricus Makedanz habuerunt insimul dissensionem, quam eorum amici, parte ex utraque sepius simul existentes in cimiterio, nesciverunt conponere. Ex hoc domini consules ipsis pacem preceperunt tenere per vitam et bona. Tandem per eorum amicos reconsiliati fuerunt et per dominos consules super penam

---

*) *S. 20.*

1) *1342 um März 31.*

100 marcarum puri argenti, iu quo consencierunt ambo. Postea idem Hartwicus infra talem securitatem et pacem ordinatam, ita quod fuerunt terminati et finiti, insequebatur eundem Hinricum Makedanz in heynholt, ipsum letaliter vulneravit usque ad mortem; propter quod pro traditore et occisore justis sentenciis est proscriptus. Ad premissa omnia Kopeke filius Jacobi Stubbecoping fuit plenarius adjutor; propter quod persecutus rigore juris eque Hartwico justis sentenciis est proscriptus.

182. Brant* de Woldemer est proscriptus eo, quod Johannem nocturno tempore trusit cum cultello, quod viscera de suo ventre eminebant.

183. Herman Bremersone juravit caucionem dictam orveyde, quod nullus natorum et innatorum debet amplius causare sua ex parte super Gherardum Bekelin de Sternenberghe, et nullus unquam vindicare predictorum debet, quod ei accidit racione premissorum in Sundis.

184. Johannes scutte, Brudegam, Henneke krogere et Arnold wesselere quendam famulum ad se clamaverunt de Camyn in unum cellarium cum eo incipientes tesserare, spoliaverunt ab eo 7 marcas Sundenses et 1 marcam vinkenoghen; cum eis recesserunt; propter quod justis sentenciis sunt proscripti.

185. Hinceke de Hadelen juvabat quendam furem servum Hinrici de Kemenitze, qui ab eodem furatus magnam pecuniam fuit, proicere extra navem et submergere, et optinuit partem pecunie; propter quod pro occissore et fure justis sentenciis est proscriptus.

186. Thideke Bilowe fuit incusatus pro traditore a quodam nomine Henneken Trebesken de Bart, qui profugus fuit effectus, idem Thideke, suo jure, propter quod predictus Henneke ipsum convicit et acquisivit in sanctis jurando ipsum pro suo traditore et sic pro eodem justis sentenciis est proscriptus.

187. Henneke Bodeman et Wichman carnifices sunt proscripti pro eo, quod Nicolaum Brunswic interfecerunt, et pro rerof eidem facto per eosdem.

188. Ghobele van der hoven detulit furtive Thidemanno Nigro 42 marcas, Thidemanno de Bart $10\frac{1}{2}$ marcas, Johanni Lutteken 20 scilde aurea et 5 florenos et Werboldo de Unna 23 scilde aurea; propterea pro fure justis sentenciis est proscriptus.

189. Henneke Toysin conposuit se cum consulibus pro eo, quod suspectus ab eis fuit de spolio, ita quod juravit in sanctis, quod nunquam de cetero ipsorum malum agere debet et eorum civium, sed promovere, ubi potest. Ex hoc ipsum sumpserunt in suam pacem in sua civitate et in proprietate eorum; sed si aliquis alius eum inpetere vellet ab extra, sibi deberet respondere ad eadem cum consilio consulum. Pro hiis fidejussores sunt dominus Hermannus Bruse-

*) S. 21.

havere, Andreas de Prutzen, Bernardus Voghe, Johannes uppen brinke, Hinceke Vehof.

190. Wernerus cultellifex et uxor Petri acuficis sunt proscripti pro traditoribus et furis (!) justis sentenciis, pro quibus nefas idem Petrus suo juramento coram judicio acquisivit.

191. Martinus Vile interfecit Johannem Cipollen clericum in taberna inter Semelowen valvam et Boden; propter quod pro occisore justis sentenciis est proscriptus.

192. Grabbin Griphenberch et Hildebrant sunt proscripti eo, quod quendam spoliaverunt inter Tanclem et Stetin.

193. Conradus* Papenhaghen in ultima gwerra, habita inter nostros dominos, cum adhuc infantes erant, et dominos Magnopolenses et de Werle, movit quandam incitacionem super consulibus in Sundis contra justiciam. Ad quam traxit consules de Gripeswalde et citavit; voluisset, quod probi viri quinque de consulibus in parte discreciores debuissent trahi cum equis per civitatem et postea mala morte plecti. Sed cum illi de Gripeswalde intellexerunt eos probos viros et omni suspicione innocentes, noluerunt eidem Conrado consentire, qui hujus rei fuit verus capitaneus et inceptor. Et sic Deus effecit, quod dictus Conradus in sua malignitate non profecit.

Item idem Conradus fuit primus motor et capitaneus verus, qui animavit Gherwinum Semelowen et incitavit, ut se opponeret consulibus et contra eos insurrexit.

Item privilegiatum est vasallis terre Ruye communibus et nostre civitati a nostris dominis ducibus, quod nullus advocatus in eadem terra per eosdem nostros dominos debet statui, nisi sit incola vel inhabitator terre predicte, et hoc consilio consiliariorum dominorum ducum, inhabitorum illius terre et nostrorum consulum cum consensu. Contra quos, licet a consulibus sepe et benigniter premunitus et prohibitus, voluit fieri advocatus terre Ruye. Cui consules dixerunt coram eis ipso constituto, scire deberet, si hoc faceret, quod ipsum nollent amplius habere pro concive, nec ei de cetero astare in aliquibus; sed omnino contra vasallos terre ejusdem et contra eorum faceret voluntatem. Eciam proximi sui amici et consangwinei propter attentos rogatus consulum et inductus eidem Conrado perswaserunt, eundem informantes et maxime flagitantes, ut contra voluntatem vasallorum et consulum se de advo[ca]cia nullatenus intromitteret, ne privilegia infringeret predictorum. Qui non obaudiens consulibus et suis amicis contra omnium ipsorum voluntatem fuit effectus advocatus, unde multe querimonie et immense auribus nostris insonuerunt de injuria illata populo Ruyano ab eodem. Per que omnia premissa privilegia prefata vasallorum et consulum infirmavit et infregit.

Item idem instigavit et induxit nostros dominos duces ad hoc, quod castrum et municionem in terra Ruye construere debere[n]t, per

---

*) S. 22.

quod eciam privilegia vasallorum et consulum essent viciata in prejudicium vasallorum, civitatum et communis terre, quod consules defendebant et abegerunt, ut non fieret, et hoc non sine magnis laboribus et expensis. Eundem Conradum ad se vocari fecerunt, eidem precipientes, ut venderet suas hereditates, quas in civitate haberet, et eorum civis amplius non vocaretur. Qui postea manens in civitate, parvipendens mandatum eorum, incitacionem super consules fecit movere contra justiciam occulte per alios suos fautores ad quedam officia et alios cives et murmuracionem; quod sibi prohibitum fuit sub pena vite et bonorum. Ob hoc et alia premissa communi decreto consulum et aldermannorum officiorum universorum civitatis nostre sepedicto Conrado prohibita est civitas nunquam de cetero intraturo [1].

194. Henneke de Dulmunde est proscriptus pro traditore et fure eo, quod juvenem Hincekini Bruchusen alliciebat ad hoc, quod furabatur eidem 4 marcas denariorum et eidem Henneken dedit; et sic ipsum pro tali nefas suo juramento aquisivit.

195. Hii spoliaverunt nocturno tempore, dictum bodenstulpen. Heysen in Wittenhaghen de suis equis: Ghereke Virsdorp, duo fratres dicti Kargowen, Roberent, Ghamme, Hinceke Runghe, Berent Specht, Bornowe, Schickedanz, Willeken Faber de Medrowe et Klenesadel.

196. Detlof* Stoer juvit Hincekinum de Hadelen furem Hinrici de Kemenitze, quod pecuniam, quam accepit servo Hinrici de Kemenitze, quam furatus sibi fuit, pro quo ipsum projecit extra navim submergens, quod illam pecuniam deportavit et cum eo aliquantulum divisit; propter quod eciam pro suo fure justis sentenciis est proscriptus.

197. Beneke Stenvelt, Hinceke Wunder, Nicolaus et Brant servi pistorum sunt proscripti eo, quod Willekinum botmakere interfecerunt nocturno tempore, justis sentenciis pro occisoribus.

198. Vicko Blomenberch inposuit cuidam nomine Hincekino de Hamme, quod suo domino in Lubek esset furatus 7 marcas denariorum et arbitratus fuit, quod, si Hinceke idem litteram afferret, quod non sic esset, vellet exspectare eum; quod, si recederet occulte, vellet sustinere id, quod alius pro furto debuisset sustinuisse. Qui occulte recessit; propterea pro eodem, ut predicitur, est proscriptus.

*) S. 23.

1) S. über die Konrad-Papenhagenschen Händel O. Fock u. a. O. S. 80 u. ff., O. Francke a. a. O. S. 32 u. 34. — Uebrigens bestätigt eine im Stralsunder Stadtarchive vorhandene Urkunde, ausgestellt zu Stralsund, den 15. Juni 1343, dass Konrad Papenhagen wirklich Landvogt von Rügen gewesen ist. Die Urkunde lautet über den Verkauf des halben Dorfes Malkvitz und einiger Renten aus Ganskeritz seitens des Schwiegersohns Konrad Papenhagens, Bernhards von Dörpen und des Bruders des letztern, Dietrichs. Konrad Papenhagen erscheint in der Urkunde als Zeuge und zwar mit dem Titel „summus advocatus terre Ruye". Seine Ausweisung aus der Stadt unter dem Verbote je wiederzukehren, wird also wol erst nach dem 15. Juni 1343 stattgefunden haben.

199. Hannin vitriator est proscriptus pro eo quod Hinrico vitriatore (!) suo domino detulit suum servicium et 9 marcas et 4 solidos denariorum.

200. Willeken Vemerlinc est proscriptus eo, quod Willekinum servum funificum in reperberghc interfecit.

201. Nicolaus Blanke occidit Thidekinum Borchardi, suum fratrem et fratruelem et alium virum in mari recenti [1]; pro quo est proscriptus.

202. Nicolaus Parow et Lemmeke Kummerow sunt proscripti pro eo, quod Hermanno burmestere de Cronevitze unum vulnus inflixerunt.

203. Henneke Specht est proscriptus pro eo, quod in civitate Wismer Johannem Walmerstorp nocturno tempore interfecit.

204. Beneke preco servus Alberti preconis est proscriptus pro eo, quod furtive detulit eidem suo domino unam tunicam et caligas, quas conputavit pro 19 solidis; pro quo eum suo juramento coram judicio pro suo fure aquisivit.

205. Ghereke Mas servus et Benneke Mas servus sunt proscripti pro eo, quod Hermanno Bonoldes servo perfectum vulnus inflixerunt.

206. Vicko Scherere stupenator occidit Martinum nocturno tempore.

207. Johannes de Deventere sutor et sua uxor Tilseke filia Mildesowen sunt proscripti pro eo, quod a Tideken Kusselin emit uxor predicta in panno super 3 marcis minus 3 solidis, et cum eo panno Johannes et Tilseke furtive recesserunt et deportaverunt.

208. Jacobus Korey et sua uxor Katherina sunt proscripti pro eo, quod Winandum filium Wederholt interfecerunt in civitate nocturno tempore.

209. Johannes filius Bernardi scriptoris dominorum vinariorum [2] sustulit eorum denarios a Sagherschen et neglexit civitati 15 marcas, quas civitates debuissent exposuisse, et facere fecit postclavem et aperuit seras consulum, et furatus fuit quatuor balistas et tela et vendidit. Pro hoc pro fure justis sentenciis est proscriptus.

210. Hinricus muntere et suus frater Albertus sunt proscripti pro eo, quod occiderunt unum juvenem nocturno tempore in su[o]* cellario, et pro traditoribus.

211. Ghereke Bremmere est proscriptus pro eo, quod Ghodekino Schunere perfectum vulnus inflixit in suo capite in sua domo propria cum bipenne.

a) sua *in der Urschrift; es folgt getilgt* domo.

1) Mare recens *ist das frische Haff; s. Mekl. U. B. 4, S. 430.*

2) *Die Weinherren waren ein ständiger Ausschuss des Rathes, der ursprünglich hauptsächlich den städtischen Weinkeller und die Abgaben von allem Weinausschank zu verwalten, später aber allerlei andere, namentlich gewisse polizeiliche Obliegenheiten zu besorgen hatte und endlich (anscheinend gegen die Mitte des 17. Jahrhunderts) mit dem Ausschusse der Polizeiherren vereinigt worden ist.*

212. Kopeke* Kaleberch, Hinceke Buxtehude et Radeke servi pistorum sunt proscripti justis sentenciis eo, quod filium Sperlinc sutoris occiderunt nocturno tempore.

213. Wedeghe Basdow, Vinkelberch et Hobe, qui tunc fuerat servus Basdowen, sunt proscripti eo, quod Hartwicum de Sundis, civem - de Stetin, ceperunt infra securitatem, vulneraverunt perfectum vulnus et spoliaverunt et tradiderunt.

214. Nicolaus' de Wismer proscriptus est, servus sutorius, pro eo, quod nocturno tempore infregit in hospicium Hinrici Blidemester sutoris, infligens duo sibi perfecta vulnera, et pro husvrede.

215. Johannes Pertcevale est proscriptus pro traditore eo, quod cujusdam juvenis aurem furtive in Scania abscidit, dicti Nicolai Hoykendorp.

216. (Tideke Bilow, filius Hinrici Bilowen de Baarth, est proscriptus pro traditore et occisore Vicconis Bremere, quem occidit); et Kopke Buntink est proscriptus pro occisore, quia juvit eundem Tidekinum ad occisionem juxta Baarth Vickonis supradicti.

217. Henneke de Brema est proscriptus pro eo, quod detulit Hennekino scutten suum servicium, videlicet merdifero, et 2 marcas, in quibus sibi tenebatur, justis sentenciis pro fure.

218. Herman Dene infregit cistam sui domini Hermanni Kremon de Tanclem, et inde ante nostram civitatem furtive detulit 45 marcas; propterea pro fure justis sentenciis est proscriptus.

219. Hinceke Barewolt et Copeke Gransoye occiderunt Hinricum Lembus nocturno tempore, committentes in eo rerof; propterea pro occisoribus et furibus justis sentenciis sunt proscripti.

220. Kopeke Lendershaghen, Hince Kale et Henncke Gristow juraverunt orveyde pro se et omnibus suis natis et innatis, nunquam vindicare de eo, quod sederunt in domo preconis, et aliis, in quibus eis accidit in nostra civitate.

221. Thideke scutte, Reben et suus frater occiderunt et spoliaverunt nocturno tempore Ponat in sua propria domo in villa cudia[1] et eorum coadjutores. Et eciam circa Reynenberch spoliaverunt unum de Prucia iidem Rebeno et stratam infra hinc et Gripeswald. Eciam unus de Slatecow conquestus fuit, quod idem Reben spoliavit eum de 15 marcis et duobus equis.

222. Hinceke est solutus et quitus de spoleo (!), quod fecit illis de Cummerow et Borsin, quia conposuit se cum civitate et villanis predictis.

223. Pruddemeshaghen**, Holste, Henneke Klut, Herman Barnekow, sti ceperunt unum cum una reda dicta slope, qui deberet ire

---

*) *S. 24.*   **) *S. 25.*

1) „Villa cudia" *ist vielleicht als Uebersetzung von* „Smedeshagen" *zu nehmen. Schmedshagen ist ein Dorf etwa* ³/₄ *Meilen nordwestlich von Stralsund belegen.*

de foro ad domum suam, et spoliaverunt eum de suis denariis, emptis a suis rebus, et equis et abduxerunt eum captivum, quod nullus scivit, quo idem vir devenit.

224. Ghoghelow, Ghoten et duo fratres dicti Bomgharden, Struve scutte, Herman Beme, Henneke de Kalende, Koneke scutte, alio nomine dictus Trupenicht [1], isti interfuerunt, cum Pusce in Zeghebodenhowe despoliati fuerant 6 equi.

225. Item iidem, Pruddemeshagen cum predictis suis conplicibus, spoliaverunt Bocholte de Clucemannesbaghen de 6 equis et omnibus suis denariis, emptis a sua annona, cum de foro Sundis deberet redire ad propria.

226. Hinric Pape de Rozstok est cum omni jure et justis sentenciis proscriptus pro traditore eo, quod infra securitatem Westersos orreum incendit et conbussit et nostram civitatem, et pro incendiario [2].

227. Henneke de Kalende, Butzel, Babbe, Daneel, Chuten servus, Viit Dechow, Hasseke et Questeke fratres, Henneke Cepelin, Erik de Manegholdeshaghen, Drevs de Emeren, Petrus Swin, Henneke molnere de Semelow, hii spoliaverunt equos ville Kummerow nocturno tempore, et Viit de Haghen[a].

228. Stolte Heghere, Bertold Gramsow, Reyneke Rapesulver, Henneke Poltsin sunt proscripti eo, quod occiderunt fratrem Willekin[i] de Muden de Sw[o]lle in Warnow et abstulerunt suam pecuniam et fecerunt rerof. Iidem malefactores occiderunt fratrem Hinrici Wulf eodem tempore, et sunt proscripti pro eodem.

229. Schorstene est prohibita civitas pro eo, quod trusit unum vulnus perfectum Claren doliatori, ita quod nunquam de cetero ipsam intrabit per suam vitam.

230. Koneke Parekorn dictus buba est proscriptus justis sentenciis pro fure eo, quod detulit Hildebrando pellifi[ci] unum pellicium in valore 28.

231. Nicolaus Clare abjuravit civitatem nunquam de cetero intraturus per penam sue vite.

232. Nicolaus Scrivere spoliavit ab uno de Penzelin duos equos in libera strata, quos resumpsit frater Arnoldus cum villanis, et de una duplici toga, quam optinuit; inde proscriptus.

Anno[*] Domini 1349 circa ascensionem Domini [3].

233. Henneke de Unna furatus fuit suo domino Nicolao Ratghevere in aureis denariis et aliis in denariis argenteis in valore circa

---

300 marcas Sundensis monete, propter quod est justis sentenciis pro fure proscriptus.

234. Reimarus carnifex inflixit perfectum vulnus in Gherekinum Spademarket; propterea justis sentenciis est proscriptus.

235. Hinricus Lunenborch et Echardus suus frater, lutteke Oldenborch et Leo proscripti sunt pro spoliatoribus justis sentenciis eo, quod Hinricum de Grotenbrode spoliaverunt de una navi de Vemeren et 4 last tritici minus uno modio.

236. Nota. Isti subscripti solent ecclesias frangere et furari in cimiteriis et spolium facere in viis: videlicet Nicolaus Scrivere, Henneke Virstorp, Willekinus et suus [frater] Antbonius Knubel, filii Ebelingi in Duvendik. Eciam dictus Nicolaus Scrivere unam mulierem de Wulveshagen occidit cum suis sociis.

237. Henneke de Drage et duo fratres dicti Bunnevitzen, Kopeke Cok, Nicolaus Kolberch de Johannishaghen, Albertus de Boken, Jachim Huxol: isti nocturno tempore, dictum bodenstulpen, spoliaverunt in Langendorp et in Bochagen villanos.

238. Spoliatores maris: Johannes Ludershaghen, Hermannus de Sosato, Koneke frater Lemhus, Ghodeke, Hildebrand monoclus, Bertold Goltsmit, Beringere, Bertolt Reclinchusen.

239. Lubbe Tabast, Hinric de Rethim, Ghevert suus frater, Bertold Scoke, Bresemer, Henninc de Rethim, Johannes de Torne, Borchard de Rethim sunt proscripti pro occisione, pro tradicione, pro oppressione virginis et pro rerof. Actum in Smedeshagen.

240. Hermannus Hellevegere molenknecht, Mertin de Demyn, Johannes Vos stupenator sunt proscripti pro traditoribus, quod sequebantur Ghereken Bowersdorpe et ipsum letaliter vulneraverunt.

241. Servi pistorum Herman Dorinc, Volceke, Bertolt Scute et Lelekow sunt proscripti, quod vulneraverunt unum (!) tempore nocturno quendam nomine Laurencium in domo Vicko[nis] Kortenacken, duo perfecta vulnera.

242. Quidam nomine Smilow cum suo socio occiderunt duos famulos ob pecuniam eorum juxta Damerow; qui Smilow fuit tractus per plateas et rotatus pro illo scelere, et suus socius Arnoldus Hals dictus est pro occisore et eodem scelere proscriptus.

243. Quidam* nomine Paulus, est in facie cicatricosus, dictum pocnarech, et Echardus, morantes in Smachtehagen, sunt proscripti, propter quod equos in terra Loze furati sunt et vendiderunt in terra Ruye.

244. Henneke Mordere tradidit quendam hospitem de Lubeke, quem Paulus suus filius spoliavit et cepit. (Gherlacus Smachteshagen), Vrobose, Sconewolt, Tonis Smachtesbagen, Johannes Pickart interfuerunt et duxerunt super castrum Smachteshagen.

*) *S. 27.*

245. Quidam dictus Nicolaus de Ribbeuitze inflixit Ditmaro Clattevolen perfectum vulnus nocturno tempore, pro quo est proscriptus justis sentenciis.

246. Thideke Rosenwater, Peter scutte unde Willeken Duvendik Knubel (vener*) quemen tome Lenderhaghen bi nachtiden in Gherdes hof unde bodenstulpede[n] en unde nemen em achte perde ende sines wives kledere ende allet, dat dar was.

247. Werneke de Hamelen occidit Philippum de Slus tempore nocturno in civitate hic; propterea justis sentenciis est proscriptus.

248. Ghereke de Sosat sutor inflixit[b] Hinrico de Wismer perfectum vulnus; propterea justis sentenciis est proscriptus.

249. Mathias de Horborch preco et Kunneke de Hamelen proscripti sunt pro furibus et traditoribus eo, quod detulerunt dominis cousulibus suam pecuniam et suo domino Hennekino Scelen preconi.

250. Quidam nomine Petrus Voth tempore nocturno trusit Gherardo Vleminc perfectum vulnus; propterea est proscriptus.

251. Dominus Rubulle conquestus fuit, quod Henneke de Jorke, Henneke Dyric, Henneke Bruzevitze, Marquart Tribeses et Hinric Pape ipsum spoliaverunt, dictum bodenstulpen.

252. Langhe Kracow et scele Krakow, Beceteke Stovenkerl, Henninc Rokeshol, Henneke Vortenhagen, Claus Obelitze de Conradeshagen, hii infra securitatem dominorum spoliaverunt tempore nocturno super Bore et ceperunt homines.

253. Claus Remelin fuit adjutor, cum Hermannus Wulf infregit ecclesiam in Plenin et furatus est in Ghosscalkesdorpe 2 equos, item in Priverstorpe 3 equos, in Sarnow 4 equos, ab Anthonio de Buge 1 equum.

254. Dargheslaf et Otto de Molen fratres, Conradus Rorewurst spoliaverunt Ghese Loweschen de suis 2 equis et in aliis in valore circa 50 marcas.

255. Kunst filius antiqui Kunst de Kukenshaghen infregit ecclesiam in Kukenshaghen; socius suus fuit Klinkebudel, et idem Kunst o[p]pressit mulierem.

256. Schire Dotenberghe villanis de Lacentin despoliaverunt (!) circa 50 equos, ad [quod] Peruneke fuit nuncius et traditor perfectus Scire Doteherchges. Villanis de Woblekowe furatus fuit idem duos equos Peruneke.

257. Kopeke* Moltecow et Herman Grevesmolen sunt proscripti pro eo, quod in Copenhaven Mathie Bussecowen nocturno tempore inflixerunt duo perfecta vulnera.

---

*) *S. 28.*

a) *Offenbar der Anfang von* venerunt; *der Schreiber war versehentlich wieder ins Lateinische verfallen.*

b) inflixit *autor* inflixit *die Urschrift.*

258. Ghert Johannesson est justis sentenciis proscriptus pro eo, quod Bosinge detulit furtive 114 scudatos, pro fure.

259. Johannes Mukes est proscriptus pro fure pro eo, quod furatus fuit Konekino krogere 20 marcas denariorum et 1 cultellum valentem 10 solidos, et 10 septimanarum expensarum pecuniam, cum quibus furtive recessit; quem persecutus est idem Coneke cum omni jure pro fure.

260. Johannes Rose proscriptus est justis sentenciis pro eo, quod Nicolao de Bart per tradicionem et spolium 12 marcas defraudavit.

261. (Coneke kroghere et Herman Ulenultht*) proscripti sunt*) justis sentenciis pro eo: Cum Nicolaus Stenhagen ire deberent peregrinantes (!) versus Stoltenhagen, insequebantur eum et inflixerunt 5 vulnera sibi et absecuerunt ei unam aurem et brachium suum, quod pendebat per cutem. Cum hoc sunt effecti sui traditores veri, cum accidit in bona securitate.)

262. Peter Hincen broder interfecit nocturno tempore in portu unum virum in bona securitate; propterea pro occisore justis sentenciis est proscriptus.

263. Henneke molnere et Hinceke Perdole sunt proscripti pro spoliatoribus strate pro eo, quod Hincekinum de Mynden, avunclum Raboden institoris, nostri concivis, spoliaverunt in velaminibus mulierum et in aliis usque ad valorem 100 marcarum; ad quod spolium ipsorum frater Ghodeke est proscriptus pro traditore bonorum eorundem cum omni jure.

264. Henneke Ummereyse, Henneke de Kalende, Butzow filius sororis Satscepel et Heyno Pape spoliaverunt unum currum cum equis; superfuit humulus. Pro eo pro spoliatoribus publice strate est proscriptus (!).

265. Vicko Molteke de Cronescampe, Herman Bunneuitze et frater Henninc Rokeshol hii bodenstulpede[n] Ghozeuitze et Buschenhagen.

266. Una mulier conquesta fuit, quod servus Werneri de Buren eam spoliauit de aliquibus suis rebus juxta Lepelow, quem sequut[a]*) fuit usque in suam curiam, repetens a Wernero suas res: qui respondit super eundem servum, nullum jus super eum sibi facere potuisse; sed iret ad consules Sundenses, ut ipsi sibi justiciam de ipso ordinare[n]t.

267. (Dominus Henningus Warborch miles et suus filius Henningus Warborch, quod habuerunt 4 servos monetarios sedentes supra municionem eorum in Biscopesdorpe, qui cuderunt falsos denarios. Hoc notum est civitatibus Stralessund, Gripeswald, Tanclem et Demyn. Item dictus Henningus famulus spoliavit Ghoteken de Hennekenbaghen nocte

---

a) *Der Name ist offenbar verschrieben und* Ulenvlucht *zu lesen. Das Testament eines* Nicolaus Ulenfluch *vom 5. Dezember 1378 befindet sich im Stralsunder Stadtarchiv.*
b) sunt proscripti sunt *die Urschrift.*
c) sequtus *die Urschrift.*

de omnibus suis equis. Item idem circa Bremerehagen spoliavit in publica strata illos de Trepetow et Brandenborch de suis denariis, rebus et equis. Item interfuit idem, cum incendium factum fuit taberne in Hildebrandeshagen, ubi pop[u]lus aliquis fuit crematus in eadem. Item Wilden de Gripeswold spoliavit de tribus equis idem Henninc Warborch.

268. Herman* servus Bertrami Wulflam furatus est suum equum et furtive deequitavit illum; pro quo pro fure justis sentencii[s] est proscriptus.

269. Herman Spacke detulit furtive suo domino Thidekino de Campen 29 solidos et suum servicium; propterea pro fure est proscriptus.

270. Thideke Voth stupenator trusit uni mulieri dicte Mette perfectum vulnus in corpus suum; pro quo justis sentenciis est proscriptus, quia profugus.

271. Hinric servus Johanni (!) Lenzan detulit furtive ab eodem suo domino in ciphis argenteis duobus et in aliis clenodiis et vestimentis in valore 30 marcarum nostre monete; propter quod pro fure justis sentenciis est proscriptus.

272. Nicolaus Suwel est proscriptus pro eo, quod detulit suo domino 11 solidos Hermanno Surdech occulte et servicium, et quod eciam suum eundem dominum percussit in propria sua domo.

273. Henneke Gholdenbogen, Claus de Rethem, Kersten vischere, Perowe scutte, Hoyke: hii furati fuerunt equos ante Bard nocturno tempore.

274. Nicolaus Luninc detulit furtive Petro Wende et Radekino suo° 28 solidos denariorum et eorum servicium et cocta cibaria; pro quo pro fure est proscriptus.

275. Lubbeke Vlaminc sutor infregit nocturno tempore cellarium unius mulieris dicte Sannen, ex quo furatus [est] duas ollas et spoliavit unam anforam stanneam et 1 craticulam, unum salun et linteamina a lecto ejus. Propterea est proscriptus pro eodem facto cum suis adjutoribus.

276. Hince Constantinus doleator inflixit Wunnen quinque perfecta vulnera nocturno tempore et habebat in suo ventre suum potum et cibum; ergo pro predictis et suo traditore est proscriptus.

277. Ludeke Knust percussit doleator Hermannum cremere in libera platea, et ad hoc traxit ipsum in unam domum, iterum et percussit et cum uno securi arrepto voluit eum interfecisse. Pro quo fugam accepit, et ideo est proscriptus.

278. Albertus kroghere est proscriptus eo, quod Crevete inflixit letale vulnus, ipsum trudendo, et habuit sua cibaria et potum in corpore suo in suo proprio hospicio, pro suo traditore et occisore.

*) S. 29.
a) Hier ist offenbar das das Verwandtschafts- oder sonstige Zusammengehörigkeits-verhältniss der beiden Beschädigten ausdrückende Wort ausgelassen.

279. Hinceke Scivelben antiquus sutor dictus oltbutere occidit Henneken Borsinc nocturno tempore; propterea pro occisore et latrone est proscriptus.

280. Nicolaus Cranz carpentarius seduxit a Johanne Brandenborch suam uxorem cum aliquibus suis bonis et cum ea recessit occulte. Propterea pro traditore et fure est proscriptus.

281. Henneke* Raceborch et Johannes Beyer sunt proscripti pro furibus pro eo, quod Johannes Raceborch furatus fuit suo domino Righemanno pellifici 29 solidos et Beyer 24 solidos et eorum servicium detulerunt cum denariis prelibatis.

282. Wunne fecit Barneken proscribere pro eo, quod suus est traditor, et fuit et pacis violator; et abjuravit eciam civitatem per suum collum.

283. Brudegam nauta infregit cistam sui naucleri Petri Snaken et abstulit ex illa 6 marcas denariorum; pro quo effectus est suus rokereghe fur, et est cum omni jure pro tali fure proscriptus.

284. Claus Cremere detulit furtive servicium 1½ anni, vestes et 1 talentum denariorum suo domino Firelif† propter quod est pro fure proscriptus.

285. Johannes vel Henneke Cloteke furatus fuit Tesseken Pribensone unum suum equum nocte, propter quod pro fure est proscriptus.

286. (Henninc Sassendorp fuit et est effectus fur Brunonis de Wismaria in denariis promtis et in smide et suus traditor nocturno tempore; pro quo justis sentenciis est proscriptus super 8 marcis.)

287. Claus Ertmari excitavit Nicolaum Wulf nocturno tempore petens, ut juvaret eum levare currum in bona securitate. Cum exiret domum nocturno tempore, invasit dictum Nicolaum Wulf et inflixit ei 17 perfecta vulnera; pro quo proscriptus pro suo traditore.

288. Claus scutte et Peter Vinne sunt proscripti pro eo, quod occiderunt Jacobum de Gripeswalde in libera strata, pro occisoribus.

289. Paulus et (Choten fratres dicti Mordere sunt proscripti pro eo, [quod] intraverunt violenter in nostram proprietatem in Sumekendorp* in curiam Georii nostri concivis, fecerunt ibi violenciam, dictam husvrede, et suo servo percussionem sui brachii fecerunt, frangendo et ollas et caldaria concusserunt, et suam uxorem eciam maxime percusserunt).

290. Quidam dictus Nickel furatus est suo domino Johanni Klenesmit ad valorem 10 marcarum; unde pro fure est proscriptus.

291. Johannes Berneer filius Berneer perforavit et occidit Thomam Papeken; propterea proscriptus est pro traditore; et accidit tempore nocturno.

*) S. 30.

a) *Das ursprünglich geschriebene* Mutzekow *ist ausgestrichen und* Sumekendorp *darüber hingeschrieben.*

292. (Johannes* Witric et sua uxor Abele et Nicolaus Witrik suus frater occiderunt nocturno tempore Johannem Papen. Propterea justis sentenciis sunt proscripti pro occisoribus. Patruus Thidekini Stenhus fuit nostri concivis*.)

293. Katerina ancilla Detmari Mordorp furata est 1 tunicam sue uxoris et 16 paria pericheldium et 1 capucium et cum servicio sui domini dicti Ditmari. Propterea justis sentenciis est proscripta pro fure.

294. Kersten de Demmyn furabatur Bertoldo de Mynden suum precium, videlicet 3 marcas, quas recipit super suum servicium a eodem Bertoldo suo domino. Propter hoc justis sentenciis est pro fure proscriptus.

295. Mews Preen et Dotenberghe, pro nunc consul in Bard, justis sentenciis sunt proscripti pro eo, quod spoliaverunt dominum Nicolaum Hak militem prope Elenboghen et abstulerunt eidem ducentas marcas Lubecensium denariorum, et ideo sunt proscripti pro suis traditoribus et raptoribus maris.

296. Hinricus Scriver et Hinricus filius suus et Nicolaus Howeschild inflixerunt Almaro nostro concivi unum perfectum vulnus in bona pace et securitate; ideo justis sentenciis sunt proscripti pro pacis violatoribus[b] et fractoribus. Judicatum per dominos Wolterum Ozenbrughe et Conradum Clippingh.

297. Arnoldus Vrozat recessit a Nicolao Sweder suo domino secrete et detulit sibi sex marcas; propter hoc justis sentenciis est proscriptus pro fure.

298. Arnoldus Thovank furabatur Hermanno Horn in hospicio Ludowici, qui fuerat ejus*, 23 marcas Sundensium denariorum. Propter hoc justis sentenciis est pro fure proscriptus.

299. Petrus Mitgode detulit Hinrico de Prucen thorifici in valore 4 marcarum Sundensis monete; pro eo justis sentenciis est pro fure proscriptus, dictus rokerech dyf.

300. Petrus Scheyffoet recessit secrete a Jacobo Winkel doleatore cum suo servicio et cum 9 marcis Sundensis monete, et ideo pro fure justis sentenciis est proscriptus.

301. Borchardus de Bremen trusit et inflixit Petro Darsowen tria perfecta vulnera, et ideo justis ex sentenciis et processu juris est proscriptus.

302. Henneke Lutzow doleator detulit furtive Hinrico Grubenhaghen suo domino 5 marcas Sundensium denariorum et suum servicium. Igitur ex justis sentenciis est pro fure proscriptus.

303. Johannes Lettowe furabatur Hinrico Lowenberghe linifici suo domino 17 solidos 4 denariis minus in parata pecunia ac in filis dictis

---

*) S. 31.
a) Der letzte Satz ist unvollendet.
b) für vigilatoribus der Hs.
c) Hier fehlt wieder das das Zusammengehörigkeitsverhältniss zwischen den betreffenden Personen ausdrückende Wort.

garn, propter quam causam ex justis sentenciis est pro furo proscriptus.

Anno* Domini 1360.

304. (Nota. Crastino die beati Pauli in conversione[1] accidit in Rozstok in refectorio fratrum majorum in presencia domini ducis Magnopolensis et suorum consiliariorum, proconsulum et consulum ibidem, quod Johannes Winsen dixit, quod nullus honestus et probus vir posset dicere hoc, quod conposicio, unio et reformacio esset facta inter provisores et testamentarios domini Alberti Hovenere pie recordacionis[2] ex una, suam uxorem et ipsum parte ex altera; sed consules Stralessundenses possent facere scribi in suo libro, quicquid vellent, et in illo non esset unicum verum verbum. Et rogavit dominum Magnopolensem et suos consiliarios, ut ad hec audirent, quia consules predicti sibi violenciam et injusticiam faciunt et nolunt sibi fieri justiciam. Insuper dixit, quod dominus Arnoldus Gholdenstede ipsum preplacitavit, ut vir improbus et inhonestus; super hoc vellet sibi porrigere suam dextram manum, quod, quicquid idem dominus Arnoldus placitavit, hoc non ex ore et consensu suo placitavit. Ceterum alloquebatur domino Hermanno de Rode, quod negavit, se habere antiquum testamentum domini Alberti, primitus; postea affirmavit se habere; propter quam causam idem Hermannus stetit et apparuit rufus et pallidus, id est blek unde rot, ut vir improbus et inhonestus. Insuper plurima verba contumeliosa et obprobria loquebatur super consules eosdem de Stralessund et plures cives ibidem. Et hoc accidit in Damgar prope pontem coram inclitis principibus dominis, duce Barnym et Alberto duce Magnopolensi, ubi domini consules sibi prebuerunt super consules et concives suos ordinare omnis juris et justicie conplementum, quos inpetere vellet. Propter quas causas prenot[at]as idem Johannes Winsen est proscriptus.)

305. Nicolaus Pansowe est justis sentenciis proscriptus pro traditore, quia misit unam litteram apertam super Bertoldum de Grimme quinque sigillis sigillatam, quam ignorantibus illis, qui sua sigilla eidem Pansowen concesserunt, dictus Pansowe sigillavit, sonantem super 7 marcas puri, quas idem Bertoldus de Grimme debuisset furtive deduxisse a Falsterbotha.

306. Paulus Sump est proscriptus justis sentenciis pro furo, qui dicitur eyn rochersdeyf, pro eo, quod detulit Tiderico preconi suo domino in 20 marcis in denariis et a[r]gento et cussinis.

307. Tidericus Ringhenwold detulit grote Petro rotifici 2½ marcas cum suo seruicio, secrete recessit ab eodem Petro domino suo. Propter hoc idem Tidericus justis sentenciis pro furo est proscriptus.

---

*) S. 32.

1) 1360 Jan. 26.
2) Ueber den 1377 März 24 gestorbenen Bürgermeister Albert Hövener s. v. Rosen, in Hansische Geschichtsblätter, 1871. S. 89—91.

308. Arnoldus Pudvalk filius Tesdarghen interfuit, quod Maghorius Bruschavere miles in ducatu* dominorum consulum erat captivatus, et quod tunc temporis familiares dictorum consulum vulneravit
et ipsis equos et alias res sumpsit ac spoliavit. Propterea justis sentenciis pro raptore et pacis violatore est proscriptus.

309. Henneke Karghow furabatur 26 aureos denarios uni nomine
Hunnold de Bullo; propterea justis sentenciis pro fure est proscriptus.

Anno* Domini 1363.

310. Thidericus de Gotinge proscriptus est pro fure Hennekini
Kuter eo, quod furtive recessit cum servicio suo et furtivo abstulit sibi
2 marcas Sundenses et 6 solidos, quos dedit sibi super servicium suum.

311. Nicolaus Brand servus Thiderici Wobbekow proscriptus est
justis sentenciis eo, quod furabatur ex nave domino suo predicto 20
marcas denariorum Sundensium.

312. Hintzekinus Lücow proscriptus est justis sentenciis pro eo,
quod furtive deportavit duas marcas minus 6 denariis domino suo
Bernardo Guzstrow, et cum servicio suo recessit. Judices fuerunt
domini Bertramus Wulflam et Wenemarus Bokhorn.

313. Martinus Hoydregher proscriptus est pro eo, quod emit a
quodam hospite dicto Steyn bona valencia 24½ marcas, quas furtive
deportavit, et recessit cum eisdem: pro quo justis sentenciis est proscriptus. Judices fuerunt domini Johannes Rughe et Engelbertus
Dalvitz.

314. Nicolaus Quaaz, Ludekinus Mordbrand filius Tezen et Nicolaus
Rensow, (Poggendorp) furati sunt Johanni Marlow ex curia sua nocturno
tempore unum equum valoris 14 marcarum Sundensium et fregerunt
parietes domus et stabulum. Pro eo proscripti sunt justis sentenciis.
Judices universitas consulum in communi consistorio.

315. Hermannus Sconeveld, servus Bertoldi Blok, proscriptus est
pro eo, [quod] furtive abstulit domino suo 10½ solidos denariorum et
recessit ab eo cum servicio suo duorum annorum, pro quibus erat sibi
satisfactum; et propter hoc justis sentenciis est proscriptus.

316. Item anno Domini 1362 hii infrascripti fecerunt homicidium
in stangno juxta Reschovede et submerserunt virgines et mulieres. Primo
Thidericus Wünenberch, nauclerus et capitaneus omnium, Wolterus
Bedeker, Lasse, Holtzte knokenhower, qui fuit nuncius carnificum in
Sundis anno 63, Thidericus Pruze, Henneke Massik, Henneke Weghener,
Rump, Heyno Guzstrow, Andreas Byer unde brod. Propter premissa
justis sentenciis sunt proscripti ex eo, quod submerserunt 12 virgines
et[b] mulieres, et unam[c] aliam mulierem inpregnatam, que fuit vicina
partui, et illam occiderunt in navi [1].

*) S. 33.
a) dacatu *die Urschrift.*   b) et et *die Urschrift.*   c) unnam *die Urschrift.*

1) *Hierher möchte zu beziehen sein die Klage König Waldemars von Dänemark über die Stralsunder, Hanserecesse 1, Nr. 293 § 21:* vrowen unde junc-
vrowen sint vordrenket iu erer havene umme ere eghene gud, unde monneke sint
berovet, unde ok anderen luden is mengherhande schade scheen.

317. (Heyne Krassow), Grabow et Kerkdorp spoliaverunt unum equis et rebus alii[s] in merica Ribbenitze.

64* circa festum beati Michaelis [1].

318. Henneke et Arnoldus fratres dicti Ghersten, fratrueles Thidekini Ghersten in Ruya, furtive deduxerunt et abstulerunt Hermanno Cranz de Sundis 17 tunnas allecum et 7 tunnas salis; propter quod omni jure sunt prosecuti et justis sentenciis pro furibus sunt proscripti. Judices fuerunt ad hoc domini Thidericus de Buren et Hermannus Ribe.

319. Georrius de Panzow et uxor ejus Kunne produxerunt Pensyn de Pansow, Thidekinum Büstorp in Dersekow, Thidekinum Radolfi in Clůzmanshagn et Henningum de Polo in Yermershagn testificantes false sub eorum prestitis juramentis, quod predicta Kunne fuisset et esset legitima soror Hillen, quondam uxoris Hermanni de Swullen civis Sundensis, et per hoc falsum testimonium effecerunt, quod bona hereditaria ipsius Hillen de Swullen fuerint navigata ad portandum ea Sundis, cum quibus bonis in mari submersus est Hinricus Fayer de Swullen. Propter quod predicti falsi testes sunt facti traditores ipsius, perjuri et falsarii, et propter premissa justis sentenciis sunt proscripti pro falsariis et cetera. Judices fuerunt domini Borchardus Plotze et Conradus Witte.

320. Jacobus Rodehůd recessit furtive a domino suo Wilkino Steynhaghen et furtive deportavit sibi 10 marcas denariorum et cum servicio suo recessit. Pro eo justis sentenciis est proscriptus. Judices hujus cause sunt domini Thidemannus de Buren et Johannes Gryphenbergh consules.

321. Gheze uxor Hinzekini Wittow recessit cum Nicolao Holtzten, clandestine sub adulterio commanentes, et abstulerunt ei furtive et tradiciose 20 marcas denariorum Sundensium; propter quod justis sentenciis sunt proscripti. Judices sunt Thidemannus de Unna et Wenemarus.

322. Hennekinus et Nicolaus, servi Petri de Buscho, perforabant et necabant unum equum Petri predicti, et recesserunt ab eo cum servicio suo; propter quod justis sentenciis sunt proscripti pro pacis violatoribus. Judices domini Thidericus et Wenemarus supradicti.

323. Herbordus Bok, junior filius Herbordi Bok senioris, furtive et clandestine recessit et remansit obligatus Hinrico Holtzten suo hospiti 5 marcas et 6 solidos prolixis expensis; propter quod justis sentenciis est prosecutus coram judicio et proscriptus. Judices domini Thidericus de Büren et Hermannus Ribe.

324. Hinzeke Hovel, servus Marquardi Wegher, furatus est eidem Marquardo domino suo unum vas calibis et alias res in valore

---

*) S. 34.

1) 1364 um Sept. 29.

8 marcarum Sundensium; pro quo justis sentenciis pro fure est proscriptus. Judices ad hoc domini Thidemannus de Unna et Wenemarus.

325. Henningus Westfaal nauta percussit Hinricum de Crempe nauclerum suum, videlicet blud und blau, et voluit eum occidere, et ceterum alienavit sibi unam tunicam; pro quo justis sentenciis est proscriptus.

65 * ante festum nativitatis Domini [1].

326. Thomas Cote in Ruya occultavit et detinuit equum unum furatum Hinrico Coppyn nostro concivi et ablatum; pro eo justis sentenciis est proscriptus. Judices Thidericus de Unna et Wenemarus Bockhorn.

327. Hermannus Becker fuit incendiarius nocturnus, dictus mordberner, et incendit nocturno tempore edificia Johannis Scroder in Putten; propter quod justis sentenciis est pro incendiario nocturno proscriptus. Judices fuerunt domini Johannes Gryphenbergh et Nicolaus Rockut.

328. (Thidekinus Gherste est justis sentenciis proscriptus pro eo, quod intromisit se de bonis naufragis minus juste et usibus suis applicavit, et eadem bona diripi procuravit. Judices fuerunt domini Gherardus Kanemaker et Ludolfus Ghyze.)

329. Nordwest et socius suus Nicolaus justis sentenciis sunt proscripti pro eo, quod exierunt civitatem Sundensem usque Gelland, ut spoliarent mercatores ibidem, ad quod ipsi fuerunt capitanii. Judices domini Gherardus Kanemaker et Ludolfus Ghyzen.

330. Marquardus Lutkenborch recessit furtive a domino suo Johannes (!) Steynhagen doliatore et cum servicio suo ac detulit furtive pecunias domini sui videlicet 5½ marcas minus 10½ denariis; propter quod justis sentenciis est proscriptus. Judices fuerunt domini Johannes Gripenbergh et Nicolaus Rockute.

331. Meynekinus Horneborgh, servus Gozwini Raguelis est proscriptus justis sentenciis pro eo, quod furtive recessit a domino suo cum servicio et 3 solidis denariorum. Judices fuerunt domini Gherardus Kanemaker et Ludolfus Ghyzen.

332. (Anthonius et Hermannus fratres dicti Langendorp tradiderunt Johannem de Templo aurifabrum in Sundis, cum iter faceret a Stetin usque Sundas, et sequebantur eum ad locum dictum Havikhorst et ibi spoliaverunt eum 32 marcis puri et 16 marcis vinkenogen; propter quod profugi facti sunt, et omni jure prosecuti et justis sentenciis pro traditoribus et pro predonibus sunt proscripti. Judices ad hoc domini Gherardus Kanemaker et Ludolfus Ghyzen.)

*) S. 35.

1) 1365 vor Dez. 25.

Anno* Domini 1366 circa Johannis baptiste[1].

333. Hermannus Lutzow doliator recessit occulte a domino suo Hinrico Bürmeyster cum servicio suo et furtive abstulit sibi 2 marcas et 3 solidos; propter quod justis sentenciis est proscriptus pro fure. Judices ad hoc domini Gherardus Kauemaker et Ludolfus Ghizen.

334. Erlyken und agbarn heren, den burghermeystern von dem Sunde und deme rade, den dud witlich de rand tu Revele, dat sy eynen valschen man tů vyende hebben, dy het Ludeke Meye. De was er borgher ghewesen und hadde des lyves vurboret tu Revele und is dar mit uneren undweken, dat he synes rechtes nicht warden dorste, und is mit loghen·n gekomen vor den konigk von Denemark und vor syne vogheden und claghet over grote overlast, dat em dy von Revele gedaan hebben, des sy unschuldigh syn. Doch so loven sy syner loghene meer, wan guder lůde warheyt dorch ghenytes wille, dat sy dar von hebben moghen; und let sich leyden tu dem Sunde, tu Rozstok, tu Lubeck in dy stede, wor he kumt tu verspeende dat volk, und dut uns vele schaden. Hir bidde wy umme juwer erbarheyt, dat gy den man nicht leyden willen in juwer staad, want he eyn quaade valsch mensche is.

335. Dit sin dy lude, dy Bremen vůrreden*: Johan Hermans· Luder Nakede: desse selven twe zeten tu jare in dem rade tu Bremen und weren daar raatmanne: und Johan Holm was dy drudde hovetman, und was geleydet tu Bremen, bynnen deme geleyde vurrěd he dy staad mit den vorscr[even] twen raatmannen und mit andren eren hulperen. Hir na dit syn dy hoftlude von den ambten, dy sich kegn den raad tu Bremen satten, dar sy vorwykinge umme deden, dy nu dy staad mede hulpen vurraden: also Hinrik Kemmer und Wilde, dy twe peltzer, Hinrik Schipbere eyn knokenhower, Hinrik Grize, Ludeke eyn scroder, Rolef eyn Molner und is eyn molner. Nu von den bruwern: Hinrik von Berssone, Johan Horn und Herman syn sone, Johan Ammentroost. Desse und ero hulper. Erer is noch wol meer, dy noch hir na wol openbaar werden[3].

336. Nicolaus Oste, Bleke und Steynhagu commiserunt homicidium intra civitatem Sundensem, quia interfecerunt servum Jordani

*) S. 63.

1) 1366 um Juni 24.
2) Die Eintragung ist gemacht in Folge des 1366 Juni 24 zu Lübeck gefassten Beschlusses der Hansestädte; s. Hanserecesse 1, Nr. 376 § 6: Item ad instanciam Bremensium civitates decreverunt proscribere traditores civitatis Bremensis.
3) Ueber die Vorgänge, auf die sich Nr. 335 bezieht, s. Rynesberch und Schene in Lappenberg, Geschichtsquellen des Erzstiftes und der Stadt Bremen S. 51, 113 ff.; vgl. Barthold, Geschichte der deutschen Städte 4, S. 112, 113 und Barthold, Geschichte der deutschen Hanse 2, S. 166, 167. Der in der Aufzeichnung erwähnte Johan Holm ist anscheinend dieselbe Persönlichkeit, welche von der Chronik Johan Holleman, von Barthold Holmann genannt wird.

sartoris nocturno tempore, propter quod justis sentenciis sunt proscripti. Judices domini Gherardus Kanemaker et Ludolfus Ghyzen.

66* juxta ascensionem virginis Mario [1].

337. Mathias, Herman et Brand, servi Hinrici kûters, recesserunt a
domino eorum furtive cum servicio suo et abstulerunt ei furtive pecunias suas, videlicet 2 marcas et 4 solidos; propter quod justis sentenciis pro furibus sunt proscripti. Judices Gherardus Kanemaker et
Ludolfus Ghizen domini et consules Sundenses.

338. Conradus de Buxtehude, servus Her[manni] Steynhus, recessit
a domino suo predicto cum servicio suo et furtive detulit ei 14 solidos
denariorum; propter quod justis sentenciis pro fure est proscriptus.
Judices domini Nicolaus Rockut et Engelbertus Dalvitze.

339. Albertus Vette et Schenckebyr commiserunt violenciam intra
civitatem eo, quod nocturno tempore venerunt in domum Hennekini
Wendes et invaserunt uxorem ejus, manu violenta percuciendo et vul-
nerando ipsam; propter quod justis sentenciis pro pacis violatoribus
sunt proscripti. Judices domini Ghert Kannemaker et Ludolfus Ghyzen.

340. Gherardus Wackendorp vulneravit Hinricum de Hamme;
propter quod justis sentenciis est proscriptus. Judices domini Gherardus Kanemaker et Ludolfus Ghisen.

341. Hennekinus Bolto furatus est Hennekino von dem Cleye
2 equos; propter quod idem Bolto justis sentenciis pro fure est proscriptus.

342. Johannes Wyse furatus est domino suo Ruzzen balistario
duas balistas et alia balistaria ad valorem 5 marcarum Sundensium;
propter quod justis sentenciis pro fure est proscriptus. Judices domini
Gherardus Kanemaker et Ludolfus Ghysen.

343. Ghezeke Hakesche et Hinzekinus Witte recesserunt furtive
a domino eorum, videlicet Vos preconi (!), et furtive detulerunt ei in
promptis bonis ad valorem 60 marcarum Sundensium; propter quod
justis sentenciis pro furibus sunt proscripti. Judices jam supra dicti
sunt.

344. Hintzkinus Bûle, alias dictus Stoltevût, servus Hermanni
Clattevolen, furtive abstulit dicto domino suo 200 marcas Sundensium
denariorum; propter quod dictus Hintzkinus pro fure justis sentenciis
est proscriptus. Judices ad hoc domini Hermannus Riben et Nicolaus
Rockute.

345. (Hinricus de Mynden, Heneke Herden et Heneke Hillen-
sone sunt cum omni jure Lubecensi proscripti pro eo, quod Hinricum
Goldensteden in capud ipsius secarunt et in ambo brachia, quorum
unum communiter absecarunt, et hoc egerunt ante villam Rambyn ante
dotem. Judices ante dicti.)

*) S. 37.

1) 1366 um Aug. 15.

Anno *, quo supra, circa Michaelis [1].

346. Johannes Apeke Bozemund abjuravit civitatem.

347. Alberus Hagge et lange Reymar inflixerunt Lutteken vigili nocturno tempore unum perfectum vulnus. Propter hoc justis sentenciis pro violatoribus sunt proscripti.

348. Hennekinus Lantman inflixit Jacobo Splinter unum perfectum vulnus. Propterea idem* justis sentenciis est proscriptus.

349. Nicolaus Hoppe faber recessit a domino suo Hinrico Schiphern et abstulit sibi furtive 28 solidos Sundensium denariorum et servicium; propter quod pro fure justis sentenciis est proscriptus. Judices fuerunt Johannes von der Heyde et Gherardus Lowe.

350. Maas molendinarius in novo molendino secavit cum gladio Alberto Slakertene socio suo unum perfectum vulnus in capite quodam tempore noctis, ipso Alberto predicto in suo lecto quiescente et dormiente, et exinde ipse Maas profugus factus est; propter quod justis sentenciis idem proscriptus est pro occisore et traditore. Judices ad hoc domini Johannes Griphenbergh et Thidericus de Büren.

351. (Wytte Bertolt van der Osten, filius suus Bertoldus cum servo suo Hinrico Reder abscidit Hinrico Papenhaghen aurem suam, et vulnus perfectum sibi secavit in brachio. Exinde profugus factus est; propter quod justis sentenciis idem proscriptus est. Judices ad hoc domini Johannes van der Heyde, Gherardus Lowe. Johannes Kosslyn* electus est capitaneus ad hoc judicium.)

352. Nicolaus voghelere trusit perfectum vulnus Maas Mulerde; exinde proscriptus est justis cum sentenciis. Judices domini Johannes Gryfenberch et Nicolaus Ruckut.

353. Andreas Kutze trusit Johanni Sweders unum perfectum vulnus; pro quo proscriptus est justis cum sentenciis. Judices domini Gherardus Lowe et Johannes de Heyde.

354. Koneke Krügher interfecit Kerstianum de Putten in nocturno tempore; propter quod justis sentenciis Lubicensibus est proscriptus. Judices domini Hermannus Rybe et Johannes Grifenberch.

Anno ** Domini 1369.

355. Bernardus watertoghere trusit Andree Zassen 3 vulnera perfecta, pro quibus justis sentenciis est proscriptus. Judices Gherardus Lowe et Johannes de Heyde.

356. Heneke Belther subtraxit Lamberto de Rode 30 marcas et 1 lagenam salis; propter quod justis sentenciis est proscriptus, et profugus factus. Judices Gherardus Louwe et Johannes de Heyde.

---

*) S. 38.   **) S. 39.

a) idiem *die Urschrift.*

1) 1366 *um Sept. 29.*
2) *Johann Kosselin ist kein stralsunder Rathsherr. S. übrigens seinetwegen oben II: die Schreiber des Verfestungsbuches.*

357. Reymer tornator discessit occulte a relicta Bågeken cum servicio et denariis suis; propter quod pro fure justis seutenciis est proscriptus. Judices domini Gherardus Louwe et Johannes de Heyde.

358. Hermannus Kartelow et Johannes Netzow recesserunt occulte a provisoribus domine nostre beate Marie ad thegelhus cum servicio et 4 marcis denariorum. Eciam furati sunt ipsis 12 ulnas lini, propter quod justis sentenciis sunt proscripti pro furibus. Judices domini Nicolaus Ruckut et Johannes Grifenberch.

359. Ludeke Hasenkop recessit occulte a Hinrico Rothgero cum servicio et 1 marca denariorum, propter quod justis seutenciis pro fure est proscriptus. Judices domini Gherardus Louwe et Johannes de Heyde.

360. Johannes Woke de Colberghe recessit occulte a Bernardo de Kamen domino suo cum servicio et 3 marcis 4 solidis minus; propter quod justis sentenciis pro fure est proscriptus. Judices domini E[n]ghelkinus Dalvytze et Johannes Grifenberch.

361. Langge Peter de Wysmaria occidit Hinricum Stenhaghen, pro quo idem Petrus justis sentenciis Lubicensibus funditus est proscriptus. Judices domini Gherardus Lowe et Johannes de Heyden.

362. Henneke Wuste et Hinricus Kule interfecerunt Gotmarum Lebele et spoliaverunt eundem, proprie reroven; propter quod omni sentencia juris Lubicensis iidem sunt proscripti et profugi facti. Judices Hermannus Bekerer et Bernardus Korthenacke [1].

363. Albertus scheper furabatur Alberto Lůtken suo paneo domino 50 marcas promptorum denariorum et in pannis super 12 marcis; propter quod justis sentenciis Lubicensibus pro fumeo fure est proscriptus. Judices domini Jacobus Zwertsliper et Arnoldus de Zost.

Anno* 70.

364. Reyneke Becker consequebatur cum omni Lubicensi jure Wychmannum suum nauclerum, dictum schipman, propter 13 florenos Lubicenses et alteram dimidiam marcam Lubicensem per eundem sibi furatas; pro quo omni sentencia Lubicensi idem Wychmannus est proscriptus et profugus factus. Judices domini Gherardus Lowe et Arnoldus de Zosath.

365. Gotschalcus de Holthe constituit Hinrico de Loon in pingnus furata bona, videlicet 30½ marcam Sundensem; pro quo dictus Gotschalcus per Hinricum predictum consequtus omni juri Lubicensi, profugus est factus et omni sentencia juris Lubicensis proscriptus. Judices domini Jacobus Zwertsliper et Arnoldus de Zost.

366. Idem Gotschalcus furabatur domino Alberto Ghildehus 2000 varii operis et 2 talenta cupri, unde profugus factus est et omni sentencia juris Lubicensis proscriptus. Judices domini predicti.

*) S. 40.

1) *Bekerer und Kortenacke sind keine stralsunder Rathsherren.*

367. Petrus Wollyn et Lutgard sua uxor deportaverunt furtive Elero Budden 40 marcas Sundensium denariorum, unde profugi facti sunt et omni sentencia Lubicensi proscripti. Judices domini Thidericus de Buren et Johannes Grifenbergh.

368. Gherardus Wegewynd recessit occulte cum servicio et denariis a Hinrico Burmestere doleatore; propter quod dictus Gherardus omni jure per dictum Hinricum exsecutus et sentencia Lubicensi pro fure est proscriptus. Judices domini Johannes de Heyde et Albertus Vrogeland.

369. Laurencius Kuther interfecit et despoliavit, proprie reroven, in Schanea* Petrum Wende, propter quod omni sentencia Lubicensi in Sundys sunt proscripti (!). Judices domini Jacobus Zwertslyper et Arnoldus de Zosat.

370. Wylke becker, filius pistoris de Prenslowe, peregit Martino Konen unum vulnus perfectum et crucis fracturam; propter quod profugus factus, omni sentencia Lubicensi exsecutus et jure Lubicensi integro proscriptus. Judices domini Jacobus Zwertslyper et Arnoldus de Zosath.

371. Nigkyls Kagge advocatus de Ravelund despoliavit Petrum Krulle de Meydeborch videlicet corriam peram et omne, quod in illa fuerat. In hujusmodi spolio desumebat eciam cum illo 2 last alecum, 1 last salis et 3 marcas puri argenti. Judices domini Thidericus de Buren et Johannes Grifenberch. Propter quod predictus advocatus est omni jure Lubicensi proscriptus.

372. Hermanus Wycbenhaghen [1] exsequebatur cum jure Lubicensi Johannem Balhorst servum ipsius pro isto, quod cum 7 marcis Sundensibus 6 solidis minus et suo servicio furtive recessit ab eodem Hermanno; unde omni sentencia juris Lubicensis idem Johannes est proscriptus. Judices domini Thidericus de Buren et Johannes Grifenberch.

Anno* 71 circa nativitatem Christi [2].

373. Johannes Wittenborch trudendo occidit Hinricum Kalenberghe, propter quod idem Johannes profugus factus, omni sentencia juris Lubicensis exsecutus est et proscriptus. Judices domini Thidericus de Buren et Johannes Grifenberch.

374. Nicolaus Preen interfecit Laurencium Dorowe, unde idem Nicolaus profugus factus, omni jure Lubicensi exsecutus est et proscriptus. Judices domini Jacobus Zwertslyper et Arnoldus de Zost.

375. Jacobus filius Jacobi Cronevytze prodidit et seduxit Johannem filium Thidemanni Stoltenhaghen ex civitate Sundensi usque in

---

*) S. 41.

a) *Nicht ganz deutlich; wie es scheint* schane *mit dem liegenden* a über n; *vielleicht* scharne?

1) *Verschrieben für* Wybcenhaghen.
2) *1371 um Dec. 25.*

heynholt, ubi eundem Johannem in guttur trusit, volens eum occidisse; dimisitque ipsum tamquam mortuum ibidem jacentem permanere. Propter quod profugus factus, jure exsequtus et omni sentencia Lubicensi est proscriptus. Judices domini Gherardus Louwe et Johannes de Heyde.

376. Hintze Overkerke furatus est Florekino Vrangkenberghe 58 marcas Sundensium denariorum, cum quibus idem Overkerke a predicto Florekino occulte recedebat; pro quo ipse profugus factus, omni sentencia Lubicensi exsecutus et proscriptus [est]. Judices domini Gherardus Louwe et Johannes de Heyde.

377. Laure[n]cius de Vytzen et Martinus Horn perfecerunt unum perfectum vulnus Petro Norman extra civitatem apud domum laterinam, etiam peregerunt sibi blût et blaw; pro quo iidem profugi facti sunt, omni sentencia juris Lubicensis exsequti et proscripti. Judices domini Thidemannus de Buren et Enggelbertus Dalvytze.

378. Conradus Ralow prosequebatur cum jure Lubicensi Bernardum Koster pro fure, perjuro et proditore. Pro quo idem Bernardus profugus est factus et cum omni sentencia Lubicensi proscriptus. Judices domini Thidericus de Buren et Enggelbertus Dalvytze.

379. Mathias Starke lator trusit Alberto Stralouwen unum perfectum vulnus in brachium suum, propter quod profugus idem Mathias factus et omni sentencia juris Lubicensis proscriptus [est]. Judices domini Gherardus Louwe et Johannes de Heyde.

380. Helmycus Keghel, filius tabernatoris in Theskenhagen, occidit Deghenardum de Ghentze et furatus est sibi 10 florenos, unde cum omni sentencia juris Lubicensis est proscriptus. Judices domini Gherardus et Johannes antelati.

381. Hinczeke Wyntheimp et Heyno Duderstad egerunt Thome cum lira unum perfectum vulnus et spoliabant ipsum cultro suo valente 18 solidos; unde omni jure Lubicensi sunt proscripti. Judices domini Thidericus de Buren et Engelbertus Dalvytze.

382. Hinricus Crosenbuer clam deduxit secum Margaretam uxorem Hinrici Hoghen, cum legifragus dicti Hinrici factus extitit in eodem, et dictus Hoghe post hujusmodi deduxionem persolvit 24 marcas, quas dictus legifragus cum dicta Margareta adultera occulte consumpsit; unde dictus legifragus omni jure Lubicensi est proscriptus. Judices domini Enggelbertus Dalvytze et Nicolaus Zeghevryd.

Anno* 72 post medium quadragesime* [1].

383. Henneke Agkerman clam recessit a domino suo Hinrico Dotenberghe cum suo servicio et 9 solidis 2 denariis minus; pro quo

*) S. 42.

a) XL** die Urschrift.

1) 1372 nach März 7.

idem Hennekinus profugus factus, cum omni jure Lubicensi exsecutus et proscriptus [est]. Judices domini Enggelbertus Dalvytze et Nicolaus Zeghevryd.

384. Nota. Anno 72 vigilia palmarum [1] domini Wart[islaus] et Bug[islaus] fratres juniores, Dei gracia duces Stetinenses Ruyeque principes, quandam litteram proconsulibus et consulibus Sundensibus miserunt, cujus tenor sequitur in hec verba:

Weten schole gii, alze wi jw vakene hebben ghemanet myd munde unde myd breven, dat gii uns scholden holden, alze gii uns ghelovet hebben unde juwe breve up ghegheven hebben, de gii uns leyder cleyne holden hebben unde noch nicht en holden; des wii ju doch nicht tolovet hadden, dat gii zo grote untrüwe unde vorretnisse an juwen rechten anerve[de]n [a] hern scholden don. Wente wii vor unses vader erve nicht en hebben, men juwe snode permynd unde jůwe snode was unde juwe trůwe, de gii uns ghelovet hadden unde hebben, de gii leider nastan laten; wor umme mane wii jw noch, dat gii jw bedenken unde holden uns noch van stade an, alze juwe breve spreken. Is, dat gii des nicht en don, zo segge wii unde moten seggen, dat gii uns vorraden hebben van unses rechten vader erve, alze Judas unsen hern God vorred; unde moten dat klaghen unde kundighen hern, mannen, steden unde allen bedderven luden, unde wor wii dat klaghen moghen, dat gii jo grote vorretnisse an juwen anerveden hern don; unde willen dat jw alzo langge naseggen unde breve streygen in steden unde aller weghene, wor wii moghen, wente alzo langge, dat gii juwe breve holden, alzo de spreken, de gii uns gheven hebben. Responsum petimus finale. Datum Wolgast vigilia palmarum nostro sub secreto.

Nota. Predicti duces anno et die, quibus supra, sub eodem titulo predicto miserunt senioribus 8 officiorum civitatis Stralessundensis quibuslibet unam litteram. Quarum tenor subsequitur in hec verba:

Ad carnifices: Favore nostro premisso. Weten schole gii, unse truwen borghere unde unse leven ammetlude, dat juwe borghermestere unde juwe rad hebben uns ghelovet unde breve gheven, dar se uns mede ghebracht hebben van unses rechten vader erve. Dat claghe wii jw unde kundighen jw, dat se uns der breve nicht en holden. Wor umme bydde wii jw, dat gii se berichten unde vormundern, dat se uns noch holden, alze ere breve spreken. Were, dat gii se dar nicht anne berichten kunden, zo mothe wii unde willen seggen, dat se unde alle de ghene, de myd en toholden, unser, alze eres rechten anerveden hern, vorredere synd. Unde dat mothe wii klaghen hern, mannen, steden unde allen bedderven luden, unde wor wii moghen, wo grothe vorretnisse an uns van en gheschen is unde noch schut. Unde dat wille wii en alzo langge naseggen, wente se ere breve holden. Datum Wolgast in vigilia palmarum nostro sub secreto. Super hiis petimus responsum.

a) anerven *die Urschrift.*

1) *1372 März 20.*

Pro huiusmodi facto consules Stralessundenses volunt habere a predictis dominis ducibus publicam equitatem, condingnam emendam et plenam omnium istorum predictorum satisfactionem [1].

385. Wedeke [a] Stroschene, Wedeke cum schaka, Struve [a] cum duobus sagittariis, Stenvelt [a] cum uno sagittario, Otto Bylow [a], Wylde [a], Jannow [a], Krowol, Zwartekop, Daam Vlemyg, Lubbeghyn in Beggerow et unus alius [a] circa Martini ante Anklym sumpserunt, stante pace et securitate, in pannis, promptis denariis et lineis pannis in valore 320 marcarum, Hinrico de Rozstok, Thome Norttorpe, Heynoni Sluter et Johanni Nysen nostris concivibus pertinentibus; unde sunt jure Lubicensi proscripti.

[a]Incole de Hachghyn.

386. (Hermannus [a] de Dorpen mortifera morte occidit Wilkinum barbirasorem, ad quod Reyneke paucus suus servus et Heyneke Overrynssche pleni fuerunt adjutores, propter quod pariter fecerunt fugam, omnique jure Lubicensi sunt exsecuti et proscripti. Judices domini Johannes Yordani et Albertus Ghildehus.)

387. Paulus de Calcar trusit cum cultello Hinrico Roden unum perfectum vulnus; unde profugus, omni jure Lubicensi exsecutus est et finaliter proscriptus. Judices domini Eggelbertus Dalvytze et Nicolaus Zeghevryd.

388. Nicolaus Rodewold occulte recessit a Nicolao Dymyn domino suo cum servicio et $3\frac{1}{2}$ marcis et 18 [solidis] denariorum, pro quo omni jure Lubicensi finaliter est proscriptus. Judices domiui Eggelbertus Dalvytze et Nicolaus Rockut.

389. Hintze de Osenbrugge pellifex occulte recessit a domino suo Johanne de Zost cum servicio suo et furtive 3 marcas et 7 solidos ipsi deportavit; unde profugus est inventus, omni sentencia juris Lubicensis exsecutus et proscriptus. Judices domiui Eggelbertus Dalvytze et Nicolaus Ruckut.

390. Hermannus Calybe occulte recessit a Conrado Ralouwen domino suo cum ipsius servicio et 4 marcas 3 solidis minus sibi furtive deportavit; pro quo cum omni sentencia juris Lubicensis est exsecutus et proscriptus. Judices domini Eggelbertus Dalvytze et Nicolaus Rockut.

391. Hinricus de Darse mortifera [a] occisione interfecit Mechteldem, ancillam Katherine Westvelschen meretricis, unde profugus factus,

*) *S. 43.*

a) mortiva *die Urschrift.*

1) *Die Verhältnisse, auf welche die beiden herzoglichen Schreiben sich beziehen, sind bis jetzt nicht genügend ermittelt.* Fock a. a. O. 4, *S. 61.*

2) *Nr. 385 steht auf dem im Vorwort erwähnten eingehefteten Streifen. Ueber den mit Sternen bezeichneten Namen stehen in der Urschrift kleine Kreuze und ein ebensolches Zeichen befindet sich über den Worten:* Incole de Hachghyn. *Die betreffenden Personen sind also als Einwohner dieses Ortes gekennzeichnet.*

omni jure Lubicensi exsecutus exstitit et proscriptus. Judices domini Eggelbertus Dalvytze et Nicolaus Seghevryd.

392. Anthonius Westval furatus est Johanni Wobelkow suo domino 40 marcas Sundensium denariorum, cum quibus eciam cum servicio et vestimentis a dicto Johanne occulte recessit, unde proscriptus extitit cum omni jure Lubicensi et pro fure fumeo exsecutus. Judices domini Gherardus Louwe et Arnoldus Zost.

393. Johannes Horst doleator occulte recessit a parvo Bernardo domino suo cum ipsius servicio et 7 marcis denariorum furtive deportatis, unde cum omni sentencia juris Lubicensis extitit per dictum Bernardum exsecutus et sentencialiter proscriptus pro eodem. Judices domini Gherardus Louwe et Arnoldus de Zost.

394. Radeke Haghen occidit Elyzabet ipsius legitimam uxorem, unde profugus est factus, omni jure Lubicensi exsequtus et sentencialiter proscriptus factus pro eodem. Judices domini Johannes Valke et Albertus Ghildehus.

395. Martinus Ghudeman furatus est Petro Rughen 6 dimidias lagenas allecium, unde profugus est factus, omni sentencia juris Lubicensis exsecutus et proscriptus. Judices Henninghus Valke et Albertus Ghildehus.

396. Albertus Euggelenstedum furatus est Hermanno Brunswïk carnifici 22 marcas Sundenses, unde profugus factus, omni sentencia Lubicensi exsecutus et proscriptus. Judices Henningus et Albertus predicti.

397. Johannes Luffe furatus est Thidemanno Luchten carnifici 40 marcas Sundenses, unde profugus est factus, omni jure Lubicensi proscriptus et exsecutus. Judices Henningus Valke et Albertus predicti.

74 * 1.

398. Nicolaus Mytebråd recessit occulte a domino suo Johanne de Damenytze doleatore et deportavit sibi servicium et 5 denariorum marcas; unde cum omni sentencia juris est proscriptus. Judices domini Johannes de Heyde et Jacobus Zwertsliper.

399. Wolterus de Nygendorpe spoliavit Martinum Stephani a 60 marcis denariorum et vestibus ipsius in valore 30 marcarum; id idem ipse egit in merica Bardensi, unde cum omni sentencia juris Lubicensis est proscriptus. Judices domini Jacobus Zwertsliper et Johannes de Heyde.

400. Quidam Andreas fabrinus servus occulte recessit a Michahele Wollyne ipsius domino et deportavit ei servicium et 2½ marcas cum 2 solidis, unde est cum jure Lubicensi proscriptus. Judices domini Jacobus Zwertsliper et Johannes de Heyde.

*) S. 44.

1) *Die Eintragungen von 1373 folgen unten S. 56.*

401. Hermannus Tretbowe* doleature servus recessit occulte a Jacobo Wingkel domino suo doleatore cum suo servicio et 6 marcis denariorum; unde dictus Hermannus pro fure est cum omni jure Lubicensi proscriptus. Judices domini Johannes de Heyde et Jacobus Zwertsliper.

402. Nota. Marquardus Trybbow civis Sundensis incusavit longum Martinum civem Sundensem pro 30 marcis denariorum Sundensium coram advocatis Danicis super Schaniam, asserens eundem per 3 annos elapsos cum hiis denariis eum in Sundis preivisse, sic quod non potuit ab eo propter hoc consequi seu habere equitatis vel juris supplementum; et cum hoc tantum egit, quod Danici advocati dictum Martinum in eorum seras posuerunt, nolentes eum admittere [ad] quamcunque caucionem ob hoc fidejussorie faciendam. Et hec fecit contra arbitrium communium civitatum, et hoc stabit ad civitates, qualiter hoc velint judicare [1].

403. Detlevus Rubard furatus est Hinrico Langge 2 dimidias lagenas allecium, unde cum omni jure Lubicensi est pro fure proscriptus. Judices domini Jacobus Zwertsliper et Johannes de Heyde.

404. Mathias Klenesadel jure Lubicensi ad sancta jurans, acquisivit Martinum Greven ipsius paneum servum pro fure suo, unde idem Martinus extitit cum omni jure Lubicensi pro fure proscriptus. Judices domini Johannes Grifenbergh et Nicolaus Zeghevryd.

405. Thidericus Vyngkeldey nuncius joculatorum, proprie gherden, furatus est ipsis eorum vestimenta, cum quibus eciamque servicio eorum furtive recessit; unde pro fure idem Vingkeldey cum omni jure Lubicensi est proscriptus. Judices domini Johannes Grifenberch et Nicolaus Zeghevryd.

406. (Nicolaus Tymmerman in Gosedyn morans est proscriptus cum omni jure Lubicensi pro fure ex eo, quod ipse proditor fuit duorum equorum furatorum pertinencium Conrado Heygen et Thidekino Hilten. Judices domini Jacobus Zwertsliper et Johannes de Heyde.)

Anno* 74 circa nativitatem Christi [2].

407. Heyneke Woldegge sutor est proscriptus cum omni jure Lubicensi pro eo, quod ipse recessit occulte a Nicolao de Ruya sutore domino ipsius cum suo servicio et 12 solidis denariorum. Judices Jacobus Zwertsliper et Johannes de Heyde.

408. (Henneke Maghenatze, Wulvyngus Maghenatze filius suus, alius dictus Maghenhagen, Nicolaus Bulow et Detlevus eorum servi mortifera occisione interfecerunt infra pacem, securitatem et terrarum

---

*) *S. 45.*

a) *Wohl verschrieben für* Treblowe.

1) *Die Hanserecesse erwähnen dieser Angelegenheit nicht.*
2) *1374 um Dez. 25.*

pacem [1] Henninghum Zegheboden famulum Ruye; pro quo profugi sunt facti, cum omni jure Lubicensi exsequti et cum omni jure Lubicensi proscripti. Judices domini Henninghus Valke et Arnoldus de Zost.)

409. Mathias Rubard et Mathias Stryppow interfecerunt mortifera interfectione in libera via publica Johannem super montem pro suis justis bonis per eos desumptis; unde pro occisoribus et traditoribus sunt cum omni jure Lubicensi proscripti. Judices domini Henningus Valke et Arnoldus de Zost.

410. Conradus de Rethem et Henningus de Rethem interfectiva occisione interfecerunt dominum Johannem Voghen presbiterum, stante terrarum pace in dominorum consulum Sundensium proprietate; propter quod cum omni jure Lubicensi sunt proscripti. Judices domini Henninghus Valke et Arnoldus de Zost.

411. Jacobus Borrentyn et junior Henninghus de Rethem, stante terrarum pace in dominorum consulum Sundensium proprietate, cum interfectiva occisione interfecerunt dominum Johannem Voghem presbiterum, pro quo cum omni jure Lubicensi sunt proscripti. Judices domini Henninghus Valke et Thidericus Krudener.

412. Laurencius Krochdregher occulte recessit a domino suo Mauricio Myssener pellifice cum servicio et ipsius precio, et furabatur sibi 1 togam, in valore predictorum omnium deportatorum super 3 marcis denariorum; unde cum omni jure Lubicensi est proscriptus. Judices domini Engelbertus Dalvytze et Johannes Grifenberch.

413. Petrus Olaf recessit occulte a Johanne Asschenberner domino suo, cui 2 marcas et servicium ipsius furtive deportavit; unde pro fure est proscriptus cum omni jure Lubicensi. Judices Johannes de Heyde et Henningus Valke.

414. (Gotschalk burtifex recessit occulte a domino suo Wynekino de Mole cum servicio suo et duabus marcis Sundensium denariorum; unde cum omni jure Lubicensi pro fure est proscriptus. Judices domini predicti.)

415. Hinricus cistifex occulte recessit a Wynekino de Mole predicto ipsius domino cum suo servicio et 9 solidis Sundensium denariorum; unde cum omni jure Lubicensi pro fure est proscriptus. Judices domini predicti.

416. Nysse Bosso tradidit et postea spoliavit Nicolaum Zum suum hospitem, cui idem Nysse cum aliquo dicto Yesse infra Kopenhaven et Koek 36 solidos grotorum spoliando desumpsit; unde dictus Nysse pro traditore et spoliatore et ille Yesse pro pleno dicti spolii adjutore pariter sunt cum omni jure Lubicensi proscripti. Judices domini Eggelbertus Dalvytze et Johannes Grifenbergh.

---

1) *Ein Landfrieden zwischen den Herzögen von Sachsen-Lauenburg, den Grafen von Holstein und den Städten Lübeck und Hamburg von 1374 Febr. 19 ist gedruckt Lüb. U. B. 4, Nr. 219.*

417. Longus Wilkinus sartoreus servus tradidit Johannem Schivelben sartorem et est ejus legifragus factus, pro quo de Zundis occulte profugit* et post hoc literam tangentem dicti Johannis famam et honorem oldermannis sartorum in Zundis remisit; unde cum omni jure Lubicensi est proscriptus. Judices domini Hen[ricus] Valke et Arnoldus Zost.

418. Orveyte* civitati fecerunt pro susspicione latrocinii maris: Hartwicus Ploch, qui susspicabatur reus; cum eo fidejusserunt: Nicolaus Thome, Thideke de Gelant, Nicolaus Kokebret, Magnus de Gelant, Peter de Vitte, Gher[ardus] filius Sagonis, Albertus Molner.

419. (Hinricus Barnekow, Detlevus Barnekow et Hermanus Barnekow suus frater spoliarunt in Brömese Blekinggye Wernerum de Alen et amicos suos de bonis suis in valore 150 marcarum Sundensium denariorum infra pacis securitatem, unde pro spoliatoribus stratarum publicarum iidem sunt proscripti cum omni jure Lubicensi. Judices domini Lud[olfus] Ghise et Henningus Valke).

420. Johannes Krempe pistor occulte recessit a Wychmanno pistore suo domino et sibi 8 marcas Sundenses cum servicio furtive deportavit. Item Hinricus Sternenbergh pistor a dicto Wychmanno suo domino occulte recessit et 6 marcas Sundenses cum servicio suo sibi furtive deportavit. Item Nicolaus Holzste pistor occulte recessit a dicto Wychmanno suo domino et 5 marcas Sundenses cum servicio suo sibi furtive deportavit. Unde omnes illi predicti servi, videlicet Johannes, Hinricus et Nicolaus sunt cum omni jure Lubicensi proscripti. Judices domini Eggelbertus Dalvysse et Johannes Griphenbergh.

421. Bernardus de Warne servus Walen, provisoris domus latherine sancti spiritus, in pramono cespitali occidit Paulum Warbel eciam servum dicti Walen et projecit ipsum ex pramone in fossatum laterinum[1], unde cum omni sentencia juris Lubicensis pro occisore est proscriptus. Judices domini Hermannus Rybe et Enggelbertus Dalvysse.

422. Koppyn mortifera occisione occidit Johannem Herrenschacht nocturno tempore; unde idem Koppyn profugit*, et est omni jure Lubicensi proscriptus pro occisore. Judices domini Henningus Valke et Arnoldus de Zost.

423. Taleke Myredorpes furabatur Johanni de Bremen domino suo bona vel res in valore 12 marcarum Sundensium denariorum, que quidem bona cum servicio suo occulte et furtive deportavit; unde profuga facta cum omni jure Lubicensi est proscripta pro fure. Judices domini Johannes Grifenberch et Eggelbertus Dalvysse.

*) S. 46.

a) profugiit die Urschrift.

1) Ziegelgraben heisst noch jetzt die Enge zwischen dem Dänholm und der Frankenvorstadt.

424. Ghiselbrecht Odensone deduxit occulte et seduxit Margaretam, uxorem magistri Johannis Vresen, cum qua legem fregit et furabatur sibi 61 antiqua schudata; unde profugus est factus et omni jure Lubicensi proscriptus pro fure, legifrago et traditore. Judices domini Henningus Valke et Arnoldus de Zost.

425. Hinricus Warberg occulte recessit a domino suo Nicolao Rambowen fabro cum ipsius servicio et 4 marcis denariorum Sundensium, quas furtive deportavit; unde pro fure est cum omni jure Lubicensi idem Hinricus proscriptus. Judices Henningus et Arnoldus predicti.

426. Quidam Enggelbertus mortifera occisione occidit Danquardum Wilvank, servum Johannis Komeryckes fabri, nocturno tempore; unde pro occisore est cum omni jure Lubicensi proscriptus. Judices domini Johannes Grifenberch et Enggelbertus Dalvysse.

76*.

427. Elyzabet, legitima uxor Johannis baptizati judei, discursit cum quidam (!) Volquino clerico, qui ambo pariter litteras suas super ipsius baptisma loquentes, 3 cussinos et alias suas res diversas furtive deportaverunt; et sunt racione predictorum pro legifragis, furibus et traditoribus cum omni jure Lubicensi proscripti. Judices domini Hermannus Rybe et Thidericus de Buren.

428. Marquardus Boytyn recessit occulte a Johanne Pagyttzen domino suo cymbifice et deportavit sibi furtive 2 marcas denariorum et servicium ipsius; unde pro fure est cum omni sentencia juris Lubicensis proscriptus. Judices domini Hermannus Rybe et Thidericus de Buren.

429. Jacobus Stor occulte recessit a Johanne Pagyttzen cymbifice suo domino et furtive sibi servicium ipsius cum 3 marcis et 10 denariis Sundensium denariorum deportavit; unde pro fure est cum omni jure Lubicensi proscriptus. Judices Gherardus(!) Rybe et Thidericus de Buren.

430. Henneke Meygendorp carnifex oculte recessit a Johanne Gryp carnifice domino suo, et deportavit sibi furtive servicium et 3 marcas Sundensium denariorum 4 solidis minus; pro quo est cum omni jure Lubicensi pro fure proscriptus. Judices Henningus Valke et Arnoldus de Zost.

431. Lambertus zwertvegher, servus Wobben zwertvegher paneus, furabatur eidem Wobben in diversis bonis in valore 30 marcarum Sundensium denariorum; pro quo pro fure cum omni jure Lubicensi est proscriptus. Judices domini Henninghus Valke et Arnoldus de Zost.

432. Martinus Hoke aurifaber de Gripeswald falsificavit monetam Stralessundensem et fecit denarios Sundenses falsos, pro quo cum omni jure Lubicensi est proscriptus. Judices domini predicti.

*) S. 47.

77.

433. Unus utebatur duplici cognomine et fuit unus boetseman. Primo, cum velificavit cum nauclero Stale, protunc nomen fuit ejus Gherardus Hoveman, et cum velificavit cum Zweder, nomen ejus fuit Henneke. Et iste idem furabatur Wilhelmo Brokeman circa valorem 50 marcarum Sundensium; pro quo delicto cum omni jure Lubicensi pro fure est proscriptus. Judices dominus Enghelbertus Dalvytze, dominus Godfridus Nybe.

434. Kerstianus Westfalus occulte recessit de relicta Thotendorp cum sex marcis minus 4 solidis et cum servicio suo furtive; pro quo delicto idem Kerstianus cum omni jure Lubicensi pro fure est proscriptus. Judices domini Johannes de Heyde et Johannes Sculowe.

435. Hermannus Bloc pistor deduxit uxorem legitimam nomine Reymborgh cujusdam Tyderici Thonaghel et est suus legis fractor, et eidem Tydemanno Thonagel 30 marcas Sundenses furtive abstulit; pro quo delicto cum omni jure Lubicensi dictus Bloc et dicta Reymborgh sunt proscripti. Judices domini Andreas Kanemaker et Johannes Sculowe.

Anno * 78.

436. Gregorius oculte recessit de Johanne Strelowen suo domino et cistam suam confregit, de qua sibi juxta valorem 40 marcarum Sundensium furtive abstulit; pro quo delicto idem Georrius (!) cum omni jure Lubicensi in Falsterbode est pro suo fure fumeo proscriptus. Judex Tymmo Stubbe subadvocatus ibidem.

Anno 79.

437. Nicolaus de Konyngesberge recessit furtive de Hinrico Rynesberge cum suo servicio et fregit quandam cystam quorundam de Anglia, que sibi fuit innavigata, et quantum de ipsa recepit, ignorat. Pro quo delicto idem Nicolaus cum omni jure Lubicensi est proscriptus. Judices domini Andreas Kanemaker et Johannes Schulowe.

438. Hinricus Rynesberg inpetiit Bernardum Wittenborgh coram judicio pro suo traditore, fure et legisfractore; pro quibus delictis dictus Bernardus cum omni jure Lubicensi est proscriptus. Judices domini Jacobus Zwertscliper et Tydericus de Dorpen.

439. Quidam dictus Erycus civis in Oldentreptowe quendam equum coram judicio suis juramentis acquisivit. Postmodum alius, dictus Borchardus Nyenkerke, civis in Tanglym eundem Ericum ad judicium de dicta civi[tate] vocare fecit; qui non conparuit. Quapropter dictum Ericum pro perjuro proscribi fecit, et dictus equus dicto Borchardo via juris Lubicensis adjudicatus fuit. Judices domini Jacobus Swertsliper et Tydericus de Dorpen.

440. Quidam dictus Martinus Klynke nauta de Prutzia in portu invelificavit quendam dictum Johannem Grawecop ita, quod idem

*) S. 48.

Johannes submersus fuit; pro quo delicto idem Martinus cum omni jure Lubicensi est proscriptus. Judices domini Enghelbertus Dalvitze et Johannes Roggut.

441. Cyfridus et Hermannus fratres dicti Kuebergh fuerunt traditores Johannis Zemelowen, quia interim, quod panem suam manducabant et cerevisiam suam biberunt, dictum Johannem vulneraverunt et voluerunt ipsum occidisse. Pro quo delicto dicti fratres jure Lubicensi sunt proscripti. Judices domini Jacobus Zwertsliper et Tydericus de Dorpen. Raslavus Kuebergh pater ipsorum eciam est proscriptus pro eo, quod consilio et verbis interfuit. Judices fuerunt antedicti.

442. Bernardus Ganzekowe et Hinricus de Boke furtive develificaverunt cum bonis Nicolai Bullenspek, Hinrici Hagemesters et Johannis Yunghen; pro quo delicto antedicti Bernardus et Hinricus de Boke jure Lubicensi sunt proscripti. Judices domini Jacobus Zwertsliper et Tydericus de Dorpen.

443. Petrus Druggen trusit Nicolao Bortzowen tria vulnera perfecta; pro quo delicto idem Petrus omni jure Lubicensi est proscriptus. Judices domini Jacobus Zwertsliper et Tydericus de Dorpen.

Anno * 80.

444. Johannes Sager cum tradicione et vorzathe vulneravit Hermannum Butten secando sibi vulnus perfectum; quapropter idem Sager omni jure Lubicensi est proscriptus. Judices domini Engghelbertus de Dalvitze et Johannes Roggut.

445. Johannes Wildewunder trusit Hennekino de Gnoyen duo vulnera perfecta; pro quo delicto idem Johannes omni iure Lubicensi est proscriptus. Judices domini Andreas Kanemaker et Johannes Sculowe.

446. Marqwardus de Wismaria trusit Johanni Knut tria vulnera perfecta; pro quo delicto dictus Marqwardus omni jure Lubicensi quantum ad amputacionem manus est proscriptus. Judices domini Andreas Kanemaker et Johannes Sculowe.

447. Nicolaus Calf furtive deportavit recia dicta garne pertinencia Rolekino piscatori; pro quo delicto idem Nicolaus pro fure omni jure Lubicensi est proscriptus. Judices domini Andreas Kanemaker et Johannes Sculowe.

448. Heyno Jacobes, Bernardus Sletze, Cyfridus Zwarte et Jacobus Zwarte fratres spoliaverunt Bertoldum Buskowen, sumendo sibi aratrum suum, quod adhuc habent in ipsorum possessione, et woluissent dictum Bertoldum submergisse; pro quo delicto antedicti omni jure Lubicensi sunt proscripti. Judices domini Engelbertus Dalvitze et Godfridus Nybe.

449. Hinricus Schiphorst furtive abduxit unum equum Arnoldi Votes domini sui; pro quo delicto idem Hinricus justis sentenciis omni

*) S. 49.

4*

jure Lubicensi pro panisco fure, dicto en brodegh def, est proscriptus. Judices domini Andreas Kanemaker et Johannes Sculowe.

450. Jacobus Makebrot secavit Gherardum Strelowen et fecit sibi vulnus perfectum; pro quo delicto idem Jacobus omni jure Lubicensi est proscriptus. Judices domini Andreas Kanemaker et Johannes Sculowe.

451. Andreas Weldener furtive et oculte recessit a Johanne Tribuzees domino suo cum servicio et 3 ½ marcis denariorum; quapropter idem Andreas omni jure Lubicensi est prosecutus et proscriptus justis sentenciis. Judices domini Enghelbertus Dalvitze et Godfridus Nybe.

452. Johannes Kerkhof occulte recessit a Ludekino Konowen domino suo cum suo servicio et 6 marcis in promtis denariis et furatus est sibi unum capucium, unum yensen et unum par calceorum, pro quo delicto idem Johannes justis sentenciis omni jure Lubicensi est pro fure proscriptus. Judices domini Engelbertus Dalvitze et Godfridus Nybe.

453. Johannes Wulf trusit Johanni Gyskowe unum vulnus perfectum; quapropter idem Johannes Wulf justis sentenciis omni jure Lubicensi est proscriptus. Judices domini Andreas Kanemaker et Johannes Sculowe.

Anno* 80.

454. (Arnoldus Goldenstede quam vor dat rychte unde clagede up enen zulverne kop, den hee under Mukes vant, dat hee siner moder dufliken vorstolen were. Do quam Mukes unde schedede dar van myt rechte, dat, do hee den kop kofte, noch dufte noch rof dar ane wuste. Des quam Henning sin knecht, Ghert Kanemakers, Merten Kanemakers sone, deme God genedich sy, de umme des sulven koppes willen ghevanghen was up der ratmanne stalle, vor dat rychte unde bekande, dat sin here Ghert Kanemaker em den sulven kop hadde dan to vorkopende, den he em vorkofte unde brachte em dat ghelt van deme koppe unde goyt em dat an sinen boyken. Na der tyt quam de vorscrevene Arnolt Goldenstede unde clagede an Ludeke Bruggemanne umme zulver. Dar antwarde to de sulve Ludeke unde segede, dat Ghert Kanemaker hadde em gheantwardet een vorgult gordel, dar he em knope af makede, unde segede, dat dat sines oldervader gordel gewest hadde. Unde de vorbenomede Ludeke de brochte dat zulver, dat eme overlopen was, vor dat rychte unde schedede dar van myt rechte, dat he des nicht mer en hadde unde noch dufte noch rof dar ane wuste. Do gaf dat ordel unde recht deme vorbenomeden Arnolt Goldensteden, dat he dat zulver wedder wan mit rechte vor vorstolnde have siner moder. Judices domini Jacobus Swertsliper et Johannes Sculowe. Umme desser misdat willen vorscreven so ys de vorbenomede Ghert Kanemaker vorevluchtich worden, unde de heren de rat-

*) *s 50.*

manne wolden ene umme der duverye willen openbar vorvestet hebben, dat se umme bede willen siner vrunt over segen, dat dat also openbar nicht en schach; men dat scolde al like stede wesen, oft he dar umme openbar vorwestet (!) were.)

455. Nicolaus Tolk nauta mortifera occisione occidit Bernardum Wyzen; pro quo delicto idem Nicolaus omni jure Lubicensi justis sentenciis est proscriptus. Judices domini Johannes Sculowe et Andreas Kanemaker.

456. Eggardus Tribesse seduxit Margaretam uxorem Hinrici Ummereyseken, et furtive ambo sibi sustulerunt in bonis juxta valorem 50 marcarum denariorum; pro quo delicto idem Eggardus justis sentenciis pro fure, traditore et suo legifrago cum uxore omni jure Lubicensi est proscriptus. Judices domini Andreas Kanemaker et Johannes Sculowe.

457. Petrus Stromer et Hartwicus Kegeben mortifera occisione occiderunt Petrum Kypen; pro quo delicto antedicti Petrus et Hartwicus justis sentenciis omni jure Lubicensi sunt proscripti. Judices domini Andreas Kanemaker et Johannes Sculowe.

458. Ghertrudis ancilla Hermanni Elmehorst furtive abstulit dicto Hermanno suo domino in rebus juxta valorem duarum marcarum Sundensium; pro quo delicto idem (!) Ghertrudis cum omni jure Lubicensi pro fure fumigali est proscripta. Judices domini Andreas Kanemaker et Johannes Sculowe.

459. (Tylo Konowe amputavit Alberto Cosvelde manum suam, et cum hoc fecerat sibi duo vulnera perfecta; pro quo delicto idem Tylo cum omni jure Lubicensi est proscriptus. Judices domini Enghelbertus Dalvitze et Godfridus Nybe.)

Anno* 81 circa epiphanias Domini [1].

460. Johannes Sponstorp et Bernardus Blomenbergh furtive de nostro portu velificaverunt quandam navem una cum diversis bonis in eadem existentibus, valentibus ultra ducentas marcas denariorum vinconensium, pertinentibus Jacobo Ryken, Wesselo Overbeke et Hinrico Hundertmark; pro quo delicto dicti Sponstorp et Blomenbergh justis sentenciis cum omni jure Lubicensi sunt proscripti. Judices domini Andreas Kanemaker et Johannes Sculowe.

461. Johannes Meyboem trusit Bernardo Vresen vulnus perfectum, pro quo delicto idem Johannes cum omni jure Lubicensi est proscriptus et profugus factus. Judices domini Oltmannus Voge et Johannes Rockut.

462. Wilhelmus Hantut mortifera occisione occidit Rolavum de Wyk; pro quo delicto idem Wilhelmus justis sentenciis omni jure Lubicensi est proscriptus. Judices domini Hinricus de Unna et Tydericus de Dorpen.

---

*) *S. 51.*

1) *1381 um Jan. 6.*

463. Nicolaus Stamer mortifera occisione occidit Johannem Holsten et est profugus factus; et pro eodem delicto justis sentenciis cum omni jure Lubicensi est proscriptus. Judices domini Oltmanus Voge et Johannes Rockut.

464. Nicolaus Pansowe cum tradicione trusit Jacobo Zeemann duo vulnera perfecta et profugus factus est; pro quo delicto idem Nicolaus Pansowe justis sentenciis cum omni Lubicensi jure pro traditore est proscriptus. Judices domini Oltmannus Voge et Johannes Rockut.

465. Alheydis occulte recessit de servicio Hinrici Muller et furtive deportavit unam togam in valore 23 solidorum; quapropter dicta Alheydis justis sentenciis cum omni jure Lubicensi pro fure proscripta est. Judices domini Tydericus de Dorpen et Hinricus de Unna.

466. Luneborgh verberavit Hinricum Brant faciendo sibi fracturam cruris, dictam een beenbroke, pro qua idem Luneborgh cum omni jure Lubicensi est proscriptus. Judices domini Tydericus de Dorpen et Hinricus de Unna.

467. Jesse Gudessone trusit Nicolao Andersone perfectum vulnus; quapropter idem Yesse justis sententiis cum omni jure Lubicensi est proscriptus. Judices domini Gregorius Zwerting et Jacobus Swertaliper.

468. Olavus invasit quendam dictum Johannes Bysprawe faciendo sibi unam fracturam curis et quinque dictis (!) blut unde blaw; quapropter idem Olavus cum omni jure Lubicensi est proscriptus. Judices domini Hermannus Krudener et Johannes Rockut.

469. Johannes Snydewynt furtive recessit de domo laterina beate virginis cum servicio et octo marcis denariorum; qua propter idem Johannes pro fure justis sentenciis cum omni jure Lubicensi est proscriptus. Judices domini Hermannus Krudener et Johannes Rockut.

470. Nicolaus Goltbergh furtive recessit de domo laterina beate virginis cum servicio et 5 marcis denariorum; unde idem Nicolaus pro fure justis sentenciis cum omni jure Lubicensi est proscriptus. Judices domini antedicti.

471. Nicolaus de Lawe furtive recessit de domo laterina beate virginis cum servicio et 15 solidis denariorum; unde idem Nicolaus pro fure justis sentenciis cum omni jure Lubicensi est proscriptus. Judices domini predicti.

Anno 82* circa nativitatem Christi [1].

472. Quidam dictus Petrus Slavicalis, servus cocus Johannis Wesent naucleri, fregit in navi cistam dicti Johannis Wesent et furtive abstulit sibi res et bona sua de dicta cista una cum rebus et bonis Laurencii budelli, dicto Johanni Wesent ad fideles manus presentatis; quapropter idem Petrus profugus factus est, et est justis sentenciis

*) S. 52.

1) *1382 um Dec. 25.*

cum omni jure Lubicensi proscriptus. Judices domini Hermannus Crudener et Johannes Rockut.

Anno 83.

473. Johannes Teetze furtive abstulit Johanni Ramme duos equos, unum nigrum et unum griseum; pro quo delicto idem Johannes justis sentenciis cum omni jure Lubicensi est pro fure proscriptus. Judices domini Johannes Sculow et Hinricus de Unna.

474. (Volqwinus Poppendorp et Tydericus Wynman spoliaverunt Tydericum Ruschen et indebite exact[i]onaverunt eundem, sumendo suo filio 5 marcas puri argenti; quapropter antedicti Volqwinus et Tydericus cum omni jure Lubicensi sunt proscripti. Judices domini Johannes Sculowe et Hinricus de Unna.)

475. Mathias, filius relicte Manhagens morantis in Gartze, furtive abstulit Johanni Kobrowen suo domino 24 marcas denariorum; pro quo delicto idem Mathias cum omni jure Lubicensi pro paneo fure et fumigali est proscriptus. Judices domini Hermannus Krudener et Johannes Rockut.

476. Conradus Rasseborgh stante securitate et pace jactavit de sua navi Johannem Kummerow et voluisset ipsum submergere; quapropter idem Conradus pro traditore justis sentenciis cum omni jure Lubicensi est proscriptus. Judices domini Andreas Kanemaker et Johannes Rockut.

477. Henselyn Brunonis furtive recessit a Wulfardo Langhevelt suo domino cum servicio et peccunia (!); quapropter idem Henselyn pro fure justis sentenciis cum omni jure Lubicensi est proscriptus. Judices domini Andreas Kanemaker et Johannes Rockut.

478. Laurencius, servus paneus Hinrici Hagemesters, percussit eundem Hinricum in sua domo, faciendo sibi fractionem cruris, dictam cen beenbroke, et quinque dicti (!) blut unde blaw; qua propter idem Laurencius cum omni jure Lubicensi est proscriptus. Judices domini Hinricus de Unna et Johannes Sculowe.

479. Johannes de More ejecit cum uno vitero Johanni Papeken oculum suum dexterum; quapropter idem Johannes cum omni jure Lubicensi est proscriptus. Judices domini Hinricus de Unna et Johannes Sculowe.

480. Gherardus et Willekinus fratres dicti Nyenhagen vulneraverunt Conradum Heyen, facientes sibi tres crurum fracturas, dictas beenbroke, et quatuor dictas bluyt unde blaw, et spolium commiserunt in eundem, sumendo sibi, stante conductu civitatis, suum cultellum; quapropter antedicti Gherardus et Willekinus cum omni jure Lubicensi sunt proscripti. Judices domini Hinricus de Unna et Johannes Schulowe.

Anno* 84.

481. Beteke, Nickel et Willckinus cup[r]ifabri furtive recesserunt a Wulfardo Langhevelde cum peccuniis (!) et servicio, videlicet Beteke cum 10½ marcis, Nickel cum 3½ marcis, Willekinus cum 2½ marcis; quapropter antedicti Beteke, Nickel et Willekinus cum omni jure Lubicensi justis sentenciis sunt proscripti. Judices domini Enghelbertus Dalvitze et Andreas Kanemaker.

482. Johannes Schutte furtive recessit a Tyderico Dulmehorst suo domino cum servicio et 56 marcis denariorum; quapropter idem Johannes cum omni jure Lubicensi pro fure est proscriptus. Judices domini Hinricus de Unna et Johannes Schulowe.

483. Mathias sic nominatus recessit a Lodewico Nyenkerken furtive cum suo servicio et 2½ marcis minus 18 denariis; quapropter dictus Mathias cum omni jure Lubicensi est pro fure proscriptus. Judices domini Hinricus de Unna et Johannes Sculow.

484. (Petrus Vreze emit supra fugam, dictam ene vorvlucht, a Andrea* de Bard cervisiam in valore 60 marcarum, et furtive cum illa recessit; quapropter idem Petrus omni jure Lubicensi pro fure est proscriptus. Judices domini Hinricus de Unna et Johannes Schulowe.)

485. Johannes Zwengel fecit Gherardo Scroder duo fractura (!) cruris, dicta beenbroke, et unum dictum blut unde blaw; quapropter idem Johannes cum omni jure Lubicensi est proscriptus. Judices domini Hinricus de Unna et Johannes Schulowe.

486. Beneke Paschedagh furtive recessit a Tyderico Dulmehorste suo domino cum 4 marcis denariorum et servicio; quapropter idem Beneke pro fure cum omni jure Lubicensi est proscriptus. Judices domini Jacobus Swertsliper et Nicolaus Wreen.

487. Hinricus Wrede furtive recessit a Jacobo Werdingberode [1] suo domino cum 5 marcis et servicio suo; quapropter idem Hinricus Wreede cum omni jure Lubicensi pro fure est proscriptus. Judices domini Jacobus Swertsliper et Arnoldus Voyt.

488. Johannes Gronowe mortifera occisione occidit Hermannum de Polle; quapropter idem Johannes profugus factus est, et est cum omni jure Lubicensi proscriptus. Judices domini Hermannus Krudener et Johannes Rockut.

489. Hermannus Krynitze furtive recessit a Heynone Stargarden suo domino cum 3 marcis denariorum et suo servicio; quapropter idem Hermannus cum omni jure Lubicensi pro fure est proscriptus. Judices domini Jacobus Swertsliper et Arnoldus Voyt.

*) S. 53.

a) Andreea die Urschrift.

1) Werdingberode *wird für* Werningberode *verschrieben sein, denn der hier genannte* Jacob Werdingberode *ist vermuthlich mit* Jacob Wernekenrode *in Nr. 563 identisch.*

490. Eyn*[1] borgher van Munster, ghcheten Johan van Unna, was hir komen to dem yarmarkede uppe sunte Vitus dagh. Do he wedder van hir reet mit 6 suverken perden unde mit zyner have unde mit reden pennynghen, do wart he in uses heren lande gheschunnet, gherovet unde ghemordet mortlikes mordendes. Des quam de erfname, alze zyn zone Ghert van Unna, unde claghede, dat zyn vader were aldus gheschunnet, gherovet unde mordet, unde beclaghede dar mede Rakow, Hinrik unde Hennynghe Rekentyn unde ere hulpere, de scolden zynen vader also schyunnet, ghemordet hebben. Dar wurden ze to bedaghet, alze me van rechte scolde, unde ze wurden yn gheeschet. Des quemen ze nicht vore; darumme wurden de vorscrevenen Rakow, Hinrik unde Henningh, gheheten Rekentyn, mit eren hulperen, de me bevraghen unde voreschen konde, mit alleme Lubischen rechte vorvestet.

491. Item qwemen unser borghere bur van dem Kurdeshaghen unde clagheden, dat ze weren boddenstulpet by nachte unde en ghenomen weren 4 perde, unde clagheden over Hinrike unde Hennynghe, gheheten Rekentyne, unde over ere hulpere. Der zulven nacht qwemen ze to dem Ludershaghen, unde yagheden enen, gheheten Zwyter, van zyneme bedde uppe den bonen. Dorch desser vorscrevenen zake willen unde dorch mengherleye leet ze de stat yn halen mit eren hulperen, unde ze mit eren hulperen wurden ghebunden mit der schynbaren daat, alze mit 2 perden, de unser borgheren buren tohorden, unde mit enem perde van 24 marken, dat nadens eyn monnyk van Dobberan wedder mit rechte wan*[a] vor rovet gut. Mit dessen perden qwemen ze ghevanghen unde ghebunden mit der schymbaren daat to richte, unde wurden mit der schimbaren dat nach erer bekantnisse de vorscrevenen Rekentyne mit eren hulperen, de dar mede begrepen wurden, mit alleme Lubeschen rechte vorrichtet. To dessen vorscrevenen zaken weren richtere her Hermen Crudener unde her Hermen Hosangh.

S. 55 ist unbeschrieben.

Anno**[**] 73. Nota: transfalcatum est[2].

492. Radeke, cujus cognomen non scitur, extitit profugus factus, omni jure Lubicensi exsequtus et proscriptus propter hoc, quod ipse seduxit tamquam legifragus et proditor Ghertrudem legitimam uxorem

*) S. 54.   **) S. 56.

a) want *die Urschrift.*

1) *Seite 54 gehört der Zeitfolge nach entschieden nicht hierher, sondern in das Jahr 1388, wie ausser der Handschrift der Umstand beweist, dass der Anfang von Nr. 490 sich am Schlusse der Seite 59, auf der die Verfestungen des Jahres 1388 beginnen, befindet und dort ausgelöscht ist, anscheinend, weil inzwischen die folgende Seite schon beschrieben worden war. Vgl. unten Nr. 528.*

2) *Die Bedeutung kann nur sein: ist verbunden. Wattenbach, Das Schriftwesen im Mittelalter S. 222—231 kennt den Ausdruck nicht. Ducange hat falca für fascis, fasciculus, was damit wohl zusammenhängt.*

Symonis Tangken subditi Bertrami Vorrad, necnon 200 marcas Sundenses minus vel magis furtive deportavit una cum muliere predicta. Judices domini Hermannus Rybe et Nicolaus Zeghevryd.

493. Heyno Ryke doleator cum servicio suo occulte recessit a Johanne Rust ipsius domino, et 8 marcas Sundenses exceptis 22 denariis ipsi furtive deportavit; unde idem Heyno profugus factus extitit, integro jure Lubicensi exsequtus et proscriptus. Judices domini Henniggus Valke et Albertus Ghildehus.

494. Johannes Pantzekow furabatur Hennekino Tzuls unum cingulum argenteum et unum cultellum argento circumdatum; unde profugus est factus, omni sentencia juris Lubicensis exsequtus et proscriptus. Judices domini Hennigus Valke et Albertus Ghildehus. Valor dicti furti 50 marce.

495. Michahel Gembe interfecit Laurencium Vresen in nave super mare, unde idem Michahel est profugus factus, omni jure Lubicensi exsecutus et proscriptus. Judices Hennigus Valke et Albertus Ghildehus.

496. Jacobus Tholkemytze et Bertoldus Krullehavere fratres fecerunt violenciam Johanni et Hinrico fratribus dictis Tribuzes in bonis suis, quia secarunt ligna eorum et aliis dederunt. Eciam paludem ipsorum minus juste acceperunt, et dictum Hinricum manu hostili et armata fugarunt violenter de una eorum villa in aliam ipsorum villam. Pro quo sunt ad judicium vocati et non conparuerunt; propter quod sunt omni jure Lubicensi exsecuti et proscripti. Judices Hennigus Valke et Albertus Ghildehus.

497. Beneke Vrygewuune secavit super Schaniam Hermanno Ghunter unum perfectum vulnus; unde in Sundis extitit cum omni sentencia juris Lubicensis proscriptus. Judices Albertus Ghildehus et Johannes de Heyde.

498. Johannes Grinbuentyn egit blaveum et sa[n]gwyneum, proprie blaw unde blud, Gherardo Westval, fregitque sibi pacem domus sue violenter tempore nocturno; unde profugus idem Johannes est factus et omni sentencia juris Lubicensis proscriptus. Judices Hennigus Valke et Ghildehus.

499. Hinricus Begkermester, Johannes Gheysmer et Mechteldys Rynggemodes dochter furabantur Rotghero Schelen 8 marcas denariorum Sundensium et unam togam valentem 5 marcas Sundenses. Hoc fecerunt interim, quod in expensis suis fuerunt; unde pro fumeis suis furibus sunt omni cum sentencia juris Lubicensis proscripti. Judices domini Hennigus Valke et Albertus Ghildehus.

500. Johannes Zund furabatur Nicolao Vetten 24 ulnas albi et grisci panni, quem pannum suis naucleris, proprie schipman, apportavit, cum quo fuerunt ligati; unde ipsi cum omni jure separabantur et idem Johannes fugam recepit. Pro quo ipse est omni sentencia juris Lubicensis proscripti (!). Judices domini predicti.

501. Heyno Brand nocte Christi interfecit Hermannum Wagkerow pistorem; unde idem Heyno profugus est factus et omni cum sentencia juris Lubiconsis proscriptus. Judices domini Thidericus Krudener et Ghildehus.

502. Danquardus aurifaber interfecit Elyzabet suam uxorem; unde profugus est factus et cum omni sentencia juris Lubicensis proscriptus. Judices domini Jacobus Zwertsliper et Johannes de Heyde.

Anno * 85.

503. Hildebrandus sic dictus cum tradicione nocturno tempore surrexit et mortifera occisione occidit Hermannum Vunken; pro quo delicto idem Hildebrandus pro traditore et occisore justis sentenciis omni jure Lubicensi est proscriptus. Judices domini Hermannus Krudener et Johannes Rockut.

504. Tydericus Knuppel nauta cum tradicione nocturno tempore surrexit in sua navi et suos onustarios, scilicet Hinricum de Ywen et Albertum de Zalevelde, voluisset mortifera occisione occidisse, et fecit dicto Hinrico fracturam cruris, dicti en beenbroke, et duo dicta blut unde blaw, et fecit alio scilicet Alberto * eciam duo blut unde blaw; quapropter dictus Tydericus profugus factus est, et est pro traditore justis sentenciis cum omni jure Lubicensi proscriptus. Judices domini Hermannus Krudener et Johannes Rockut.

505. Hinricus Pylborgh et Martinus Tzatzeke cum tradicione spoliaverunt Hermannum Deypintbruk equo suo et suis vestimentis et eundem graviter vulneraverunt; pro quo delicto antedicti Hinricus et Martinus cum omni jure Lubicensi sunt proscripti. Judices domini Jacobus Swertsliper et Nicolaus Wreen.

506. Ravenolder unde Bunde suus filius mortifera occisione occiderunt Johannem Hurt in portu civitatis et fugam ceperunt; pro quo delicto antedicti Ravenolder et Bunde cum omni jure Lubicensi sunt proscripti. Judices domini Jacobus Swertsliper et Nicolaus Wreen.

507. Henneke Techgatze mortifera occisione occidit Hennekinum Vos; quapropter dictus Techgatze cum omni jure Lubicensi est proscriptus. Judices domini Jacobus Swertsliper et Nicolaus Wreen. Et dictus Hennekinus Tegatze eciam occidit mortifera occisione quendam dictum Bernardum scolarem; pro quo delicto dictus Hennekinus secundarie est proscriptus, prout premittitur. Judices dicti domini.

508. Petrus Teske et Hennekinus de Beke fuerunt ad hoc pleni coadjutores, quod Johannes Hoppe fuit occisus, et quod Nicolao Bekeman * crus suum fuit absecatus (!); quapropter antedicti Petrus et Hennekinus cum omni jure Lubicensi sunt proscripti. Judices domini Hermannus Krudener et Johannes Rockut.

*) S. 57.

a) Abberto *die Urschrift.*   b) *Oder* Ekeman?

509. Paulus Butendik mortifera occisione occidit quendam dictum Gherardum, quapropter idem Paulus cum omni jure Lubicensi est proscriptus. Judices domini Hermannus Krudener et Johannes Rockut.

510. Hinricus de Lyvonia occulte recessit a Conrado Malchin, suo domino, et furtive sibi deportavit centum marcas Lubicenses; quapropter idem Hinricus cum omni jure Lubicensi pro fure est proscriptus. Judices domini Jacobus Swertsliper et Arnoldus Voyt.

Anno* 85.

511. Hinricus Dartzowe mortifera occisione occidit quandam mulierem dictam Abelen, relictam Johannis Hoken; quapropter idem Hinricus cum omni jure Lubicensi pro occisore est proscriptus. Judices domini Jacobus Swertsliper et Nicolaus Wreen.

512. Johannes Wener furtive recessit a Nicolao Balken suo domino cum octo marcis denariorum et suo servicio et uno pare calligarum in valore 10 grotorum; quapropter idem Wener cum omni jure Lubicensi est proscriptus. Judices domini Jacobus Swertsliper et Nicolaus Wreen.

513. Nicolaus Langhe furtive recessit a Johanne Pagentzen suo domino cum 4 marcis et una securi et servicio; quapropter idem Nicolaus cum omni jure Lubicensi est proscriptus. Judices domini Hermannus Krudener et Johannes Rockut.

514. Heyne Rode, Lambertus de kleyne et Arnoldus mortifera occisione occiderunt Tydericum Gustrowen in mari et jactaverunt eundem de navi; quapropter antedicti cum omni jure Lubicensi sunt proscripti. Judices domini Jacobus Swertsliper et Nicolaus Wreen.

515. Jacobus Brunswick, filius Georii Brunswick, mortifera occidit occisione Arnoldum Dreyer; quapropter idem Jacobus cum omni jure Lubicensi est proscriptus. Judices domini Jacobus Swertsliper et Gherardus Lowe.

516. Hinricus Koytzowe posuit Johannem Mowen ad domum budelli, recedens eundem Johannem non culpando seu accusando nec debitum suum dicto Johanni prestando; quapropter idem Hinricus cum omni jure Lubicensi est proscriptus.

517. Willekinus Ossenbeke furatus est Heynoni Steenbrugger pileos dictos mutzen et caligas et alias diversas res dictas spisserye; quapropter idem Willekinus cum omni jure Lubicensi est proscriptus. Judices domini Nicolaus Wreen et Gherlacus Badeyseren.

518. Laurencius Vorreyer trusit Petro Denen vulnus perfectum; pro quo idem Laurencius cum omni jure Lubicensi est proscriptus. Judices domini Engelbertus Dalvitze et Johannes Rockut.

519. Johannes Asschenberner et Engelbertus suus servus mortifera occisione occiderunt Martinum Ghysen; quapropter ante dicti cum

*) S. 58.

omni jure Lubicensi sunt proscripti. Judices domini Engelbertus Dalvitze et Johannes Rockut.

Anno* 86.

520. (Gherardus Gramelowe cum tradicione mortifera occisione occidit Tydericum Schelhorn in sompno; quapropter dictus Gramelowe cum omni jure Lubicensi pro traditore et occisore est proscriptus, et quidam rusticus dictus Lassnyt pro eo, quod consilio et auxilio dicti Gramelow coadjutor fuit ͣ, eciam cum omni jure Lubicensi est proscriptus. Judices domini Hinricus de Unna et Gherlacus Badeyseren.)

521. Hinricus Cyngest vulneravit Johannem Dulmehorst et fecit sibi fracturam cruris, dictum een beenbroke, et fecit sibi duo dicta bluyt unde blaw, et eciam dictus Cyngest fecit Tydemanno Dulmehorst duo dicta bluyt unde blaw; quapropter idem Cyngest cum omni jure Lubicensi est proscriptus. Judices domini Nicolaus Wreen et Gherlacus Badeyseren.

522. Johannes Sweder mortifera occisione occidit Hinricum Rebergh; quapropter idem Hinricus profugus factus est, et est cum omni jure Lubicensi proscriptus. Judices domini Engelbertus Dalvitze et Johannes Rockut.

523. (Everhardus [1] Raven trusit Hinricum Schimmelpennyng, faciendo sibi vulnus perfectum; quapropter idem Everhardus cum omni jure Lubicensi est proscriptus. Judices domini Engelbertus Dalvitze et Johannes Rockut.)

524. Hinricus Schymmelpennyng trusit Everhardum Raven, faciendo sibi perfectum vulnus; quapropter idem Hinricus cum omni jure Lubicensi est proscriptus. Judices domini Engelbertus Dalvitze et Johannes Rockut.

Anno 87.

525. Hermannus Ploch furtive abstulit Hinrico Proyt suo domino 25 marcas Lubicenses cum decem marcis Sundensibus; quapropter idem Ploch cum omni jure Lubicensi est proscriptus. Judices domini Johannes Schulowe et Hinricus de Unna.

Anno 88.

526. Martinus Welege furtive recessit a Johanne Parvo suo domino cum 5¹/₂ marcis denariorum et servicio; quapropter dictus Martinus cum omni jure Lubicensi est proscriptus. Judices domini Hermannus Crudener et Hermannus Hozank.

527. Ghertrudis Carpyte et Ghertrudis Sluters furtive deportaverunt a Katherina Hoghupdenkoten in denariis et in aliis diversis rebus juxta valorem 16 marcarum; pro quibus antedicte Ghertrudis et Ghertrudis

---

*) S. 59.
a) fuit *zweimal in der Urschrift.*

1) *Diese Eintragung ist offenbar nur deshalb getilgt, weil der Schreiber den Kläger mit dem Beklagten verwechselt hatte, s. Nr. 524.*

pro furibus cum omni jure Lubicensi sunt proscripte.   Judices domini Engelbertus Dalvitze et Hinricus Badeyseren.

528. (Ein borgher van Munster gheheten Johann van Unna w.....[1]
    Anno* 88.

529. Reymarus Ludckens trusit Marqwardo Wilden unum vulnus perfectum, dictum ene vullenkomene wunden; quapropter idem Reymarus cum omni jure Lubicensi est proscriptus.   Judices domini Engelbertus Dalvitze et Johannes Rockut.

530. Hennynghus Heyne furtive recessit a Wernero Spantekowen suo domino cum servicio et 27 solidis; quapropter idem Hennynghus cum omni jure Lubicensi est proscriptus.   Judices domini Hermannus Crudener et Hermannus Hosank.

531. Hinricus van Lassan trusit Michahelom Heren unum vulnus perfectum; quapropter idem Hinricus profugus factus est, et cum omni jure Lubicensi est proscriptus.   Judices domini Hermannus Crudener et Hermannus Hosank.

532. Johannes de Vynnum junior occidit Jacobum Fredericum carnificem; quapropter idem Johannes profugus factus est, et cum omni jure Lubicensi est proscriptus.   Judices domini Hermannus Krudener et Hermannus Hosank.

533. Ludeke Pawe oculte et furtive recessit a suo domino Bertoldo Spandowen cum servicio et 10½ marcis denariorum; quapropter idem Ludekinus cum omni jure Lubicensi est proscriptus. Judices domini Hermannus Crudener et Hermannus Hosank.

534. Hinricus Padeke furtive recessit a Tydemanno Dulmehorst suo domino cum servicio et 5 marcis denariorum, pro quibus dictus Hinricus cum omni jure Lubicensi est pro fure proscriptus.   Judices domini Hermannus Krudener et Hermannus Hosank.

535. Schire Laes et Vicke Slaweke cum eorum conplicibus spoliaverunt Nicolaum Langhen in publica strata regia, sumentes sibi peccunias suas et vestimenta; quapropter antedicti Schire Las et Slaweke cum omni jure Lubicensi pro raptoribus sunt proscripti.   Judices domini Tydericus van Dorpen et Gherardus Papenhagen.

    Anno 89.
536. Hinricus Weghener intrusit Johanni Langhen perfectum vulnus, unde idem Hinricus proscriptus est cum omni jure Lubicensi, judicibus dominis Enghelberto Dalvisse, Johanno Rockute.

537. Hennynghus molendinarius et Preen Süel absecuerunt Nicolao Peron filio Andree Sutoris quatuor digitos, unde cum omni jure Lubicensi antedicti Hennynghus et Pren Suel sunt proscripti.   Judices fuerunt domini Enghelbertus Dalvisse et Johannes Rockute.

---

*) S. 60.

1) S. die Anm. zu Nr. 490.

538. Jacobus* de Rugien trusit Frederico Yerghenow unum vulnus perfectum, quapropter idem Jacobus cum omni jure Lubicensi est proscriptus. Judices fuerunt domini Thidericus de Dorpen et Gherardus Papenhaghen; et idem vulnus intrusit sibi cum tradicione.

539. Matheus de Hollandia calopista trusit cum tradicione Petro de Sampsoo domino suo perfectum vulnus; quapropter idem Matheus cum omni jure Lubicensi est proscriptus. Judices fuerunt domini Gherardus Papenhaghen et Wernerus Ghildchus.

Anno 1390.

540. (Albertus et Hennynghus fratres dicti Wreen occiderunt, proprie gbemordeden, Hinricum Klynkespore; quapropter profugi facti sunt iidem Albertus et Hennynghus, et cum omni jure Lubicensi proscripti. Judices fuerunt domini Gherardus Papenhaghen et Wernerus Ghildehusen.)

541. Jacobus Poretze egit sangwineum et blaveum cum tradicione in Hinrico Brand domino suo; quapropter idem Jacobus, profugus factus, est cum omni jure Lubicensi proscriptus. Judices fuerunt domini Gherardus Papenhaghen et Wernerus Ghildehusen.

542. Hermannus Lons egit blaveum et sangwineum et beenbroke et perfectum vulnus in Petro Wogite; et propterea idem Hermannus est cum omni jure Lubicensi proscriptus. Judices fuerunt domini Engbelbertus Dalvisse et Hermannus Elmehorst.

Anno 1391.

543. (Herman van Dorpen heft angheclaghet Hennyngh Witten an sin hogheste, dat Hennygh Witte hebbe eme entferdighet zynes oldervaders anwardinghe dufliken mit vorretenisse tieghen dat bot des rades, dat de rat vorbeden hadden jewelikeme manne uppe zyn hogheste, alze he claghede. Dar Hennyngh Witte de vorvlucht umme nomen heft; unde is dar umme alleme Lubeschem rechte vorvestet. Unde Hermen van Dorpen heft yn alleme beghynne des rechtes dat vore bewårt, wes vore afgherichtet was, dat he dar nicht uppen spreke. Judices fuerunt domini Hermannus Hosangh et Wernerus Ghildehusen.)

544. Johannes Spechorn alienavit, proprie heft untfeert, furtive et cum tradicione Arnoldo Hannovere 3½ lastam cervisie Wismariensis; unde idem Johannes Spekhorn cum omni jure Lubicensi est proscriptus. Judices fuerunt domini Hermannus Hosangh et Wernerus Ghildehusen.

545. Johannes Vroboze asportavit, proprie entdreghen, furtive Nicolao Langhen domino suo 5½ marcas Sundenses et recessit ab eo cum suo servicio; et ideo idem Johannes Vroboze cum omni jure Lubicensi est proscriptus. Judices fuerunt domini Hermannus Hosangh et Wernerus Ghildehusen.

Anno** Domini 1391.

546. Rippertus Bud de Medenbleke est cum omni jure Lubicensi proscriptus pro eo, quod Thidericus Vrese inpeciit eum et traxit eum

*) S. 61.　　**) S. 62.

ad judicium pro 6½ floreno et 2 solidis Lubicensibus, in qua inpeticione seu tractione idem Rippertus egit iu Thidericum Vresen predictum blaveum et sangwineum violenter, cum 6½ floreno et 2 solidis Lubicensibus, in quibus tenebatur ipsi Thiderico, profugiendo. Judices fuerunt domini Hermannus Hosangh et Wernerus Ghildehusen.

547. Georgius van Kurlande est cum omni jure Lubicensi proscriptus pro eo, quod ipse egit in Mechtildim relictam Lamberti de Grevesmolen quinque blavia et sangwinea cum cultello, et lesit eam in brachio ita, quod fuit fissum, proprie spleten. Judices fuerunt domini Hermannus Hosangh, Wernerus Ghildehusen.

548. Johannes Roze defloravit sive violavit Ghebbeken puellam, filiam Katherine Vosses; pro quo idem Johannes Roze est cum omni jure Lubicensi proscriptus. Judices fuerunt domini Hermannus Hosangh et Wernerus Ghildehusen.

Anno 1392.

549. Petrus Schacht operatus est in Godekino Rosselyn cum tradicione duo beenbroke, et proinde factus est profugus, et proscriptus est cum omni jure Lubicensi. Judices fuerunt domini Johannes Rockut et Gherardus Kanemaker.

550. Jacobus Cymmelvisse egit in Alberto Wolbrechte cum vorsate proprie sangwineum et blaveum; unde factus est profugus, et est propterea cum omni jure Lubicensi proscriptus. Judices fuerunt domini Johannes Rockute et Bernardus de Rode.

551. Hinricus Vischer et Jacobus suus servus et Nicolaus Grube et Johannes Cok et quidam alius, qui mansit in jure inneglectus, spoliaverunt in communi strata cum tradicione Johannis de Brussel Brabanci famulos, scilicet Conradum Tobel et Nicolaum de Brussel, rapientes eisdem 512 marcas Sundenses; pro quo delicto dicti Hinricus Vischer, Jacobus servus ejus, Nicolaus Grube et Johannes Cok sunt pro traditoribus et strativispilionibus cum omni jure Lubicensi proscripti. Judices fuerunt domini Gherardus Kanemaker et Nicolaus Voghe.

552. Hinricus Lodewigh fecit proscribi Nicolaum Witten et Symonem Zwertingh ideo, quod dictus Nicolaus interfecit in civitate Hinricum Wilde avunclum dicti Hinrici Lodewighen, et Symon Zwertingh fuit ejus ad hoc perfectus adjutor, in vlokke et in vörde proprie; pro quibus dicti Nicolaus Witte et Symon Zwertingh cum omni jure Lubicensi sunt proscripti. Judices ad hoc fuerunt domini Gherardus Papenhaghen et Nicolaus Voghe.

Anno 1393.

553. Johannes Dapper tempore nocturnali cum tradicione cum balista vibrata, proprie gheladen, cum telo, dicto stralen, quesivit Metteken uxorem suam et sagittavit eam et egit in eam duo blavia et sa[n]gwinea et unum perfectum vulnus; pro quibus idem Johannes

Dapper est cum omni jure Lubicensi proscriptus.   Judices fuerunt domini Gherardus Kanemaker et Nicolaus Voghe.

554. Dominus Hermannus Crudener, quondam consul Sundensis, est cum omni jure Lubicensi proscriptus eo, quod ipse juravit coram consulatu Sundensi ad sancta Dei, quod communitas et oldermanni officiorum in Sundis voluissent consulatum invasisse, eum interficiendo; a quo crimine dicti oldermanni et commune se expurgaverunt, proprie entleddegheden; et sic dictus dominus Hermannus factus est perjurus. Item pro eo, quod dixit hec verba: Ego consulatum et commune insimul conjunxi; separent se, quomodo velint; ego fui principium hujus disturbii et volo esse finis. Hec premissa consulatus contra eum enunciavit. Judices fuerunt domini Gherardus Kanemaker et Nicolaus Voghe [1].

Anno * Domini 1394.

555. Othgene, que quondam habuit maritum Thiderici Witten prevignum (!), est cum omni jure Lubicensi proscripta eo, quod ipsa emit super profugium, proprie up ene vlucht, a Koppekino Struppeken cive Rigensi ad 25 marcas Sundensium denariorum. Judices fuerunt domini Bernardus Langhedorp et Hinricus Haghedorn.

556. Andreas van Pomeren egit perfectum vulnus in Hermanno de Putten; unde idem Andreas proscriptus est cum omni jure Lubicensi. Domini Bernardus Langedorp et Nicolaus Schilthower fuerunt judices.

557. Nicolaus van der vere est ex parte civitatis proscriptus cum omni jure Lubicensi pro traditore et pro perjuro et pro civitatis fure. Judices fuerunt domini Gherardus Kanemaker et Nicolaus Voghe.

558. Ludolfus Rozenwater do sprak unde claghede vor deme richte over Wilken Beyer unde Hinrik van Vredelande, dat ze weren zine brodighen knechte, unde weren eme mid deenste unde mid ghelde uppe den denst ghedan hemeliken untgan; vortmer, dat ze eme hadden duftliken entdreghen an daver unde an armbostesslotelen unde an anderen dinghen also gut, alze 4 mark. Dar heft ze de zulve Ludeke umme besworen unde vervestet laten mid allome Lubeschen rechte. De richtere weren her Gherd Kanemaker unde her Werner Ghildehusen.

559. Everhardus Vrighdach privavit quandam Gheseken cum violencia et tradicione sua virginali honore, et est ideo profugus factus, et est proscriptus cum omni jure Lubicensi. Judices fuerunt domini Gherardus Kanemaker et Nicolaus Voghe.

560. Nicolaus Molner carpentarius egit in Hinricum Kusveld unum perfectum vulnus, et est ideo profugus factus et proscriptus cum

---

*) *S. 63.*

1) *Vgl. O. Fock a. a. O. 4, S. 102; O. Francke a. a. O. S. 46.*

omni jure Lubicensi.   Judices domini Bernardus Langedorp et Nicolaus Schilthower.

Anno 95.

561. Jacobus Tymmerman operatus est in quandam Wendelen et percussit eam ad sangwineum et blaveum; unde profugus factus est iste Jacobus et cum omni jure Lubicensi proscriptus. Judices fuerunt domini Nicolaus Schilthower et Johannes Volmershusen.

562. (Godeke Haghedorn et Hinricus Kulpin et Nicolaus Weggessyn, domini Hinrici Haghedorn famuli, et Albertus Schele servus Johannis Suthem proscripti sunt cum omni jure Lubicensi pro occisione, proprie mord, quam perpetraverunt in Gherardo de O et sunt profugi facti et proscripti, ut dictum est pro, proprie vor morders, vor vredebrekere, vor vorreders, vor rerovers. Judices fuerunt domini Hinricus de Unna et Bernardus Hovet.)

563. Notandum*, quod anno Domini 1394 feria sexta post beate Katherine [1] fuerunt quedam congregaciones in civitate Sundensi, que cum tradicione in eodem die volebant consulatum et communiter cives interfecisse.   In illa tradicione fuerunt principales: Bernardus Langhedorp, Hermannus Strelow et Thideke Dene, qui tunc fuerunt conconsulares et proinde judicabantur.   Et propter eandem tradicionem multi profugi sunt proscripti. Primo de illis, qui proscripti sunt super antiquam civitatem, sub judicibus dominis Gherardo Kanemaker et Bernardo Hovet videlicet: Hinricus Hegher, junghe Glewetzow, Gherd Koselow, Claus Bellin, Jacob Wernekenrode[2], Seyneke, junghe Cord, qui fuit patruus Conradi Hosangh tunc judicati, Vokke, Hans Reyneke, Zeghefridus de Dorpen, Vischer, Werneke van dem dyke, qui Wernerus fuit juratus famulus civitatis, igitur proscriptus est traditor et perjurus, Johannes Hoghedorp morans in Kedinghagen, Ciggelow piscator, Hinricus Vischer quondam juratus famulus civitatis, Stenveld doleator, Lepelow doleator, Lemmeke Rothgherdes, Bernd Berbom, Clutzeman, junghe Kedinghaghen, Hans Lilienbrink, Nicolaus Hegher, Wigbolt et Wigbolt doleatores, Vicke van Bard doleator, Albertus Oldelant, Krosse, Hans Spernaghel[3].

564. Hii proscripti sunt de eadem tradicione super novam civitatem, sub judicibus dominis Nicolao Schilthower et Johanne Volmershusen: senior Rust et ejus servus Nicolaus Spernaghel, Hermen Trepetow, Hans Spernaghel, Hermen Heyse, Tideke van Bard, Hinrik Brandeshagen, Vocke, Hovesche sutor, Schakke moratus in platea Tribusescensi, Wilde, Kalybe, Claus Wer[n]her, Koselow hospes Vunken, Clare hospes Emeken Starke, Tideke Ranghe, Hans Strelowen

---

*) S. 64.

1) 1394 Nov. 27.
2) S. oben Nr. 487 Anm.
3) Zwischen dieser und der folgenden Eintragung ist ein Raum von fast 4, 5 Zentimetern leer gelassen.

sone et quidam Hans Zomer, Hans Wustehove, Wisen sone van Horne[1].

565. (Rickoldus Gaweren proscriptus est ex eo, quod interfecit quendam in antiquo passagio. Judices fuerunt domini Gherardus Kanemaker et Bernardus Hovet.)

566. Schele*, Heyne Bere, Hinrik Berkhane, Ghise Berkhane, Volrad Goldenboghe, Bulder Bere, Rubbenow, Enghelke Rusche proscripti sunt ex parte civitatis, quod interfecerunt Hennyngum cum pugno et alium servum, famulos civitatis, et sumpserunt vaccas et spolia, quas civitas ejus inimicis abstulerat tempore gwerre habite cum illis Molteken. Judices fuerunt domini Gherardus Kanemaker et Bernardus Hovet[2].

567. Junghe Cylchow proscriptus est cum omni jure Lubicensi pro eo, quod interfecit Rozenkrans morantem in curia domini Alberti Ghildenhusen apud sanctam Mariam Magdalenam. Judices fuerunt domini Gherardus Kanemaker et Bernardus Hovet.

568. Hii proscripti sunt, quod currum apud Johanneshagen spoliaverunt[3].

Anno 98.

569. (Hinricus de Exen proscriptus est cum omni jure Lubicensi pro eo, quod ipse in mari spoliavit Reynerum Plone, Hinricum Schacht, Tideke Rickeldes, Tideke Baggo et Egghardum Westfal, qui contra eundem Hinricum processerunt super marisspolio facto in eos per ipsum Hinricum, et fecerunt eum proscribi cum omni jure Lubicensi. Judices fuerunt domini Hinricus Haghedorn et Johannes Ozenbrugge.)

570. Hinricus Ruyeman spoliavit super mare Hinricum Schacht, Reinerum Plone et Tideke Rikeldes, et ideo est ipse cum jure Lubicensi proscriptus. Judices fuerunt domini Nicolaus Schilthower et Johannes Volmershusen.

Anno 99.

571. Nicolaus Schutte doliator furtive recessit a domino suo Tidekino Kedink cum 2½ marcis et servicio; quapropter idem Nicolaus

---

*) S. 65.

1) Ueber die Verschwörung, auf welche die Eintragungen Nr. 563 und Nr. 564 sich beziehen s. O. Fock u. a. O. S. 102 u. flgg. und O. Francke a. a. O. S. 46, 86 u. flgg.

2) In Lischs Urkunden und Forschungen zur Geschichte des Geschlechts Behr 3, S. 107 heisst es: sumpserunt vaccas, quas et spolia quas civitas ejus inimicis abstulerat statt: sumpserunt vaccas et spolia, quas civitas ejus inimicis abstulerat. Es ist aber in der Urschrift das sinnentstellende erste „quas", welches allerdings dasteht, deutlich ausgestrichen. Der Abdruck enthält übrigens noch mehrere andere Unrichtigkeiten, nämlich Ruscho statt Rusche, Henninghum statt Hennyngum und Bernhovet statt Bernardus Hovet.

3) Weshalb diese Eintragung unvollständig geblieben ist, erhellt nicht.

est cum omni jure Lubicensi proscriptus. Judices fuerunt domini Johannes de Molendino et Johannes Ozenbrugge.

572. Hermannus Bonow, Hinricus Thûn, Lodewicus Vos, Suave, Hinricus Towe, Johannes Tenserow sunt proscripti cum omni jure Lubicensi eo, quod spoliaverunt, captivaverunt et male tractaverunt in strata communi infra hinc et Gripeswald dominum Mathiam Zolewede plebanum Sundensem. Judices fuerunt domini Johannes de Molendino, Nicolaus Lippe.

573. (Johannes Brant de Bocke in Suecia est proscriptus cum omni jure Lubicensi eo, quod percussit H.... et rerovede ......loep extra hilghestdor; et de isto homicidio fuit factus profugus. Judices fuerunt domini Johannes de Molendino et Nicolaus Lippe.)

Anno* Domini 1400.

574. Tidericus de Edam Hollandrinus locutus est super Moteken relictam Hinrici Drosedow verba, que sunt contra summum honorem ipsius Moteken; et propterea est profugus factus et proscriptus cum omni jure Lubicensi. Judices fuerunt domini Johannes de Molendino et Bertoldus Kummerow.

575. Tidericus de Buren mortifera occisione occidit Everhardum Vrydagh et, profugus factus, est pro isto cum omni jure Lubicensi proscriptus. Judices domini Johannes de Molendino et Bertoldus Kummerow.

576. Quidam dictus Knyper furatus est Stephano Kolle 3 equos, et propterea est cum omni jure Lubicensi proscriptus. Judices fuerunt domini Johannes van der Molen et Bertoldus Kummerow.

577. Quidam Paulus Bars furatus est Jacobo Wernekens equum, et profugus factus proscriptus est proinde cum omni jure Lubicensi. Judices fuerunt domini Johannes de Molendino et Bertoldus Kummerow.

578. Bernardus Sveder servus doleatorius furtive abcessit a Lutteken Bernde doleatore suo domino cum 17½ marcis Sundensibus, quam sibi tradidit super suum servicium; et ideo est iste Bernardus Sweder cum omni jure Lubicensi proscriptus. Fuerunt judices domini Johannes de Molendino et Bertoldus Kummerow.

579. Petrus luchtemeker mortifera occisione occidit Johannem Swarte nautam et ab ista occisione factus est profugus et cum omni jure Lubicensi pro mortifera (!) occisore proscriptus. Judices fuerunt domini Johannes de Molendino et Bertoldus Kummerow.

580. Arnoldus Bremer infra tempus, quo fuit armiger Tidemanni Stamer, locutus est eidem Tidemauno et sue uxori verba mala et que

---

*) S. 66.

1) Die Eintragung ist nicht bloss durchstrichen, sondern ausserdem so stark ausgekratzt, dass sie theilweis ganz unleserlich, theilweis nur unsicher lesbar ist; statt Brant kann es auch Bant, statt Bocke Bocko, Boche, Bocho, Botke, Botko, Bothe, Botho heissen. An Boda auf Oeland, das Styffe, Skandinavien unter Unionstiden S. 206 seit 1429 kennt, wird kaum zu denken sein.

fuerunt contra eorum honorem, et postea, una nocte videlicet pertransita et servicio nondum resignato, idem Arnoldus Bremer violencia diffregit, proprie ubbrak, domum Thidemanni et eciam kamenatam, et cum tradicione et gladio evaginato voluit interficere eum (et suam uxorem) d[icens] hec verba: 'Broden sone, nu scholtu id my ghelden'; quod ipse Thidemannus vix evasit. Pro quo facto dictus Arnoldus profugus est factus, et propterea pro traditore sue vite, scilicet Thidemanni Stamer, proscriptus est cum omni jure Lubicensi*. Judices fuerunt domini Johannes de Molendino et Bertoldus Kummerow.

581. Petrus Lamtyn occidit Nicolaum Stephani, et propterea profugus factus est cum omni jure Lubicensi proscriptus, judicibus dominis Johanne de Molendino et Bertoldo Kummerow.

582. Hinricus Ghildebuse et Nicolaus Schaht fecerunt proscribi cum omni jure Lubicensi illum, qui dicitur Schire Raleke et moratur in Ghisendorp, pro eo, quod fuit in bonis eorum, scilicet in taberna Rambyn et judicavit ibi cum violencia jus eorum et sumpsit cum violencia excessum eorum. Judices fuerunt domini Johannes de Molendino et Bertoldus Kummerow.

Anno* 1401.

583. Henricus Smid piscator est cum omni jure Lubicensi proscriptus propterea, quod ipse interfecit in Dacia Petrum Penyn filium Johannis Penyn actoris. Judices fuerunt domini Arnoldus Poleman et Johannes Osenbrugge.

584. Zokeland est proscriptus cum omni jure Lubicensi propterea, quod occidit, proprie ghemordedet, quendam dictum Schacht. Judices fuerunt domini Arnoldus Poleman et Johannes Ozenbrugge.

585. Michael Polchow est cum omni jure Lubicensi proscriptus pro eo, quod occidit, proprie vormordede, hic in civitate Petrum Kuppel. Judices fuerunt domini Goswinus Widenbrugge et Hinricus Blome.

586. Johannes Werseborgh servus fabrilis est proscriptus cum omni jure Lubicensi pro eo, quod ipse furtive recessit a domino suo Nicolao Brand fabro cum suo servicio et cum 24 solidis, quos super servicium suum acceperat. Judices fuerunt dominus Hinricus Blome et dominus Gotschalcus Widenbrugge.

587. Nicolaus Smyt faber in Bergis Ruye, Kerstianus Lummyn subadvocatus, Martinus Rebeke et Martinus Hake morantes ibidem proscripti sunt cum omni jure Lubicensi eo, quod fecerunt resistenciam et violenter inpediverunt Johannem Penyn, quod sui filii occisorem s[cilicet] Hinricum Smyt, de quo supra scribitur[1], inventum et conprehensum in Bergis non posset capere et justiciam contra eum prosequi, sed violenter eundem Hinricum eripuerunt, proprie weghbrochten, et dictum

---

*) S. 67.

a) Die Urschrift: Lubicensi proscriptus.

1) S. Nr. 583.

Johannem Penyn et suos amicos abinde propulerunt. Judices domini
Arnoldus Poleman et Johannes Osenbrugge.

588. Heyno Hottendeghe proscriptus est cum omni jure Lubicensi pro eo, quod ipse cum tradicione proprie heft enlokket Borchardo
Spegelbergh suam uxorem, et asportavit secum vestes uxoris ejusdem
cum 5 marcis, quas sibi in parte dederat super suum servicium et in
parte tenebatur sibi pro expensis. Judices domini Hinricus Blome et
Gotscalcus Widenbrugge.

589. Laurencius Wilde proscriptus est cum omni jure Lubicensi
pro uno mordere pro eo, quod interfecit Petrum Stenvelt fratrem Mathie
Stenvelt cause actoris.   Judices fuerunt domini Arnoldus Poleman et
Johannes Ozenbrugge.

Anno 1402.,

590. Johannes Cittevisse nauta proscriptus est cum omni jure
Lubicensi pro eo, quod interfecit Nicolaum Nygenkerke, aliter dictum
Molteke, intra civitatem. Judices fuerunt domini Bertoldus Kummerow
et Johannes Langenek.

591. Quidam Johannes servus Alberti Langhen proscriptus est
cum omni jure Lubicensi pro eo, quod eidem Alberto Langhe suo
domino furatus est in valore ultra 100 marcas. Judices domini Bertoldus Kummerow et Johannes Langenek.

592. Item Kerstianus Delesten est proscriptus cum omni jure
Lubicensi ad querelam Alberti Langhen pro fure et quod fuit plenus
adjutor predicti Johannis servi Alberti Langen in commisso furto, de
quo prescribitur [1], s[cilicet] ultra 100 marcas. Judices dicti domini
Bertoldus et Johannes.

Anno* Domini 1402.

593. Petrus Jute cum omni jure Lubicensi proscriptus est pro
homicida pro eo, quod interfecit Nicolaum Hane in vigilia pasce [2], et
proscriptus est ad instanciam et causam uxoris dicti Petri. Judices
fuerunt domini Bertoldus Cummerow et Johannes Langenek.

594. Nicolaus Ridder servus pistrinus est cum omni jure Lubicensi proscriptus, Johanne Rovere actore, domino suo, pro eo, quod
ipse Nicolaus furtive abcessit ab eodem Johanne domino suo cum servicio et pecunia, s[cilicet] marca Lubicensi super servicium ejus data.
Judices domini Bertoldus Kummerow et Johannes Langhenek.

Anno Domini 1403.

595. Mathias Sagense est proscriptus cum omni jure Lubicensi,
actore Heynone Slechte, eo, quod ipse nocturno tempore proprie bod-
denstulpede dictum Heynonem in villa Ludelveshagen [3] et vulneravit

*) S. 68.

1) S. Nr. 591.
2) 1402 März 25.
3) Ludelveshagen, jetzt Lüdershagen, Rittergut bei Stralsund und Dorf
zwischen Barth und Damgarten.

eum tribus perfectis vulneribus et accepit furtive sibi equos, pecuniam, vestimenta et balistam. Judices fuerunt domini Bertoldus Kummerow et Johannes Langhenek.

596. Johannes Tunesson arbitrabatur coram judicibus infrascriptis super suum summum, proprie up syn hogheste, quod, quando Jacobus de Heddinghe esset ab eo sepa[ra]tus in jure, quod, seu inpeticione, quam ipse habebat contra dictum Jacobum, ipse econverso vellet stare juri ipsi Jacobo in causa, quam Jacobus vellet contra eum intentare. Sed illo jure conpleto, quod habuit contra Jacobum, ipse Johannes Tunesson fregit suum predictum arbitrium et profugit, et est ideo cum omni jure Lubicensi proscriptus. Et ex isto profugio dampnificatus est Jacobus in 30 marcis. Judices fuerunt domini Johannes Osenbrugge et Nicolaus Lippe.

597. Johannes Wulf furtive recessit nocturno tempore a suo domino Martino Janeke et asportavit sibi togam de 12 solidis, et recessit sive discurrit sibi cum suo servicio et cum denariis sibi super servicium suum datis. Judices fuerunt domini Johannes Ozenbrugge et Nicolaus Lippe. Et est pro isto cum omni jure Lubicensi proscriptus.

598. Ghereke Bekeman est proscriptus cum omni jure Lubicensi pro eo, quod commisit furtum et bodenstulpent in Tidekino Nostrowe et fuit propter hoc profugus factus et pro fure et boddenstulpere proscriptus. Judices domini Johannes Ozenbrugge et Nicolaus Lippe.

599. Johannes Darghes et Kerstianus Holste proscripti sunt cum omni jure Lubicensi pro occisoribus pro eo, quod in civitate interfecerunt Johannem Buweman. Judices fuerunt domini Johannes Ozenbrugge et Nicolaus Lippe.

600. Nicolaus Bitegast est proscriptus cum omni jure Lubicensi ad querelas Conradi Dene, qui conquestus est eundem Nicolaum, sibi esse furatum in ferro et ferreis ad valorem trium marcarum. Judices domini Johannes Ozenbrugge et Nicolaus Lippe.

601. Wendelke Bars est proscripta cum omni jure Lubicensi ad instanciam et querelas Margarete Pustes, conquerentis in judicio, dictam Wendelken sibi furatam esse togam ad valorem 5 marcarum et ollam. Judices fuerunt domini Johannes Ozenbrugge et Johannes de Molendino.

602. Hermannus Meybom est cum omni jure Lubicensi proscriptus, quia spoliavit Petrum Tredegras de Gripeswald prope Starkow suo equo. Judices fuerunt domini Hinricus Blome et Goswinus Widenbrugge.

603. Bernd* Kuleman est proscriptus cum omni jure Lubicensi, actore Jacobo Troyeman, famulo civitatis, pro eo, quod interfecit intra muros civitatis Nicolaum Troyeman, et ab isto facto profugus fiebat. Judices fuerunt domini Thidemannus Hoghedorp et Johannes Kedink.

604. Petrus Lubbe proscriptus est cum omni jure Lubicensi, actore Matheo Crogher, pro eo, quod interfecit Jacobum Domeker et

*) S. 69.

profugus pro eo factus est. Judices fuerunt domini Johannes · Ozenbrugge et Johannes de Molendino.   Et dictus Matheus Crogher fuit
actor ideo, quod dictus interfectus fuit suus servus.   Sed cum venerit
aliquis de proximis suis, ille ulterius actor erit et ab actione solutus
erit Matheus prefatus.

605. Quidam Lambertus servus pistorinus, serviens cum antiquo
Wichemanno, est proscriptus cum omni jure Lubicensi pro eo, quod
egit ossifragium Nicolao Zurik servo pistrino.   Judices fuerunt Tidericus Hoghedorp et Johannes Kedink.

606. Hinricus Bokholt est proscriptus cum omni jure Lubicensi
pro eo, quod ipse furatus est Ludekino Rosenwater unam balistam, et
quod furtive discurrit sibi cum 4 marcis, quas sibi dedit, proprie dan
hadde, super suum servicium.   Judices fuerunt domini Johannes de
Molendino et Johannes Ozenbrugge.

Anno Domini 1404.

607. Johannes Strelow est proscriptus cum omni jure Lubicensi
pro eo, quod furtive discurrit Ludekino Rosenwater cum servicio suo
et cum decem marcis, quas super servicium suum perceperat.   Judices
fuerunt domini Johannes de Molendino et Johannes Ozenbrugge.

Anno 1405.

608. Johannes Soroke proscriptus est cum omni jure Lubicensi
eo, quod fecit mutilacionem Hinrico Tzules servo colono in sua dextera
manu.   Judices domini Thobias Ghildehus et Johannes Langenek.

609. Johannes Yunghe, morans in boda domini Alberti Gher-
stendorp, proscriptus est cum omni jure Lubicensi pro eo, quod mor-
tali occisione occidit Johannem Mukes, et fuit iste Johannes Jynghe
ex hoc profugus factus et proscriptus.   Judices fuerunt͜ domini Hinricus
Blome et Goswinus Widenbrugge.

Anno 1406.

. **610.** Hermannus Wif servus pistrinus est cum omni jure Lubicensi proscriptus pro eo, quod interfecit, proprie ghemordet heft, in
civitate Johannem Brokman, actore Reynero Brokman, patre interfecti.
Judices fuerunt domini Thobias Ghildehus et Johannes Langhenek.

611. Wolterus Schepenisse servus pellicifex (!) proscriptus est
cum omni jure Lubicensi, actrice Taleken relicta Nicolai Langhe, pro
eo, quod dictum Nicolaum Langhe maritum suum mortifera occisione
occidit. Judices fuerunt domini Johannes Keding et Wolterus Zeghevrid.

612. Kerstianus Ranghe et Nicolaus Witte proscripti sunt pro
homicidis, proprie mordere, eo, quod interfecerunt Tideken Daneel
filium Symonis Daneel.   Judices fuerunt domini Johannes Keding et
Wolterus Zeghevrid.

613. Jacobus, Hinricus et Johannes dicti Thouwe filii magistri
Jacobi interfecerunt proprie mord [1] Hinricum Pren maritum Taleken,

---

1) *Die beiden letzten Worte sind stark ausgelöscht; anscheinend absichtlich.*

et sunt propterea proscripti cum omni jure Lubicensi, dicta Taleken actrice, dominis Conrado Bisscup et Bertoldo Kummerow judicibus.

Anno * Domini 1407.

614. Nicolaus Cranke est cum omni jure Lubicensi proscriptus pro eo, quod occidit, proprie vormordede, in civitate Dilianam uxorem suam. Judices fuerunt domini dominus Conradus Bisscup et dominus Bertoldus Kummerow, sub quibus querela incepit, et judicium consummabatur sub introeuntibus dominis Bertoldo Kummerow et Hennyngo Witte.

615. Hinricus Satow servus rotifex proscriptus est cum omni jure Lubicensi pro eo, quod ipse furtive recessit a domino suo Nicolao Wulf cum suo servicio et pecunia, scilicet 6 marcis. Judices fuerunt domini Johannes Kedink et Lubbertus Thevyn.

1408.

616. Jacobus Schutte proscriptus est pro 2 blaveis et uno ossifragio, que egit Petro Koning. Judices domini Bertoldus Kummerow et Henningus Witte:

617. Mathias Busch discurrit Godekino remensnidere cum servicio et quinque marcis super servicium accepto (!). Proinde est proscriptus. Judices dominus Johannes Langenek et Henningus Wreen.

618. Nicolaus Jaghezel est proscriptus, quod interfecit Johannem Knut et aufugit. Actrix fuit Katherina; judices dominus Got[fridus] Wydenbrugge et Johannes Kummerow.

1409.

619. Johannes Nyendorp discurrit Kersten Wolder cum servicio promisso et 2 marcis; et est ideo proscriptus cum jure Lubicensi.

620. Jacob Ghise abcessit Hinrico Crans cum servicio et 3 marcis; et est proscriptus propterea.

621. Gherd Glodow abcessit Nicolao Yenderik cum servicio et 4 marcis et 4 solidis; de isto est ipse proscriptus.

622. Kersten de Reno abcessit Paulo Vynnen cum servicio et 28 [1]. Unde idem Kerstianus proscriptus est cum omni jure Lubicensi.

Anno ** 10.

623. Hinricus Stone corigicida proscriptus est cum omni jure Lubicensi, quia interfecit Johannem Rughe servum corrigicidii. Judices fuerunt domini Wernerus de Alen et Godekinus de Bremen; actor fuit Martinus Rughe.

624. Hinricus et Martinus Ostym et Hinricus Aschi proscripti sunt cum omni jure Lubicensi,. quia occiderunt Hinricum Vlind. Judices fuerunt domini Godfridus Wydenbrugge et Johannes Kummerow.

---

*) *S. 70.* **) *S. 71.*

1) *Die Bezeichnung der Münzgattung fehlt.*

Anno 17.

625. (Hinricus Wenghelin proscriptus est pro traditore et domus pacis fractore cum omni jure Lubicensi, quam tradicionem et domus pacis fractionem egit in Hinricum Sutem. Judices fuerunt domini Wolterus Zeghefrid et Johannes Golvisse.)

626. Yesse Andersson, Henningus Jegher et Nicolaus Yanke sunt proscripti cum omni jure Lubicensi, et profugi facti sunt pro eo, quod occiderunt, id est mordet hebben, Arnoldum Grote in civitate. Judices fuerunt domini Hinricus Nybe et Johannes Golvisse.

Anno 18.

627. Nicolaus Smit servus molendinorum occidit Petrum Pollene, et factus est profogus, et est proscriptus cum omni jure Lubicensi. Judices fuerunt domini Arnoldus Brandenborch et Hinricus Nybe; actrix fuit Metteke Kastesche soror Petri interfecti.

Anno 18.

628. (Johannes Hoghedorp aurifaber est profugus factus [et] proscriptus est cum omni jure Lubicensi ex eo, quod vulneravit Olavum Ghannien aurifabrum. Judices fuerunt domini Lubbertus Tevyn et Johannes Kummerow; actor fuit predictus Olavus.)

Anno* Domini 1418.

629. Her Johan Stenwegh is vorvestet unde vredelos gelecht mit allem Lubeschen rechte darumme, dat he Johan Bullenspecke anverdigede mit wapender hant, mit gevusteden zwerde, mit gheladen armborste, mit sammelinge, mit vorsate, unde drenghede ene in en hus, dar Johan Bullenspek in vlogh umme synes lyves vare willen. Dar her Johan Stenwegh heft mede ghebroken den vrede, den de rad hern Johanni unde den olderluden der wantsnyderen an beyden siden geboden hadde by lyve unde by gude, alse de rad des den zulven olderluden to steit, dat ze den vrede aldus geboden hadden. Dit hebben gherichtet her Hinrik Nybe unde her Hinrik Holthusen.

630. Johannes Schokke portitor percussit tempore noctis Johannem Cloppensak oldermannum in propria sua habitacione et conculcavit cum cum pedibus et eum ita percussit, quod jacet de ista percussione eger in lecto, ut de vita ejus timetur. Propterea idem Johannes Schokke profugus factus est et est proscriptus pro eo cum omni jure Lubicensi. Judices fuerunt domini Arnoldus Brandenborch et Hinricus Nybe.

631. Nicolaus Doryng servus doleatorius proscriptus est cum omni jure Lubicensi pro eo, quod discurrit Johanni Solkevisse cum servicio et pecunia, scilicet 2 marcis 6 solidis. Judices fuerunt domini Arnoldus Brandenborgh et Hinricus Nybe.

S. 73 unbeschrieben.

*) *S. 72.*

632. Vicke* Schacht est cum omni jure Lubicensi proscriptus pro eo, quod egit in Gherwino Zemelow unum ossifragium et sex sangwinea et blavia. Judices domini Lubbertus Thevyn et Hinricus Nybe.

633. Johannes Sluter, filius Hinrici Sluter morantis super Gelland, interfecit in civitate Johannem Sluter de Omans, et propterea profugus factus est, et est cum omni jure Lubicensi proscriptus, actore Petro Sluter fratre interfecti. Judices fuerunt domini Wernerus de Alen et Johannes Kummerow. Actum anno 17.

634. Johannes Cropolin de Rostok proscriptus est cum omni jure Lubicensi pro eo, quod interfecit Yurigen Hane servum stubanatorium intra civitatem, et est proinde profugus factus, actore Tidekino Hane fratre suo. Judices fuerunt domini Wernerus de Alen et Johannes Kummerow.

Anno 19.

635. Johannes Godekens est cum omni jure Lubicensi proscriptus eo, quod occidit Hinricum Radeleve, actore suo fratre Petro Redeleve (!). Judices fuerunt domini Gotscalcus Wydenbrugge et Johannes Kummerow.

636. Hinricus Mystorp est cum omni jure Lubicensi proscriptus eo, quod ipse egit 7 blavia et sangwinea in Hinricum Zegher et fecit in eo violenciam, extrahendo cultellum et proiciendo in terram ipsius Hegher. Et potest cum tenere Hinricus Hegher[1] cum durissimo; sed non debet occidere. Judices fuerunt dominus Wernerus de Alen et advocatus.

Anno 20**.

637. Wennemarus Bukhorn proscriptus est cum omni jure Lubicensi pro eo, quod ipse trusit Wilhelmo Nortorpe perfectum vulnus, et inde est profugus factus, et proscriptus est cum omni jure Lubicensi. Judices fuerunt domini Nicolaus Zwarte et Hinricus Holthusen.

638. Hinricus dikmoller est proscriptus cum omni jure Lubicensi pro eo, quod trusit Stephano Strucceman perfectum vulnus. Judices fuerunt domini Nicolaus Zwarte et Hinricus Holthusen.

Anno** 20.

639. Hinricus Wenghelin proscriptus est cum omni jure Lubicensi pro eo, quod ipse Albertum Lutteken spoliavit et schynnede, et lardum secando et canes sagittando ad mortem, et amforas, ollas et calderias concuciendo, et suum colonum apud aratrum secando. Judices fuerunt domini Nicolaus Zwarto et Hinricus Holthusen.

640. Dominus Rolavus Nygenkerke est proscriptus cum omni jure Lubicensi pro eo, quod spoliavit villicos Nicolai Brunswyk equis eorum;

*) S. 74.   **) S. 75.

1) Offenbar ist in dieser Aufzeichnung der Beschädigte zuerst nur durch einen Schreibfehler Zegher statt Hegher genannt.

et ideo est pro spoliatore proscriptus. Judices fuerunt domini Nicolaus Zwarte et Hinricus Holthusen.

641. Desse nagescrevene sint vorvestet mit allem Lubeschen rechte dar umme, dat se Deghener Buggenhagen mit vorretenisse bynnen vorbodinghe, vrede unde leyde unses heren hertoghen Wartzlaves vor synen voten vormordeden unde reroveden in der Gherbodenhaghen molen des neghesten daghes divisionis apostolorum anni 20 [1]: Guslaf Starkow, Gherd Bere, Vicke Zepelin, Claus Zepelin, Hagheman, Vicke Speckin, Gronynk, Heyne, Ghereke Crakow, Detlef Vos, Nyebur, Swen, desse sosse sint Henneken Starkowen knechte unde Guslaves Starkowen knechte, Henneke Bere to Nusserow, Arnd Qwale, Claus Plote, Bunnevisse, Wulf Bokholt, Hinrik Wengelin, Hans van dem Berghe, Ghereke Nateldorn. Judices fuerunt domini Nicolaus Zwarte, Hinrik Holthusen, Wolterus Zeghefrid et Tidericus Brunswyk; ok wurden bewaret alle, de dar run unde rad mede hadden [2].

1) *1420 Juli 16.*

2) *S. über die Verhältnisse, welche diese Verfestung veranlasst haben, O. Fock a. a. O. 4, S. 136 u. flgg. und 249 u. flgg., Lisch a. a. O. 3, S. 30 u. flgg., 4, S. 13 u. 14. — Guslaf von Starkow und Gerd Bere haben sich übrigens später mit Stralsund vertragen; die desfallsige den letztern betreffende Urkunde s. Lisch a. a. O. 3, S. 258 u. flg., das Sühnebekenntniss des ersteren von 1434 April 26, welches bisher noch nicht gedruckt ist, befindet sich mit einem völlig wohlerhaltenen Siegel desselben versehen im Stralsunder Stadtarchiv und lautet wie folgt:* Ik Gutalaf Starkouwe mit mynen rechten erfnamen bekenne unde betughe an dessem jeghenwardighen breve, dat yk allen unwillen unde voyde, de yk hebbe ghehat mit den van deme Sunde unde mit den van deme Grypeswolde, nach rade myner vrunde' hebbe daleghelecht unde legghe dale jeghenwardich, alzo dat noch yk, noch myne erven, edder myne vrunde, edder de umme mynen wyllen don edder laten wyllen, dar nimmer unde to nenen tyden up saken wyllen edder scholen. Dit love yk Gutalaf vorbenomet stede unde vast to holdende myt mynen erefnamen (!) unde vrunde[n] sunder jeneghorleye arch edder hulperede. Des to tughe unde hoghor bekentnisse, zo hebbe yk Gutslav vorbenomet myn inghezeghel mit wytachop unde wyllen ghehenghet vor dessen jeghenwardighen bref. Hir hebbet an unde over ghewesct desse erebaren lude: her Henningk Kosse, Raven Metzekouwe, her Johan Weyer, myner gnedighen vrowen capellan. Screven unde gheven to deme Reynenberghe na Godes bort dusent jar 400, dar na an deme 34, des neghesten mandaghes sunte Marcus des hilghen ewangelisten.

Noch besitzt das genannte Archiv eine von Bürgermeister und Rath zu Neu-Brandenburg für einen auf Schloss Usedom gefangenen Knecht Henneckes von Starkow, Namens Heineke Greve, ausgestellte Urfehde von 1421 April 2. Dieser Knecht ist anscheinend mit dem in der Verfestung Hoyne genannten ein und dieselbe Person. Die Urkunde, an welcher das gut erhaltene Siegel von Neu-Brandenburg hängt, lautet: Wy borghermestere unde radmanne to Nyen Brandenborgh bekennen in dessemo breve vor allesweme, dat de ersamen heren de rad der stat Stralessund hebben umme unser vruntlike vlitighen bede wyllen los ghegheven Heyncken Greve, de Henneke Starkowen knecht was, den ze in der hechte hadden darumme, dat he mede vunden wart uppe Usedom, dar de stede Stralessund unde Gripeswold vore leghen unde dat wunnen. Des love wy den vorscreven steden Stralessund unde Gripeswold van des Heyneken weghen vorbenomet vor ene gantze unde vaste orveyde, also dat umme des Heyneken wyllen noch he zulven nogh zine vrunde, gheboren unde ungheboren, ghestelik edder werlik, dar nummer mer up saken scholen unde nichtes don umme der zake vorscreven, dat ze den Hoyneken holden

Anno* 20 circa assu[m]ptionis Marie [1].

642. Vicke Dechow, aliter dictus Stut, proscriptus est cum omni jure Lubicensi pro eo, quod ipse accepit et stratispoliavit quinque equos in libera strata Gherardo Robckens mercatori. Actor fuit ille Gherardus et judices domini Nicolaus Zwarte et Hinricus Holthusen.

Anno 21.

643. (Ertmarus Sluter est cum omni jure Lubicensi proscriptus eo, quod ipse egit in Hermannum Nygendorp unam ossis fracturam et 2 sangvinea et blavea. Judices domini Johannes Kummerow et Tbidericus Brunswyk.)

644. Proscripti sunt infrascripti cum omni jure Lubicensi: scilicet Rasslavus de Bessin, Volrad Sum, Nicolaus Sum, hinkende Arnd Sum, Hinric Sum et Gholste morans super Yasmundiam, Henningus de Osten, Nicolaus de Kalende morans to Maltzin et Hinricus de Stubben, Arnoldus de Stubben et Hinricus de Stubben frater Arnoldi, et Martinus Tribesseke et Hinricus Blysebritze et Pinecrul pro eo: isti proscripti spoliaverunt Mathiam Darne in bonis suis Bessin nocturno tempore frangentes seras ad orrea, cistas, et asportarunt equos sex, utensilia domus et frumentum in orreis annichilaverunt.

Item proscripti sunt cum omni jure Lubicensi, qui habuerunt ad hoc consilium et opera, scilicet Helmich Sum, Tzulslavus Schele, qui adhuc habent spoliatos equos in sui(!) were. Judices fuerunt domini Arnoldus Brandenborch et Hinricus Holthusen.

645. Hinricus de Berken est proscriptus cum omni jure Lubicensi pro eo, quod interfecit intra civitatem Johannem Brant doleatorem; pro quo factus est profugus. Judices domini Arnoldus Brandenborgh et Hinricus Holthusen; et Tidericus Vrybergh fuit actor et procurator Katherine uxoris interfecti.

Anno 22.

646. Nicolaus Merten, qui fuit cum Ludikino Kulpen, et Hinricus Klokow, qui fuit cum domino Pritboro, sunt cum omni jure Lubicensi proscripti eo, quod occiderunt vel mortificarunt hic in civitate Conradum Lubbe. Actor fuit frater suus Nicolaus Lubbe; judices fuerunt domini Arnoldus Brandenborgh et Johannes de Haren.

647. Nicolaus Schorsow civis in Camyn est proscriptus cum omni Lubicensi jure ex eo, quod ipse Hildebrando Bunde de Stetin fregit fidem et furtive abnavigavit, proprie entseghelde, sua bona. Judices domini Lubbertus Tevyn et Johannes Kummerow.

*) *S. 76.*

hebben, jeghen der vorscreven herscupp, stede unde lande unde ynwonere gheestlik unde werlik to ewygen tiden. Unde des to bewaringhe hebbe wy unser stat secret henghen laten an dessen breff. Ghegheven na Godes bort verteyn hundert jare dar na in deme enentvyntegesten jare des mydweken na dem sondage Quasimodogeniti.

1) *1420 um Aug. 15.*

Anno* 22.

648. Johannes Tzuleke est cum omni jure Lubicensi proscriptus pro eo, quod ipse reliquit suam legitimam uxorem Abelen, quam habuit ultra 16 annos et duxit matrimonialiter aliam mulierem in Rostok; et sic factus est* legis fractor, proprie een ebreker. Judices fuerunt domini Arnoldus Brandenborgh et Hinricus Holthusen; et profugus factus est cum alia muliere.

649. Jacobus Wulf proscriptus est cum omni jure Lubicensi pro eo, quod est furatusᵇ duos equos Johanni Vicken villano in Zatele. Judices fuerunt domini Lubbertus Tevyn et Johannes Cummerow.

650. Jacob Heyne servus braxatorius Johannis Heynen occidit suum socium Vickonem, et ideo est proscriptus cum omni jure Lubicensi. Potestas regia fuit querulator; judices domini Nicolaus Zwarte et Hinricus Holthusen.

23.

651. Nicolaus Klokow et Helmicus servi laterificine sunt proscripti cum omni Lubicensi jure pro servicio et vormede, cum quibus secrete discurrerunt, scilicet cum 3 marcis Klokow et alter cum 2 marcis. Actor fuit Nicolaus Strelow, judices domini Tidericus Brunswyk et Andreas Kanemaker.

652. Laurencius Kale proscriptus est cum omni jure Lubicensi eo, quod egit in Bertoldo Crowetzen quinque ossifragia et 2 rubia et 2 blavea, unde habet vulnus in facie. Judices domini Hinricus Holthusen et Andreas Kanemaker.

653. Hans Runghe morans in Platekevisse proscriptus est cum omni jure Lubicensi pro traditore ex eo, quod sagittavit occulte de rubeto Hermannum Stenveld civem nostrum in collum et vulneravit, et quicunque eum receptaverit, ita reus erit, sicud ipse. Hoc est diffinitum in judicio hiis sub judicibus: dominis Hinrico Holthusen et Reynardo Rapesulver. Eciam est diffinitum, si propterea idem Hermannus vel quicunque alius seu alii nomine sui eundem Hans interfecerit, quando nollet se facere capi ad ipsum justificandum et judicandum, nichil proinde deberet seu deberent pati.

654. Nicolaus Turowe sic vulgariter nuncupatus est proscriptus cum omni jure Lubicensi ex eo, quod Nicolaum Hoppener vulneravit, et perfectum vulnus in eo operatus est et 2 rubea et blavea in uxorem dicti Nicolai Hoppener commisit, sub judicibus dominis Lubberto Tevyn et Johanne Kummerowen in civitate nova. Et cautum est in judicio, si de alio cognomine ipsius Nicolai Turowen quod habet, maneat dicto Nicolao Hoppener salvum et inneglectum.

655. Johannes Streleke cum omni jure Lubicensi sub judicibus antique civitatis, videlicet dominis Hinrico Holthusen et Hinrico Quekel,

---

*) S. 77.
a) sic factus est sic *die Urschrift.*
b) est furatus est *die Urschrift.*

proscriptus est pro et ex eo, quod interfecit Johannem Hugen filium Henninghi Hughen.

656. Mathias * Lutert est cum omni jure Lubicensi proscriptus sub judicibus nove civitatis, videlicet Lubberto Tevyn et Johanne Kummerowe, ex et pro eo, quod idem Mathias recessit a Nicolao Detmere fabro et ex servicio ipsius Nicolai cum 9 ¹/₂ marcis denariorum cum premeditacione, id est vorsate, tamquam fur. Et observatum et cautum est pro dicto Nicolao cum jure, si inveniet eum in aliquo loco, quod potest eum apprehendere et prosequi eum ulterius.

657. Laurencius Bantekowe est cum omni jure Lubicensi proscriptus sub judicibus nove civitatis, videlicet dominis Lubberto Tevyn et Johanne Kummerowe ex et pro eo, quod idem Laurencius furtive rapuit et abduxit Margaretam filiam Johannis Vischowen virginem et secum abstulit furtive res et bona dicti Johannis in valore centum marcarum Sundensium denariorum. Quod in tantum sibi abstulit, dictus prout jus exigit suo corporali juramento affirmavit. Et sic pro fure est proscriptus. Et observatum et cautum est cum jure, quod, si poterit, in aliquo loco propterea apprehendi et insequi et de eo fieri ulterior executio [1].

658. (Hinricus Grewesmolen carnifex omni jure Lubicensi proscriptus est sub judicibus antique civitatis, videlicet dominis Reynardo Rapesulver et Everhardo Drulleshaghen, pro eo et ex eo, quod probatum fuit contra eum per literas Rostokcensium, quod de bonis spoliatis a domino Johanne Kedingh, Conrado de Vloten, Petro Bingen, Hermanno Raven, Bernardo Nyeman et Johanne Berteldes cum snicka ipsius Hinricus in Rostok recepit partem duorum spoliatorum, id est twyer del, que probatio fuit sufficiens per consulatum diffinita. Et propterea fugam recepit [a] et propter hoc cum omni jure Lubicensi ut spoliator hujusmodi bonorum est proscriptus.) Judices domini Bernardus de Zutfelde et Laurentius de Lunden jusserunt cancellari [2].

659. Hans Naghel cum suis conplicibus et sociis in hoc maleficio, videlicet quinque, ex eo, quod Jacobum Wulverstorpe, famulum civitatis Sundensis equestrem, prope phalangam circa frankendor interfecit, id est mordet, sub judicibus antique civitatis, videlicet dominis Everhardo de Huddesem et Laurencio de Lunden, jure Lubicensi est legitime proscriptus. Et cum hoc cautum est jure Lubicensi coram eisdem dominis judicibus, quod idem Johannes Nagel et dicti sui quinque socii in hac parte et eorum hospites et receptores in omnibus aliis locis et civitatibus jure Lubicensi fulcitis possint, ubicunque inveniuntur, detineri et una et eadem puniri.

---

*) S. 78.
a) recepit recepit *die Urschrift.*
1) *Der Bau des Schlusssatzes ist verwirrt; zwischen „insequi“ und et scheint etwas zu fehlen, wenn nicht statt des „et“ „debet“ zu lesen ist.*
2) *Dieser Satz steht in der Urschrift am Rande.*

660. Johannes Vrese mango proscriptus est cum omni jure Lubicensi in omnibus civitatibus et locis Lubicensibus sub dominis judicibus Johanne Kummerowe et Andrea Kanemaker super nova civitate pro eo, quod interfecit Asmum Wegghetzyn fratrem Enghelkini Weggetzyn. Et cautum jure est Lubicensi, quod, ubicunque reperitur dictus Johannes Vrese hujusmodi homicida, quod potest impediri impune racione hujusmodi homicidii in quibuscunque civitatibus et locis, ubi servatur jus Lubicense.

661. Nicolaus Daem sub dominis Johanne Kummerowe et Zabello Zeghevryt, judicibus nove civitatis, tamquam homicida proscriptus est jure Lubicensi ex eo, quod Johannem Iloghedantze interfecit in ista civitate Sundensi. Et cautum est jure, quod, ubicunque reperitur in proprietate et districtu hujus civitatis et in locis, ubi viget jus Lubicense, potest impune capi et detineri, et de eo fieri secundum quod jus Lubicense exigit et requirit. Actum anno etc. 31 feria quarta post Oculi[1].

662. Ludeke* Bunden cum omni jure Lubicensi sub judicibus nove civitatis, videlicet Johanne Kummerowen et Zabello Zeghevryt, est proscriptus ex eo, quod Tidericum Bagghen civem nostrum tempore nocturnali inhumaniter interfecit. Et cautum est eodem jure in judicio predicto, si, quem seu quos conplices et adjutores predictus Ludeke in hujusmodi homicidio secum habuerit, quo imposterum inveniri possunt, quod ille vel illi poterint et debeant impune prosequi et exequi, prout prefatus Ludeke. Actum anno etc. 32 circa Fabiani[2].

663. Nicolaus Winkeldorp, qui fuit in hospicio in Sundis cum Hermanno Oldendorp institore, proscriptus est cum omni jure Lubicensi sub judicibus antique civitatis, videlicet dominis Bernardo de Zutfelde et Laurencio de Lunden et Nicolao Vruwendorp advocato. Proscriptus est ex eo et pro eo, quod profugus factus et recepit fugam illius forefacti et falsitatis monete, propter quod seu quam Clawes Elmhorst fuit judicatus ad caldarium buliendo in aqua sub eisdem judicibus et advocato; quia illos denarios falsos, propter quos dictus Elmhorst fuit judicatus, cum dicto Elmhorst deduxit de Usedum hic in Sundis; et illi fuerunt reperti in predicto hospicio Nicolai Winkeldorp sub lecto, in quo posuit eos secrete, ubi dormiverat. Et cautum est eodem jure et judicio, ubi et quando imposterum poterit apprehendi, ex quo hujusmodi falsitatis fuit faciens et consencions, debet judicari sicud dictus Elmhorst fuit judicatus. Actum etc. 31 circa beati Martini[3].

*) S. 79.

1) *1431 März 7.*
2) *1432 um Jan. 20.*
3) *1431 um Nov. 11.*

664. Nicolaus Wolters proscriptus est cum omni jure Lubicensi sub judicibus nove civitatis, videlicet dominis Andrea Kanemaker et Zabello Zeghevrit, sedente pro tribunali tempore hujusmodi proscriptionis pro dicto domino Andrea et loco sui domino Johanne Kummerowen, ex eo et propterea, quod dictus Nicolaus Wolter una cum suis in hac parte complicibus quosdam Johannem Rozentreder patrem et Petrum Rozentreder ejus filium in aquis, transfretantes de Sundis versus terram Ruye, hostiliter invasit et dictum Johannem patrem usque ad mortem vulneravit, dictum vero Petrum filium ipsius Johannis interfecit. Et cautum est eodem jure et judicio predicto, quod ubicunque in locis, ubi jus Lubicense judicatur et existit, ipse Wolterus inventus fuerit, poterit impune apprehendi et de eo justitiam consequi. Et etiam cautum eodem jure de suis complicibus, quod jus quoad ipsos complices debet manere dicto patri et heredibus ipsius interfecti inneglectum. Actum anno etc. 32 feria 3 ante corporis Christi [1].

665. Godschalcus Desynck et Martinus Desenyk et Johannes Desenyk sunt cum omni jure Lubicensi sub judicibus antique civitatis, videlicet domino Reynardo Rapesulver et Everhardo de Huddesem loco domini Drulleshagen, proscripti ex eo, quod furati sunt domino Everhardo Drulleshagen togas, tunicas et vasa argentea et nonnullas suas res et propterea fugam receperunt. Et cautum est eodem jure, quod, ubicunque reperiuntur, possunt impune impediri [a], id est upholden werden, ut de eis fiat justicia. Actum anno etc. 33 feria quinta post conceptionem Marie [2].

666. Simili modo sub eisdem judicibus eodem tempore est proscriptus Johannes Gherliges ex eo, quod fraudulenter et furtive insegebat in agrum dicti domini Drulleshagen arenam pro annona, cui ipse dictus Everhardus presentavit annonam segendo, et segebat arenam, et annonam sibi furatus est, pro quo jure convictus est; et cum alias res sibi furatus est; propterea in fugam se dedit.

667. Anno [a] etc. 36 ante Katherine [3] Reyneke de Stendel omni jure Lubicensi proscriptus est sub judicibus nove civitatis, videlicet dominis Goscalco Wydenbrugge et Bernardo Vlesch, ex eo, quod interfecit in civitate Sundensi Jacobum Detmers. Et cautum est in judicio, ubi invenitur in civitatibus et locis Lubicense jus habentibus seu jure Lubicensi utentibus, impune potest capi et fieri de eo, quod justum fuerit.

668. Anno etc. 41 feria sexta post festum corporis Christi [4] Jacob Blanke de terra Rugie existens omni jure Lubicensi proscriptus est sub judicibus antique civitatis, dominis Bernardo de Rode et Ottone Voghen consulibus, ex eo, quod interfuit interfectioni et homicidio,

---

*) S. 80.

a) Ueber impediri ist übergeschrieben et occidi, was aber zu dem folgenden ut de eis fiat justicia nicht passt.

1) 1432 Juni 17.   2) 1433 Dez. 10.   3) 1436 vor Nov. 25.   4) 1441 Juni 16.

perpetrato iu Johannem Scherf per Hinricum Zabessen, propterea ad
rotam judicatum, et fuit causa hujusmodi homicidii.

669. Clawes Houwer omni jure Lubicensi sub judicibus antique
civitatis, dominis Johanne Vorwerk et Bernardo de Zutfelde, est proscriptus ex eo, quod Katherinam filiam Marquardi Tammen, suam
uxorem, interfecit. Actum anno etc. 42 feria quarta ante nativitatem
beate Marie virginis gloriosissime [1]. Actor contra eum fuit Hinricus
Tamme frater patris dicte Katherine.

670. Jaspar Vischer sutor cum omni jure Lubicensi sub judicibus
antique civitatis, videlicet dominis Johanne Vorwerk et Bernardo de
Sutfelde, proscriptus est pro et ex eo, quod, eodem Jaspare in salvo
conducto (!) consulatus existente, ipse violenciam commisit in Petrum
Nyeman sutorem, nostrum concivem, et in suam habitacionem, ipsum
sibi inferendo et faciendo duo videlicet blut et blawe; et quicunque eum
poterit apprehendere et eum lederet in apprehensione hujusmodi et
eciam illorum adjutorum eum defendencium, erit impune. Et cum
hoc eum receperunt, id est hovet unde huset[a]. Actum anno Domini
millesimo quadringentesimo secundo, feria tercia ante Viti etc. [2].

671. Wolter Ce[r]do proscriptus est sub judicibus antique civitatis, videlicet dominis Laurencio de Lunden et Johanne Zwarte, omni
jure Lubicensi ex eo, quod in antiquo foro istius civitatis Johannem
Bur violenter invasit et vulneravit, videlicet trudendo eum cum trusili
in ventrem usque ad profunditatem unde gurwundede (!) ene. Et cautum est in judicio, si per ipsum Johannem Bur et suos amicos poterit
dictus Wolterus capi, et si in captione mortificatus fuerit, hoc potest
fieri impune. Actum anno Domini 1445[b] feria sexta post octavas epi-
phanieDomini [3].

672. Nicolaus Luders proscriptus est omni jure Lubicensi sub
judicibus antique civitatis, videlicet dominis Johanne Swarten et Laurencio de Lunden ex eo, quod operatus est et fecit in Johannem Kok
perfectum vulnus. Et propterea potest ubicunque sub jurisdictione
istius civitatis et aliarum civitatum juxta arbitrium civitatum super
hoc factum[c] impune capi et de eo fieri justicia[d]. Actum anno etc. 45
post festum Petri ad vincula [4].

673. Anno etc. 52 feria 6 ante festum penthecostes [5] Kersten
Wilken proscriptus est sub judicibus antique civitatis, videlicet dominis
Mathie Benen et Cunrado Konnygeshoff, omni jure Lubicensi ex eo,
quod furtive et violenter destruxit capsulam magistri Hinrici Schelen
barbitonsoris; et propterea potest ubicunque sub jurisdictione istius
civitatis et aliarum civitatum juxta arbitrium civitatum super hoc

a) *Im letzten Theil der Aufzeichnung scheinen mehrere Worte ausgelassen zu sein.*
b) *1455 die Urschrift.*   c) *factum potest, ebenso in Nr. 673.*   d) *justiciam,
ebenso in Nr. 673.*

1) *1442 Sept. 5.*   2) *1442 Juni 12.*   3) *1445 Jan. 15.*
4) *1445 nach Aug. 1.*   5) *1452 Mai 26.*

factum potest impune capi et de eo fieri justicia. Actum ut supra.

S. 81 und 82 unbeschrieben.

674. Anno* in dat jar 53 waghet her Mathies Bene, rychtere her Betcke Schedink, her Cord Konigheshoff.

675. Ryckelt Gaveren is hir vorvestet mit alme Lubeschen rechte, so langhe unde bret, alzo der Sundeschen bede utwiset, beyde to lande und to watere, umme der undat willen, dat he Mathes Glupe sin gud ghenomen heft unde heft ene vordreven unde vorjaghet mit walt unde mit unrechte, alzo van dron hoven, und Rycke[l]t heft syk sulven in Mathies gudere ghesettet. Dar Mathies Ryckelde heft umme angheklaghet vor deme sittenden rade, alzo umme 2000 mark; unde Mathies de heft dat Ryckelde lecht to enes hant unde en heft der enes hant nicht gheantwerdet und wedderstald dan. Dar up is he wellich ghedelt an der enes hant an 2000 marken an Mathies Glupe unde an 50 mark sulvers deme rade. Weret sako, dat Mathies Glup mit sinen vrunden Ryckelde wor an queme, id were to lande edder to watere, unde wolde ene toven mit Lubeschem rechte, dede Rychkelt deme rechte wedderstal, sloghe ene Mathies dar over dot, dar en drofte he nyne nod edder pine umme liden. Unde alle de genen, de ene husen, haven edder heghen, so schal de wert des gastes entgholden unde schal de sulve peine unde nod mit sime gaste an gan.

676. (In dat jar, da men schreff na Godes bort 1453 jar, do wart Hinric Peccatel hir vorvestet mit alme Lubeschen rechte, so lank unde breyd, alzo der Sundesschen bede utwiset, beide to lande unde to watere, umme der undat willen, dat he heft an ghewracht Hinric Vlesche ene vulkomene wunde unde ene vare des levendes. Unde weret sake, dat Hinrik Vlesch mit sinen vrunden Hinric Peccatel wor an queme unde wolde ene toven mit Lubeschem rechte, unde weret sake, dat Hinric Peccatel deme rechte wedderstal dede, unde schloghe Hinric Vlesch ene dar over, he en drofte dar nene nod umme liden. Unde alle de ghenen, de ene husen unde haven edder heghen, de scholen de sulve pine mit em an gan. Unde dar na quam Hinric Peccatel mit ener vorsate unde wolde Hinric Vlesche vormorden vor sines vader dore, dar he sik heft vore gheven in ene wykenschop.)

Anno** Domini 1453.

677. (Mathias Lippe, Hinric Owstin, Clawes Stedink, Brunigh, Nyghenkerke.) Hans Halverstad unde Kremer, ein olderman van den schroderen, unde alle de ghenen, de mit en hebben gheweset in vlocke, in vorden, in rune, in rade, in dade unde in medewetende, de sint hir alle vorvestet mit alme Lubeschen rechte, so lank unde breed, alzo der Sundeschen bede utwiset, beyde to lande unde to watere, umme der undat willen, dat se wolden desse gude stad vorraden unde wolden

*) S. 83.   **) S. 84.

6*

unse erlike borghermeister unde den gansen rad vormordet unde dot
geslaghen hebben, unde wolden sik sulven wedder kesen to borgher-
meisteren unde to radluden na utwysinghe erer eghenen schrift, de se
sulven settet unde schreven hebben. Weret sake, dat welk van unsen
borghermeysteren edder van radluden edder van des rades denren edder
welk van unsen borgheren, he sy ryke edder arm, se wor an quemen,
unde wolden se toven mit Lubeschem rechte, deden se deme rechte
wedderstal, unde sloghen se se dar over dot, dar en dorven se nine
nod edder pine umme liden. Unde alle de ghenen, de se husen, hoven
edder heghen, so schal de wert siner gheste untghelden, unde he schal
de sulve nod unde pine mit em anghan. Dar syk doch desse vorschrevene unde vorbenomeden personen in ene wykenschop ghegeven
hebben. In dessem vorschreven jare alzo vaghet her Mathies Bene
unde richtere her Beteke Schedink, her Cord Koningheshoff[1].

678. (Otte Voghe unde Clawes Kracouwe sint hir vorwestet
mit alme Lubeschen rechte so langhe unde breit alzo der Sundeschen
bede ut wiset, beide to lande unde to watere, umme der undat willen,
dat Otte sede uppe deme markede, do Hans de buntmaker predekede,
dat sin rechte eerfhere, hertoch Warslal (!) de oldere, were ein kra-
den (!) vorreder unde wolde desse gude stad vorraden hebben. Ok
hadde he secht in jeghenwardicheit der stede sendebade Gripeswalt,
Anclam unde Demmyn, dat he den vorreder hertoge Warslave vorbenomet nummer wolde vor enen heren holden. Desse vorschrevene arti-
kele is Clawes Crakouwe ein vulkomene heter, radghever, runre, mede-
weter unde vulborder na apenbarer bekantnisse erer beyder medekum-
pene, alzo Hans Worwerk unde Rothger Stenwech, dede ungheno-
dighet unde unghepineghet uppe vryghen voten seden unde bekanden,
dat de beyden vorbenomeden Otte unde Clawes desser vorschreven
artikelen unde alle des arghen, dat hir aff entstan is, wulkomen
angevers, heters unde hovetlude weren. Unde weret sake, dat unse
here hertoch Warslaff edder de lude, de umme sinen willen don edder
laten willen, se wor anquemen unde wolden se towen mit Lubeschem
rechte, deden se denne deme rechte wedderstal, sloghen se se darover
dot, dar droften se nene nod edder pine umme liden. Unde alle de
genen, de se husen, haven edder heghen, so schal de wert der gheste
untghelden unde schal de sulven pine unde nod mit en an gan[2].)

---

1) *S. über die Vorgänge, welche dieser Verfestung zum Grunde liegen,
Barthold, Geschichte von Pommern und Rügen 4, 1 S. 170. O. Fock a. a. O. 4.
S. 161, O. Francke a. a. O. S. 49.*

2) *Wegen der Ereignisse, auf die sich Nr. 678 bezieht, s. Barthold 4, 1 S. 173
u. flgg., J. v. Bohlen, Der Bischofsroggen auf Rügen S. 175 u. flgg., O. Fock
a. a. O. 4. S. 162 u. flgg., O. Francke a. a. O. S. 48 u. flgg. Die Aussagen der
Sendeboten von Anklam, Greifswald und Demmin, auf welche die Verfestung
hinweist, und ebenso das in der Sache von 2 Rathsmitgliedern und 33 erbgesessenen
Bürgern von Stralsund abgegebene Zeugniss befinden sich — die Anklamer
Urkunde in einer älteren Abschrift, die übrigen in der Urschrift — im Staats-
archiv zu Stettin; Abschriften besitzt auch das Stralsunder Stadtarchiv. Die Aus-*

Anno* 54.

679. Hinrik Schoof is vorvestet myd allem Lubeschen rechte, so lank unde breed, alzo unses heren van dem lande unde der stad tom Sunde ere bode ut wyset, beyde to lande unde to watere, umme der undat wyllen, dat he vormordet heft Michel Tabel unde heft one so brocht van deme levende to dem dode. Item, weret sake, dat Michels vrund Hinrik Schove wor an quemen unde wolden ene toven myd Lubeschem rechte, dede Hinrik deme rechte wedderstal, sloghen Michels vrunde ene dar over dod, dar droften se nene nod edder pyne umme lyden. Unde alle de genen, de ene husen, hoven edder heghen, so schal de werd des ghastes unghelden unde schal de sulven pyne unde nod myd em an ghan. Rychtere her Hinrik Hoffmester, her Mathias Darne; voghet her Hennyngh Budde.

Anno 56.

680. Jurghen Junghe is hir vorvestet mit allemo Lubeschen rechte, alzo langhe unde breit, also der Sundesschen bede utwiset, beyde to lande unde to watere, umme der undat willen, dat he Wobbeken* sin echte husvrouwe vormordet heft unde heft se ghebracht van deme levende to dem dode. Weret sake, dat Wobbeken vrunt Jurgheno wor an quemen und wolden ene towen mit Lubeschem rechte, dede he deme rechte wedderstal, scloghen see ene dar over dot, dar drofte se nyne pine edder nod umme liden, und alle de jeghen (!), de ene huzen, haven edder heghen, so schal de wert des gastes entghelden unde schal de sulve pine unde nod myt em an gan.

S. 86 bis 92 unbeschrieben.

Anno** Domini etc. 71 profesto Margarete [1].

681. Merten Rolik morans in Omantz in Surendorppe tanquam principalis, qui habebat in foro valschen al smeret mit trane, qui propterea sedebat in bodelia, juravit ad sancta Dei ewangelia in forma solita ene orfeyde pro natis et nascendis forma meliori, quod nunquam propterea velit incausare vel propterea inpetere civitatem Stralossundensem. Fidejussores, qui pro hoc fidejusserunt, sunt nostri concives Gerd Kopman, Steffen Swarte, Clawes vamme Orde et Merten Bulle manu conjuncta simul et in solidum. Actum in camera.

Anno Domini 72 post divisionem apostolorum [2].

682. Jacob Teslef, junge Clawes Tesleff unde Simon Herder hebben seten in der stad slote umme er undat, dat se en budevat hebben namen mit bartzen 1½ tover. Desse hebben orfeyde dan unde beswarn vor sik, ere erven, born unde ungebarn, vor alle de to seggent mochten hebben[b], nichtes uthgenamen. Hir hebben mede vor lavet

---

*) S. 85.   **) S. 93.

a) Vuobbeken *die Urschrift*.   b) hebben hebben *die Urschrift*.

sage der Greifswalder Sendeboten, mit welcher die der Anklamer und Demminer wörtlich übereinstimmen, ist abgedruckt in Pyl, Pommersche Geschichtsdenkmäler 3, S. 113, 114.

1) *1471 Juli 12.*   2) *1472 nach Juli 15.*

Hinrik Tesleff, de olderman der vischselre, Hans Survitze, en vischer, Hans Molrenbure, desse hebben vor se lavet mit ener samenden haud.

683. Clawes Koneke hefft medeweset, dat desser vorbenomede hudevat mit den barsen is namen weset, unde hefft sin echte wiff van sik slagen, ene andere to sik namen; desse hefft ok orfeyde dan unde beswarn in der besten wise vor sik, vor alle de dar upp manen mochten, gestlik ofte werlik, baren [ofte] ungebaren. Hir hebben vor lavet junge Gerd Lubbe, unde sine schadeborghen sin, de Lubben hbeben vor schaden secht, Hans Koneke, Tetze Oyetik, Drewes Dorpp, Hans Wedege, Hinrik Kruse, Hermen Witte; desse alle hebben vort lavet Gerd Lubben mit ener samenden hant also schadeborgen.

684. Cord scomaker, Hinrik Schacht to Gustrowen have, Clawes Muter to Krakevitze unde Mathias Muter to Kraniswitze hebben* lavet mit ener samenden hant vor Pribe Muter, dat he hefft seten in der stad slote upp der vere, so dat dar nummet scal upp saken, noch upp den vaget, noch uppe nummende, unde ok nicht upp Merten Kroger, dar de sake van entstan is, unde scalt ok maken in Krogers wille.

a) hebben hebben *die Urschrift.*

Verzeichniss der Personennamen.

Andreas (s. auch Drews).
— Zasse, 355.
Anthonius (s. auch Tonis).
— de Bughe, 253.
— Knubel, 236.
— Langendorp, 332.
— Westval, 392.
Apeke. Johannes A. Bozemund, 346.
Arnd (s. auch Arnoldus).
— Qwale, 641.
— Sum, 644.
Arnoldus, Arnolt (s. auch Arnd), 25. 514.
— Bonow, 148.
— Brandenborch, Brandenborgh, 627. 630. 631. 644. 645. 646. 648.
— Bremer 580, 3m.
— Dreyer, 515.
— , frater Hinrici Ekkon, 36.
— de Essende, 138. 140. 142.
— Gherste, 318.
— Gholdenstede, Goldenstede 159. 161. 304, 2m. 454, 3m.
— Grote, 626.
— Hals, 242.
— Hanover, 544.
— , holtdregher, 42.
— de Johanneshaghen, 156.
— , linicida, 94.
— Pes, 53 (s. auch Voct).
— Poleman, 584. 587. 589.
— Pudvalk, 308.
— dictus Quade, 1.
— Ragan, 97.
— Rockenbuk, 105.
— de Stubben, 148. 644, 2m.
— Thovank, 398.
— Voet, Voyt (s. auch Pes), 449. 487. 489. 510.
— Vrozat, 297.
— , wesselere, 184.
— Zost, de Zost, de Zosat, de Zosath, 363. 364. 365. 369. 370. 374. 392. 393.

408. 409. 410. 417. 422. 424. 425. 430. 431.
Aschus, 624.
Asmus Wegghetzyn, 660.
Asschenberner. Joh. A., 413. 519.
Audenrot. Henneke A., 39.

Babbe, 277.
Backe, piscator, 119.
Badeyseren, Badiseren. dominus Gherlacus B., judex, 517. 520. 521. Hinricus B., 178 — dominus Hinricus B., judex, 527.
Bagge, Bagghe. Tideke B., 569. Tidericus B., civis noster, 662.
Balk. Nicolaus B., 512.
Ballhorst. Johannes B., 372.
Bantekowe. Laurencius B., 657.
Bard s. Bart.
Barneke, 282.
Barnekow. Detlevus B., 419. Hermannus, Hermen B., 223. 419. Hinricus B., 419.
Barnym, dux (Magnopolensis), 304.
Barolt Morder, 39.
Bars. Paulus B., 577. Wendelke B., 601.
Bart, Bard. Andreas de B., 434. Herman de B., 10. Nicolaus de B., 260. Thideke van B., 564. Thidemannus de B., 188. Vicke van B., doleator, 563.
Basdow. Wedeghe B., 213.
Beceteke Stovenkerl, 252.
Becker. Hermannus B., 327. Reyneke B., 364.
Bedeker. Wolterus B., 316.
Begkermester. Hinricus B., 499.
Beke. Hennekinus de B., 508.
Bekelin. Gherardus B. de Sternenberghe, 183.
Bekeman. Ghereke B., 598.

Bekerman, 142.
Bekerer. Hermannus B., judex, 362.
Bellin. Claus B., 563.
Bolther. Heneke B., 356.
Beme. Herman B., 224.
Bene. dominus Mathias B., judex
 antique civitatis, 673. —
 her Mathies B., vaghet 674.
 677.
Beneke, Benckinus, Henneke (s. auch
 Bernardus, Bernd).
 — de Boytin, 131 (s. auch B.
  de Sabow).
 — Krumesse, 168.
 — Mas, 205.
 — Paschedagh, 486, 2 m.
 — , preco, servus Alberti pre-
  conis, 204.
 — de Sabow, alio nomine
  dictus de Boytin, 131.
 — Stenvelt, 197.
 — Vrygewunne, 497.
Benneke s. Beneke.
Berbom. Bernd B., 563.
Bere. Bulder B., 566.
 Gherd B., 641.
 Henneke B. to Nusscrow, 641.
 Heyne B. 566.
Berent s. Bernd.
Bergh (s. auch Mons).
 Hans van dem Berghe, 641.
Beringere, Berrigher, 233.
 — , servus Backen piscato-
  ris, 119.
Berken. Hinricus de B., 645.
Berkhane. Ghise B., 566.
 Hinrik B., 566.
Bernardus (s. auch Beneke, Bernd).
 — de Alkun, 64.
 — Blomenbergh, 460.
 — de Dorpen, 31.
 — Gantzekowe, 442, 2 m.
 — Guzstrow, 312.
 — Hovet, 562. 563. 565.
  566. 567.
 — de Kamen, 360.
 — Kortbennacke, 362.

Bernardus (s. auch Beneke, Bernd).
 — Koster, 378, 2 m.
 — Langedorp, Langhedorp,
  555. 556. 560. 563.
 — de Lobese, 133.
 — Nyeman, 658.
 — de Odeslo, 77.
  parvus Bernardus, 393,
  2 m.
 — Plotze, 143.
 — de Rode, 550. 668.
 — Roseboye, 50.
 — , scolaris, 507.
 — , scriptor dominorum vi-
  nariorum, 209.
 — Sletze, 448.
 — Sveder, 578, 2 m.
 — Vlesch, 667.
 — Voghe, 189.
 — de Vreden, 144. 145.
 — Vrese, 461.
 — de Warne, 421.
 — , watertoghere, 355.
 — Wittenborgh, 438, 2 m.
 — Wyze, 455.
 — de Zutfelde, Sutfelde,
  658. 663. 669. 670.
Bernd, Berent (s. auch Bernardus,
 Beneke).
 — Berbom, 563.
 — Kuleman, 603.
  lutteke B., doleator 578.
 — Specht, 195.
Berno. Thideke de B., 157.
Berneer s. Bernere.
Bernere, Berneer, 291.
 Johannes B., 291.
 Martinus dictus B., 139.
Bernowe, 195.
Berrigher s. Beringere.
Berssone. Hinrik von B., eyn bru-
 wer, 335.
Bertold, Bertolt, Berteld, Bertoldus,
 53. 653.
 albus B., 75.
 — Blok, 315.
 — Buskow, 448, 2 m.

Borchstrate, 18.
Borghart s. Borchardus.
Borneholm. Nicolaus B., 31.
Borrentyn. Jacobus B., 411.
Borsinc. Henneke B., 279.
Bortzow. Nicolaus B., 443.
Bosing, 258.
Bosse. Nysse B., 416.
Bouman. Conradus B., 86.
Bowerstorp. Ghereke B., 240.
    Ribe B., 84.
Boytin, Boytyn, 15.
    Beneke de B., 131.
  — , filius Boytin, 15.
    Marquardus B., 428.
    Nicolaus B., 160.
Brabant. Conradus B., 56.
Brand, Brant (s. auch Hildebrandus).
    Hoyno B., 501.
    Hinricus B., 466. 541.
    Johannes B. de Boke in Suc-
    cia, 573. — J. B., doleator,
    645.
    Nicolaus B., 311. — N. B.,
    faber, 586.
  — , servus Hinrici kûters, 337.
  — , servus pistoris, 197.
  — de Woldemer, 182.
Brandenborch, Brandeborch, Bran-
    denborgh. dominus
    Arnoldus B., judex,
    627. 630. 631. 644.
    645. 646. 648.
    Grete de B., 124.
    Johannes B., 280.
Brandeshagen, Brandeshaghen.
    Hinrik B., 561.
    Petrus B., 174.
Brant s. Brand.
Brasche, 78.
Bremen, Brema, Bremae.
    Borchardus de B., 301.
    dominus Godekinus de B.,
    judex, 623.
    Henneke de Brema, 217.
    Johannes de B., 423.
    Ludeke de Bremis, 23.

Bremer, Bremere, Bremmere.
    Arnoldus B., armiger Ti-
    demanni Stamers, 580, 2 m.
    Ghereke B., 211.
    Vicko B., 216.
Bremersone. Herman B., 183.
Bremesse, 101.
Bremmere s. Bremere.
Bresemer, 239.
Brink. Johannes uppen Brinke, 189.
Brochuse s. Bruchusen.
Brokman, Brokeman. Johannes
    B., 610.
    Reynerus B., 610.
    Wilhelmus B., 433.
Bruchusen, Brochusen. Hincekinus
    B., 194.
    Hinricus B., 77.
Brudegam, 184. 283.
Bruggeman, Ludeke B., 454.
Brunigh, 677.
Bruno, 477.
  — de Wismaria, 286.
Brunswik, Brunswic, Brunswyk,
    Brunswick. Georrius B.
    515.
    Hermannus B., 396.
    Jacobus B., 515.
    Nicolaus B., 187. 640.
    Tidekinus B., 102.
    dominus Tidericus, Thi-
    dericus B., judex, 641.
    643. 651.
Bruschavere, Bruschavere, dominus
    Hermannus B., 189.
    Maghorius B., miles,
    308.
Brussel. Johannes de B. Brabanci,
    551.
    Nicolaus de B., 551.
Bruzevitze. Henneke B., 251.
Bud. Rippertus B. de Medenbleke,
    546.
Budde. Elor B., 367.
    her Hennyngh B. voghet,
    679.

Claus u. s. w.
— Houwer, 669.
— Knecht, 159.
— Koneke, 683.
— Krakouwe s. Crakouwe.
— Muter, 684.
— Obelitze, 252.
— vamme Orde, 681.
— Plote, 641.
— Remelin, 253.
— de Rethem, 273.
—, scutte, 288.
—, servus Konckini Semelo-
    wen, 137.
— Stedink, 677.
— Tesleff, 682.
— Wernher, 564.
— Weytin, 167.
— Zepelin, 641.
Claustrum. Hinricus de Claustro, 36.
Clavus, ⎫
Clawes, ⎭ s. Claus.
Clemens. Merten C., 169.
Clensmit s. Klensmit.
Cleye. Hennekinus von dem C., 341.
Clippingh. dominus Conradus C.,
    judex, 296.
Cloppensak. Johannes C., older-
    mannus, 630.
Cloteke. Johannes vel Henneke C.,
    285.
Clunder, Clunderus, 52, 2 m. 122.
Clune. Henningyus de C., 36.
    Nicolaus de C., 36.
Clutzeman, 563.
Cok s. Kok.
Conat, 70.
Conradeshagen. Bertoldus de C., 33.
Conradus, Cunradus (s. auch Cord,
    Kone, Koneke, Radeke,
    Rades).
— Albus, 11.
— Bisscup, 613. 614.
— Bouman, 86.
— Brabant, 56.
— de Bughe, 143.
— de Buxtehude, 338.

Conradus u. s. w.
— Clensmit, 140.
— Clippingh, 296.
— Dene, 600.
— Heye, Heyge, 406. 480.
— Hosangh, 563.
— Konnygeshoff, 673.
— dictus Kortewile, 109.
— Lubbe, 646.
— Malchin, 510.
— de Oldenborgh, 105.
— Papenhaghen, 193, 7 m.
—, pistor, 103.
— Ralow, Ralouwe, 378. 390.
— Rasseborgh, 476, 2 m.
— de Rethem, 410.
— Rorewurst, 254.
— Tobel, 551.
— de Vloten, 658.
— Voghe, 121.
— Vot, 121.
— Witte, 319.
Constantinus, Hinceke C., doleator,
    276.
Copeke s. Kopeke.
Coppyn, Koppyn, 422, 2 m.
    Hinricus C., noster concivis,
    326.
Cord (s. auch Conradus u. s. w.)
    junghe C., patruus Conradi
    Hosangh, 563.
— Konigheshoff, 674.
—, scomaker, 684.
Cosveld, Kusveld. Albertus C., 459.
    Hinricus K., 560.
Cote s. Kote.
Crakow, Crakowe, Crakouwe, Kra-
    kow, Krakouwe.
    Clawes C., K., 678, 2 m.
    Ghereke C., 641.
    Hinricus C., 93.
    langhe K., 252.
    Meyneke C., 93.
    scele K., 252.
Cranke. Nicolaus C., 614.
Crans, ⎫
Crauz, ⎭ s. Krans.

Elizabet, Elyzabet, uxor Radeken
   Haghen, 394.
Elmehorst, Elmhorst. Clawes E.,
   663, 4 m.
   Hermannus E., 458. —
   dominusH.E.,judex,542.
   Johannes de E., 22.
Elvinghe, Claus de E., 132.
Elyzabet s. Elizabet.
Emeke Starke, 564.
Emeren. Drevs de E., 227.
Engedam. Ghese E., 177.
Engelbertus, Enghelbertus, Enggelbertus, Engghel-
   bertus, Eggelbertus
   (s. auch Enghelke).
— , quidam, 426.
— Dalvitz, Dalviz, Dal-
   vitze, Dalvytze, Dal-
   visse, Dalvysse, 313.
   338. 377. 378. 381.
   382. 383. 387. 388.
   389. 390. 391. 412.
   416. 420. 421. 423.
   426. 433. 440. 444.
   448. 451. 452. 459.
   481. 518. 519. 522.
   523. 524. 527. 529.
   536. 537. 542.
— , filius Johannis As-
   schenberner, 519.
Enggelenstedum. Albertus E., 396.
Enghelke, Enghelkinus (s. auch Engelbertus).
— Dalvytze, 360.
— de Lubek, 43.
— Rusche, 566.
— Weggetzin, 660.
Ericus, Erik, Erycus.
— , civis in Oldentreptowe, 439,
   3 m.
— de Manegholdesbaghen,227.
— Mertius, servus de Willers-
   haghen, qui fuit servus
   Ommereysen, 136.
Ertmarus, 287.
— Korn, 137.

Ertmarus Sluter, 643.
— Woltorp, 31.
Erycus s. Ericus.
Essende. Arnoldus de E., judex,
   138. 140. 142.
Esten. Hinceke E., 90.
Everardus, Everhardus, Drullesha-
   gen, 658. 665. 666.
   dominus. E. de Huddes-
   sem, Hudescem, judex
   antique civitatis, 659.
   665.
— Raven, 523, 2 m. 524.
— Vorkenbeke, 152.
— Vrighdagh, Vrydagh,
   559. 575.
Exen. Hinricus de E., 569.

Faber (s. auch Smid).
   Willeken F. de Medrowe, 195.
Fayer. Hinricus F., 319.
Firelif, 284.
Fiye, uxor Nicolai Gruttemakers,
   144.
Flaming s. Fleming.
Fleming, Flaming, Vlaminc, Vle-
   minc, Vlemyg, Vlemin-
   gus, 42.
   Daam V., 385.
— , filius Fleming, 38.
   Gherardus V., 250.
   Lubbeke V., sutor, 275.
— de Somerstorpe, 59.
Florckinus Vrangkenbergh,376, 2m.
Fredericus (s. auch Vicke).
   Jacobus F.,carnifex,532.
   Yerghenow, 538.
Friso (s. auch Vrese).
   Henneke F., 36.
Fur. Godeko dictus F., 16.

Galop. Johannes G., 52.
Ganzekowe. Bernardus G., 442.
Gaweren, Gaveren. Pribe G., 148.
   Rickoldus,Rychkeld,Ryc-
   kelt, 565. 675.

Hinrik, Hinric, Hinricus, Henricus
(s. auch Heyne, Heyneke,
Hince, Hinceke).
— , advocatus de Richenberg,
4. 12.
— Aschi, 624.
— Badiseren, Badeyseren, 178.
527.
— Barnekow, 419.
— Begkermester, 499.
— de Berken, 615.
— Berkhane, 566.
— von Berssone, 335.
— Bilow, 216.
— Blidemester, 214.
— Blome585.586.588.602.609.
— Blysebritze, 644.
— de Boke, 442, 2 m.
— Bokholt, 606.
— Brand, Brant, 466. 541.
— Brandeshagen, 561.
— Brochuse, 77.
— de Bughe, 143.
— Bůrmeyster, Burmester,
333. 368, 2 m.
— , carnifex, 36.
— , cerdo de Velegast, 59.
— , cistifex, 415.
— de Claustro, 36.
— Coppyn, 326.
— , coriator, 37.
— Crakowe, 93.
— Crans, 620.
— de Crempe, 325.
— Cropelin, 85.
— Crosenbuer, 382.
— Cyngest, 521.
— de Dalviz, 34, 2 m.
— de Darse, 391.
— Dartzowe, 511, 2 m.
— , dikmoller, 638.
— Dotenbergh, 383.
— Drosedow, 574.
— Duvendic, 163.
— Ekke, 36.
— de Exen, 569, 3 m.
— Fayer, 319.

Hinrik, Hinric, u. s. w.
— Ghildehuse, 582.
— dictus Ghuschals, 2.
— , gladiator, 166.
— Goldenstede, 345.
— Grelle, 68.
— Grewesmolen, 658, 2 m.
— Grize, 335.
— de Grotenbrode, 235.
— Grubenhagen, 302.
— Hagemester, 442. 478, 2 m.
— Haghedorn, 163. 555. 562.
569.
— de Hamme, 340.
— Hareghe, 36.
— Hegber, 563. 636, 2 m.
— Hoffmester, 679.
— Hoghe, 382, 2 m.
— Holthusen, 629. 637. 639.
640. 641. 642. 644. 645.
648. 650. 652. 653. 655.
— Holtzte, 323.
— Hundertmark, 460.
— , institor, 138.
— de Jorke, 89.
— Kalenbergh, 373.
— de Kemenitze, 185.196,2 m.
— Kemmer, 335.
— Klokow, 646.
— Klynkespore, 540.
— Koytzowe, 516, 2 m.
— Kruse, 683.
— Kule, 362.
— Kulpin, 562.
— Kusfeld, 560.
— , kůter, 337.
— Langge, 403.
— van Lassan, 531, 2 m.
— Lemhus, 133. 219.
— Lodewigh, 552, 2 m.
— de Loon, 365, 2 m.
— Loten, de Loten, 29. 41.
124. 126. 147. 157. 160.
— Lowenbergh, 303.
— , filius Lamberti de Lubec, 9.
— Lunenborch, 235.
— de Lyvonia, 510, 2 m.

Hinrik, Hinrik, Hinricus, u. s. w.
— Wulf, 228.
— de Ywen, 504. 2m.
— Zabesse, 668.
Hinseke, ⎫
Hinzeke, ⎬ s. Hinceke.
Hintzekinus, ⎱
Hinzekinus, ⎭
Hobe, qui fuerat servus Basdowen, 213.
Hochupdenkoten. Katherina H., 527.
Hoffmester. her Hinrik H., rychtere, 679.
Hofnagel. Hinceke H., 140.
Hoghe. Hinricus H., 382, 2m.
Hoghedantze. Johannes H., 661.
Hogbedorp. Johannes H., aurifaber, 628. — J. H. morans in Kedinghagen, 563.
dominus Thidemannus H., judex, 603.
— Tidericus H., judex, 605.
Hogheman. Johannes H., 31.
Hoke. Johannes H., 511.
Martinus H., aurifaber in Gripeswald, 432.
Hollandia. Matheus de H., calopista, 539.
Holm. Johan H., 335.
Holste, Holtzte, Holzste, 223.
Henneke H., 113.
Hinricus H., 323.
Johannes H., 120. 463. civis de Lubek, 168.
Kerstianus H., 599.
— , knokenhower, qui fuit nuncius carnificum in Sundis, 316.
Nicolaus H., 321. N. H., pistor, 420.
Volradus H., 57.
Holthe. Gotschalcus H., 365.
Holthusen. dominus Hinricus, Hinrik H., judex, 637. 639. 640. 641. 642. 644. 645. 648. 650. 652. 653. —

dom. H. H., judex antiquo civitatis, 655. —
her H.H.(richtere), 629.
Höneke s. Huneke.
Hoppe, Hoppo, noster burgensis, 65.
Nicolaus H., faber, 349.
Hoppener. Nicolaus H., 654, 3m.
Horborch. Mathias de H., preco, 249.
Horn. Hermannus H., 298.
Johan H., eyn bruwer, 335.
Martinus H., 377.
Horneborgh. Meynekinus H., 331.
Hornestorp. Nicolaus H., 179.
Horst. Johannes H., 393.
Hosangh, Hosank, Hozangh.
Conradus H., 563.
dominus Hermannus H., judex, 526. 530. 531. 532. 533. 534. 543. 544. 545. 546. 547. 548. — her Hermen H., richtere, 491.
Hottendeghe. Heyno H., 588.
Houwer. Clawes H., 669.
Hove. Ghobele van de Hoven, 188.
Hovel. Hinzeke H., 324.
Hoveman. Gherardus H., 433.
Johannes H., 36.
Hovenere. dominus Albertus H., 304.
Hovesche, sutor, 564.
Hovet. dominus Bernardus H., judex, 562. 565. 566. 567.
— dom. B. H., judex (antique civitatis), 563.
Howeschild. Nicolaus H., 296.
Hoydregher. Martinus H., 313.
Hoyer, 213.
Hoyke, 273.
Hoykendorp. Nicolaus H., 215.
Huddesem. dominus Everhardus de H., judex antique civitatis, 659. 665.
Huge, Hughe. Henningus H., 655.
Johannes H., 655.
Hundertmark. Hinricus H., 460.
Huneke, Höneke (s. auch Hunnold).
— de Dike, 82.

8*

Metteke (s. auch Mechtildis u. s. w.
— , uxor Johannis Dapper, 553.
— Kustesche, 627.
— de Some, 154.
Metzeke (s. auch Mechtildis u. s. w.),
136.
Mews Preen, 295.
Meybom, Meyboem. Hermannus
M., 602.
Johannes M., 461.
Meye. Ludeke M., 334.
Meygendorp. Henneke M., carni-
fex, 430.
Meyger. Henneke M., 22.
Meyneke, Meyneko, Meynekinus,
carnifex, 26.
— Crakowe, 93.
— Horneborgh, 331.
— Kraus, 10, dictus Kraus, 8.
Michael, Michahel, Michel.
— Gembe, 495, 2 m.
— Here, 531.
— Polchow, 585.
— Tabel, 679, 3 m.
— Wollyn. 400.
Mildes. Hinricus M., 39.
Mildesowe 207.
Misner, Mysnere, Myssener.
— , mactator, 135.
Mauricius M., pellifex, 412.
— , pellifex, 103.
Mitgode. Petrus M., 299.
Moederensoene. Hinricus M., 60.
Mole, Möle (s. auch Molendinum).
Dargheslaf de Molen, 254.
dominus Johannes van der
Molen, judex, 576.
Otto de Molen, 254.
Wynekinus de Möle, 414. 415.
Molendinum (s. auch Mole). dom.
Johannes de Molen-
dino, judex, 571. 572.
573. 574. 575. 577.
578. 579. 580. 581.
582. 601. 604. 606.
607.

Molendino. Ludekinus de Molen-
dino de Anclem, 54.
Molner (s. auch Muller). Albertus
M., 418.
Heyno M., 148.
Marquardus M., 36.
Nicolaus M., carpentarius,
560.
Molrenbure. Hans M., 682.
Molteke. illi Molteken, 566.
Nicolaus Nigenkerke, ali-
ter dictus M., 590.
Vicko M. de Crones-
campe, 265.
Moltekow. Kopeke M., 257.
Molthane, 52.
Mons (s. auch Bergh). Johannes
super Montem, 409.
Mordbrand. Ludekinus M., 314.
Morder, Mordere. Barolt M., 39.
Choten, dictus M., 298.
Henneke M., 244.
Paulus M., 289.
Mordorp. Detmarus M., 293.
More. Johannes de M., 479.
Mosseke, judeus, 71, 2 m.
Mosteke, 17.
Moteke, relicta Hinrici Drosedow,
574, 2 m.
Mowe. Johannes M., 516.
Moyeelmer, 149.
Moyslaf, 149.
Muden. Willekinus de M. de Swolle
in Warnow, 228.
Mukes, 454, 2 m.
Johannes M., 259. 609.
Mulord. Maas M., 352.
Muller (s. auch Molner). Hinricus
M., 465.
Muter. Clawes M. to Krakevitze,
684.
Mathias M. to Kranis-
witze, 684.
Pribe M., 684.
Mynden. Bertoldus de M., 294.
Hineekinus de M., 263.
Hinricus de M., 345.

128   Verzeichniss der Personennamen.

Schacht, Schaht. Petrus S., 549.
   Vicko S., 632.
Schakke, moratus in platea Tribu-
   sescensi, 564.
Schedink. her Beteke Schedink,
   richtere, 677.
Schele, Scele (s. auch Luscus), 566,
   644.
   Albertus S., 562.
— , carnifex, 55.
   Henneke S., 54.
   Hennekinus S., preco, 249.
   magister Hinricus S., bar-
   bitonsor, 673.
   Rotgherus S., 499.
   Tzulslavus S., 644.
Schelhorn. Tidericus S., 520.
Schenckebyr, 339.
Scheponisse. Wolterus S., servus
   pellifex, 611.
Scherere. Vicko S., stupenator, 206.
Scherf, Scerf, 154, 2 m.
   Johannes S., 668.
Scheyffoet. Petrus S., 300.
Schickedanz, 195.
Schilthower. dominus Nicolaus S.,
   judex, 556. 560. 561.
   570. — dom. N. S.,
   judex (antique civi-
   tatis), 564.
Schipher, Schiphere. Hinricus S.,
   349. — Hinrik S., eyn
   knokenhower, 335.
Schiphorst. Hinricus S., 449.
Schivelben, Scivelben. Hinceke S.,
   antiquus sutor, dictus
   oltbutere, 279.
   Johannes S., sartor, 417.
Schof s. Schoof.
Schokke. Johannes S., portitor,
   630, 2 m.
Schoof, Schof. Hinrik S., 679, 2 m.
Schorsow. Nicolaus S., civis in
   Camyn, 647.
Schorstene, 229.
Schulowe, Sculowe, Sculow. dom.
   Johannes S., judex, 434.

435. 437. 445. 446. 447.
449. 450. 453. 454. 455.
456. 457. 458. 460. 473.
478. 479. 480. 482. 483.
484. 485. 525.
Schunere. Ghodekinus S., 211.
Schutte, Scutte. Hinricus S., 39.
   Jacobus S., 616.
   Johannes S., 89, 482.
   Nicolaus S., doliator, 571.
— , filius Sprutenkol, 40.
Schymmelpennyng. Hinricus S.,
   523. 524.
Scivelben s. Schivelben.
Scoke. Bertold S., 239.
Scomaker. Cord S., 684.
Sconeveld. Hermannus S., 315.
Sconewolt, 244.
   Thidekinus S., 168.
Sconow, 147.
Score. Score et iterum Score,
   morantes in Donye, 52, 2 m.
Scriver, Scrivere. Hinricus S., 296.
   Nicolaus S., 232. 236, 2 m.
Scroder. Gherardus S., 485.
   Johannes S., 327.
Sculderknoken. Hinricus S., 31.
Sculowe, Sculow s. Schulowe.
Scute. Bertold S., 241.
   Nicolaus S., pistor, 123.
Scutte s. Schutte.
Seghevryd s. Zeghevrid.
Semelowe, Zemelow. Gherwinus S.,
   Z., 112. 113.(114).(116).
   (117). 120. 193. 632.
   Henneke, dictus S., 120.
   Johannes Z., 441.
   Konekinus S., 137.
   Loweke, dictus S., 120.
   Thideke, Thidekinus S.,
   113. 116. 120, 2 m.
Setlevitze. Borghart de S., 48.
Seyneko, 563.
Sifridus, Siffridus, Cyfridus (s. auch
   Zeghevrid, Sivert).
— Kuebergh, 441.
   magister S., lapicida, 171.

Sifridus, Siffridus u. s. w.
— Parvus, 113.
— Zwarte, 448.
Simen s. Symon.
Simer, 169.
Sivert (s. auch Sifridus, Zeghevrid).
— , molnere, 163.
Slakertene. Albertus S. 350.
Slavicalis (s. auch Slaweke, Wend).
Petrus S., servus cocus
Johannis Wesent naucleri,
472.
Slaweke, Slaweko, (s. auch Sla-
vicalis, Wend), 31.
parvus S. de Rugia, 86,
2 m.
— de Scapruden, 31.
Vicko S., 535, 2 m.
Slawekestorpe. juvenis Bolte de S.,
81.
Slecht. Heyno S., 595.
Sletze. Bernardus S., 448.
Slus. Philippus de S., 247.
Sluter. Ertmarus S., 643.
HeynoS., noster conc., 385.
Hinricus S., morans super
Gelland, 633.
Johannes S. de Omans, 633.
— J. S. filius Hinrici S., 633.
Petrus S., 633.
Smachteshagen. Gherlacus S., 244.
Tonis S., 244.
Smantevitze. Dubbeslaf S., 143.
Smid, Smit, Smyt (s. auch Faber).
Henricus S., piscator, 583.
— Hinricus S., 587.
Nicolaus S., faber in Bergis
Ruye, 587. N. S., servus
molendinorum, 627.
Smilow, 242, 2 m.
Smit, } s. Smid.
Smyt,}
Snake. Petrus S., nauclerus, 283.
Snelle. Henneke S., 170.
Snydewynt. Johannes S., 469.
Soldanus, 49.
Solkevisse. Johannes S., 631.

Solvedele. Hinricus S., 89.
Some. Metteke de S., uxor Scerfs,
154.
Somer, Zomer. Bertoldus S., 90.
Borchardus S., 76.
Hans Z., 564.
Somervelt. Hinricus S., 59.
Soreke. Johannes S., 608.
Sosat, Sosatum s. Zost.
Sot. Gherardus S., 47.
Spacke. Herman S., 169.
Spademarket. Gherekinus S., 234.
Spandow, Spandowe. Bertoldus S.,
533.
Henneke S., 40.
Spantekow. Wernerus S., 530.
Spechals. unus dictus S., 27.
Spechorn. Johannes S., 544, 2 m.
Specht. Berent S., 195.
Henneke S., 203.
Speckin. Vicke S., 641.
Spegelbergh. Borchardus S., 588.
Sperlinc, sutor, 212.
Spernaghel. Hans S., 563. 564.
Nicolaus S., servus
senioris R., 564.
Splinter. Jacobus S., 348.
Sponstorp. Johannes S., 460, 2 m.
Sporgegher. Henneko S., 28.
Sprutenkol, 40.
Stacius, frater Nicolai, 53.
Stake de Vemeren, 101.
Stale, nauclerus, 433.
Stamer. Nicolaus S., 463.
Tidemannus S., 580, 2 m.
Stargard. Heyno S., 489.
Starke. Emeke S., 564.
Mathias S., lator, 379.
Petrus S., 146.
Starkow. Guslaf S., 641, 2 m.
Henneke S., 64. 641.
Stedink. Clawes S., 677.
Steenbrugger. Heyno S., 517.
Steffen s. Stephanus.
Stekebusch. Johannes S., lator, 97.
Nicolaus S., lator, 97.
Stendel. Reyneke de S., 667.

9 *

Thesslaus, Teslef u. s. w.
 Hinrik T., de olderman
 der vischselre, 682.
 Jacob T., 682.
 lutteke D., 148.
— de Sueceviz, 17.
Thevyn s. Tevin.
Thideke, Tideke, Tydeke, Tydeko,
 Thidekinus, Tidekinus (s.
 auch Thideman, Thide-
 ricus), 118.
— van Bard, 564.
— Bagge, 569.
— de Berne, 157.
— Bilow, Bilowe, 186. 216,
 2 m.
— Borchardi, 201.
— Brunswik, 102.
— Bûstorp, 319.
— Cappelan, 72.
— de Campen, 269.
— Daneel, 612.
— Dene, 563.
— de Gelunt, 418.
— Gherste, 148. 318. 328.
— Hane, 634.
— Hilte, 406.
— Kalf, 81.
— Kedink, 571.
— Kusselin, 207.
— Manhaghen, 140.
— Nostrow, 598.
— Panstorp, 180.
— Radolfi in Clûzmanshagn,
 319.
— Ranghe, 564.
— Rickeldes, 569. 570.
— Rosenwater, 246.
— Sconewolt, 168.
— , scutte, 221.
— Semelowe, 113. 116, 2 m.
 120, 2 m.
— , frater Gherwini Semelo-
— wen, 113.
— Stenhus, 10. 292.
— Voth, 270.

Thideman, Thidemannus, Tydeman-
 nus (s. auch Thideke,
 Thidericus).
— de Bart, 188.
— de Buren, 320. 377.
— Dulmehorst, 521. 354.
— Hoghedorp, 603.
— Lucht, 397.
— Niger, 188.
— Stamer, 580, 5 m.
— Stoltenhaghen, 375.
— Thonagel, 435.
— de Unna, 321. 324.
— Witte, 113.
Thidericus, Tidericus, Tydericus
 (s. auch Thideke, Thi-
 deman), 118, 2 m.
— Albus 139 (s. auch
 T. Witte).
— Baggbe, 662.
— Bertoldi, consul, ju-
 dex, 53. — T. albi Ber-
 toldi, judex. 75.
— Brunswyk, 641. 643.
 651.
— de Buren, 318. 323.
 350. 367. 371. 372.
 373. 378. 381. 427.
 428. 429. 575.
— de Dorpen, 90. 438.
 439. 441. 442. 443.
 462. 465. 466. 538.
 van D., 535.
— Dulmehorst, 482. 486.
— de Edam, 574.
— de Gotinge, 310.
— Gustrowe, 514.
— Koghedorp, 605.
— Knuppel, 504, 2 m.
— Krudener, 411. 501.
— Luscus, 32.
— , preco, 306.
— Pruze, 316.
— Ringhenwold, 307, 2 m.
— Rusche, 474.
— Schelhorn, 520.
— Thonagel, 435.

Thidericus, Tidericus u. s. w.
— Travemunde, Travene-
munde, 53. 163.
— de Unna, 322. 326.
— Vrese 546, 3m.
— Vyngkeldey, 405.
— Wicberui, 113. — dom.
T. W., 31.
— Witte, 555 (s. auch T.
Albus).
— Wobbekow, 311.
— Wûnenberch, 316.
— Wynman, 474, 2m.
— Zukow, 31.
Tobias Gḫildchus, 608. 610.
Tholkemytze s. Tolkemisse.
Thomas (s. auch Mas), 418.
— Cote, 326.
— cum lira, 381.
— Norttorp, 385.
— Papeke, 291.
dominus T. miles, frater
dominorum Hinrici et Wil-
lekini, militum, dictorum
cum Thorace, 52.
Thonagel. Tydemannus T., 435.
Tydericus T., 435.
Thorax. dominus Hinricus, miles,
dictus cum Thorace, 52.
dominusWillekinus, miles,
dictus cum Thorace, 52.
Thoringhus s. Dorinc.
Thotendorp. relicta T., 434.
Thouwe, Towe. Hinricus T., 572.
613.
Jacobus T., 613.
Johannes T., 613.
Thovank. Arnoldus T., 298.
Thûn. Hinricus T., 572.
Thunne. Johannes T., 6.
Tideke s. Thideke.
Tidericus s. Thidericus.
Tilseke (s. auch Elizabet), uxor
Johannis de Deventere, filia
Mildesowen, 207, 2m.

Titlevus (s. auch Detlef, Tylo).
parvus T., servus domini
Ghunteri, 104.
Tobel. Conradus T., 551.
Tolk. Nicolaus T., nauta, 455.
Tolkemisse, Tholkemytze.
Jacob T., 148.
Jacobus T., frater Bert-
oldi Krullebaveren,
496.
Touis (s. auch Anthonius) Smach-
teshagen, 244.
Torne. Johannes de T., 239.
Tornowe. dominus Rodolfus T.,
miles, 143.
Towe s. Thouwe.
Toysin. Henneke T., 189.
Travemunde, Travenemunde.
Lemmekinus de T., 66.
Thidericus T., 53. —
dominus T. T., 163.
Trebeses, Tribeses, Tribuzces.
Johannes T., 451, dom.
J. T., 120.
Marquard T., 251.
Nicolaus, dictus de T., 67.
Trebeske, Tribesseke (s. auch Tri-
besse). Henneke T. de
Bart, 186.
Martinus T., 644.
Trebtowe s. Trepetow.
Tredegras. Petrus T. de Gripes-
wald, 602.
Trepetow, Trebtowe. Greteke de
T., 177.
Hermen T., 564, Her-
mannus T., doleature
servus, 401.
Trere. Henneke de T., 172.
Tribeses s. Trebeses.
Tribesse (s. auch Trebeske).
Eggardus T., 456.
Tribesseke s. Trebeske.
Tribuzes s. Trebeses.
Troyeman. Jacobus T., famulus
civitatis, 603.

Virsdorp, Virstorp. Ghereke V., 195.
    Henneke V., 236.
Visch. Henneke V., 100.
    Johannes V., 95.
Vischer, 563.
    Hinricus V., 551. — H.
    V., quondam juratus fa-
    mulus civitatis, 563.
    Jaspar V., sutor, 670.
Vischow. Johannes V., 657.
Vitenitze. Radolfus V., 36.
Vitte. Peter de V., 418.
Vlaming,⎫
Vleminc, ⎬ s. Fleming.
Vlemingus,⎪
Vlemyg, ⎭
Vlesch. dominus Bernardus V.,
    judex nove civitatis, 667.
    Hinric, Hinrik V., 676,
    4 m.
Vlind. Hinricus V., 624.
Vloten. Conradus de V., 658.
Vocke, Vokke (s. auch Volquinus),
    563. 564.
Voet s. Vot.
Voge, Vöge, Voghe. Bernardus
    V., 189.
    Conradus V., judex, 121.
    dominus Johannes V., pres-
    biter, 410. 411.
    Kristianus V., 31.
    dominus Nicolaus V., judex,
    551. 552. 553. 554. 557.
    559.
    dominus Oltmannus, Olt-
    manus V., judex, 461. 463.
    464.
    Otte V., 678. — dominus
    Otto V., judex antique civi-
    tatis, 668.
Voghelsanc. Nicolaus de V., 150.
Vokke s. Vocke.
Volceke, servus pistoris, 241.
Volmershusen. dominus Johannes
    V., judex, 561, 570.
    (nove civitatis) 564.

Volquinus, Volqwinus, (s. auch
    Vocke) clericus, 427.
    Poppendorp, 474, 2 m.
Volrad, Volradus, camerarius do-
    mine nostre, 31.
—   Goldenboghe, 566.
—   Holste, 57.
—   Sum, 644.
Vorkenbeke. Everardus V., 152.
    Hinricus V., 2.
Vorman. Marquardus V., 179.
Vorrad. Bertramus V., 492.
Vorreyer. Laurencius V., 518.
Vortenhagen. Henneke V., 252.
Vorwerk, Worwerk. Hans W., 678.
    dominus Johannes V., ju-
    dex antique civitatis, 669.
    670.
Vos (s. auch Vulpes), 548.
    Detlof V., 641.
    Hennekinus V., 507.
    Johannes V., stupenator, 240,
    vector, 33.
    Lodewicus V., 572.
—, preco, 343.
Vot, Voth, Voet, Voyt (s. auch
    Pes).
    Arnoldus V., 449. — dom.
    A. V., judex, 487. 489. 210.
    Conradus V., judex, 121.
    Petrus V., 250.
    Thideke V., stupenator, 270.
Voth,⎫
Voyt,⎬ s. Vot.
Vraccle. Hormannus V., 11.
Vrangkenbergh Florekinus, 376.
Vredeland. Hinrik van Vrede-
    lande, 558.
Vreden. Bernardus de V., judex,
    144. 145.
    Henneke de V., 108.
Vrese, Vreze (s. auch Friso).
    Bernardus V., 461.
    Johannes V., 660, 2 m. —
    magister J. V., 424.
    Laurencius V., 495.
    Petrus V., 484.

Vrese u.s.w. Thidericus V., 546, 2 m.
Vriensten, Vrigensten. Gherardus
    V., 85.
    Heneke V., 150.
Vrighdach, Vrydagh. Everhardus
    V., 559. 575.
Vrobose, Vroboze, 244.
    Johannes V., 545, 2 m.
Vrogeland. dominus Albertus V.,
    judex, 368.
Vrouderic. Nicolaus V., 139.
Vroverdrunken. Henneke V., 141.
Vrowendorp, Vruwendorp. Nicolaus
    V., advocatus, 663.
    Wichmannus de V., 65.
Vrozat. Arnoldus V., 297.
Vruchtenicht. Johannes V., 167.
Vrunt, filius Thiderici, 118.
Vruvenlof. Johannes V., 101.
Vruwendorp s. Vrowendorp.
Vrydagh s. Vrighdach.
Vrygewunne. Beneke V., 497.
Vûle. Otto, dictus V., 14.
Vulpes (s. auch Vos), 76.
Vunke, Vuncke, 564.
    Hermannus V., 503.
    Johannes V., 97.
Vunkenberg. Hinricus V., 68.
Vyngkeldey, Vingkeldey.
    Thidericus V., nuncius
    joculatorum, proprie
    gherden, 405, 2 m.
Vynnen. Paulus V., 622.
Vynnum. Johannes de V., junior,
    532.
Vytzen s. Vicen.

Wackendorp. Gherardus W., 340.
Waghescinkel. Kristina dicta W., 3.
Wagkerow. Hermannus W., pistor,
    501.
Wale, provisor domus latherine
    sancti spiritus, 421.
Walekendorp, 82.
Walmerstorp. Johannes W., 203.
Walterus (s. auch Wolter), 21.
    frater W., 13.

Warbel. Paulus W., 421.
Warberg. Hinricus W., 425.
Warborch. Henningus, Henninc
    W., famulus, 267, 2 m.
    dominus Henningus
    W. miles, 267.
Warne. Bernardus de W., 421.
Warslaf, Warslaff s. Wartislaus.
Wartislaus, Wartzlaf, Warslaf,
    Warslaff, dux Steti-
    nensis Ruyeque prin-
    ceps 384.
    hertogh W., 641. —
    hertoch W. de oldere,
    673, 3 m.
Wartzlaff s. Wartislaus.
Wedege, Wedeghe, Basdow, 213.
    Hans W., 683.
Wedeke cum schaka, 385.
    — Stroschene, 385.
Wederholt, 208.
Wegewynd. Gherardus W., 388.
Weggetzin, Wegghetzyn, Wegges-
    syn. Asmus W., 660.
    Enghelkinus W., 660.
    Nicolaus W., famulus
    domini Hinrici Haghe-
    dorn, 562.
Weghener. Henneke W., 316.
    Hinricus W., 536.
    Marquardus, 105.
Wegher. Marquardus W., 324.
Weldener. Andreas W., 451.
Welege. Martinus W., 526.
Weling. dominus W., plebanus
    Landaue, 120.
Wend, Went (s. auch Slavicalis,
    Slaweke), 15.
    Hennekinus W., 339.
    Petrus W., 274. 369.
Wendele, Wendelke, 561.
    — Bars, 601.
Wenemarus, Wennemarus.
    — Bokhorn, Bockhorn,
    Bukhorn, 312.326.637.
    — , judex, 321. — dom.
    W., judex, 322. 324.

Wener. Johannes W., 512, 2 m.

Wengelin, Wenghelin.

Hinricus, Hinrik W., 625. 639. 641.

Went s. Wend.

Werboldus de Unna, 188.

Werdingherode [1]. Jacobus W., 487.

Werle. domini de W., 193.

Werneke (s. auch Wernerus, Wesselus), 577.

— van dem Dyke, juratus famulus civitatis, 563.

— de Hamelen, 247.

Wernekenrode. Jacob W., 563.

Wernerus, Weruher (s. auch Werneke, Wesselus).

— de Alen, 419. 623. 633. 634. 636.

— de Buren, 266, 2 m. Claus W., 564.

— , cultellifex, 190.

— (van dem Dyke), 563. (s. auch Werneke v. d. Dyke).

— Ghildehus, Ghildehusen, 539. 540. 541. 543. 544. 545. 546. 547. 548.

— de Oldenhagen, 62.

— Spantckow, 530.

Wernher s. Wernerus.

Werseborgh. Johannes W., servus fabrilis, 586.

Wescel, judeus, 122.

— , frater Mosseken judei, 71.

Wesent, advocatus, 36. 53. 121. Johannes W., advocatus, 113, nauclerus, 472, 3 m.

Wesselus (s. Werneke, Wernerus).

— Overboke, 460.

Westerso, 127. 226.

Westfal, Westfaal, Westval, Westvale, Vestfal, Westfalus, Westvalus (s. auch Westvelsche), 103.

Westfal, Westfaal u. s. w.

Anthonius W., 392.

Ecbertus W., 80.

Eggbardus W., 569.

Gherardus W., 498.

Henningus W., nauta, 325.

Hermannus W., 107. — dominus H. W., 120.

Johannes W., 161.

Kerstianus W., 434.

Westvelsche (s. auch Westfal).

Katherina W., meretrix, 391.

Weytin. Clavus W., 167.

Wicbernus, 31. 113.

Wicboldus, Wigbolt, noster burgensis, 12.

— , doleator, 563, 2 m.

Wichman, Wichmannus, Wichemannus, Wychmannus.

antiquus W., 605.

— , carnifex, 187.

— , judex, 75. 138. 140. 142. 146. 147. 152. longus Martinus. W., 140.

— , nauclerus, dictus schipman, 364.

— pistor, 420, 3 m.

— de Vrowendorp, 65.

Widar. Nicolaus W., 159.

Widenbrugge, Wydenbrugge.

dominus Godfridus, Gotfridus W., judex, 618. 624.

dominus Goswinus W., judex, 585. 602. 609.

dominus Gotscalcus, Gotschalcus W., 586. 588. 635. — dom. Goscalcus W., judex nove civitatis, 667.

Wif. Hermannus W., servus pistrinus 610.

1) S. Anm. 1 zu S. 56.

Verzeichniss der Ortsnamen.

Vorbemerkung. 1) Die mit gesperrten Lettern gedruckten Ortsnamen sind die heutigen; die urkundlichen Bezeichnungen der Oertlichkeiten sind, ausser wo sie den jetzigen buchstäblich entsprechen und deshalb ihre besondere Anführung unterblieben ist, in gewöhnlicher Schrift gedruckt.

2) Unter Neuvorpommern ist der festländische Theil des Regierungsbezirks Stralsund zu verstehen.

3) PV. bedeutet Personennamen - Verzeichniss.

1) Bischofsdorf auf Rügen ist nicht gemeint.　　2) s. Anm. zu Nr. 573.

Holland. Hollandia 539.

Holte (*Name vieler Ortschaften, besonders in Westfalen*). Holthe 365.

Horborch' s. Harburg.

Horn (*Name einer Stadt in Lippe-Detmold und vieler anderer Ortschaften in verschiedenen Gegenden Norddeutschlands*) 564.

Hüddessum (*Dorf in Hannover.*) Huddesem 659. 665.

Jarmshagen (*Dorf in NVPom.*). Yermershagn 319.

Jasmund. Jasmunt 41. Yasmond 143. Yasmundia 644.

Jessenitz (*Dorf in Meckl.-Schw.*). Ghesenitze 53.

Johanneshaghen
Johannishaghen } s. Hanshagen.

Jork (Ost-, West- und Bürgerei-Jork, *Ortschaften in Hannover*) 82. Jorke 82, 2m. 89. 251.

Iven (*Dorf in Pommern*). Ywen 504.

Kalonde, Kalent (*anscheinend ehemalige Benennung einer Oertlichkeit auf der Insel Rügen*[1]) s. PV.

Kalenwerder s. unter Stralsund.

Kalmar. Kalmere 145.

Kamen s. Camen.

Kampen (*Stadt in Holland*). Campen 269.

Karow s. Carow.

Kedinghagen (Gr. u. Kl. Kedinghagen, *Güter in NVPom., entstanden aus dem ehemaligen Dorfe Kedinghagen*) 563.

Kemnitz (*Dorf in NVPom.*) Kemenitze 185. 196, 2m.

Kersebom s. Casbohm.

Kiel. Kil 49.

Kjöge (*Stadt auf Seeland*). Koek 416.

Klei (*Ortschaft in Schlesw.-Holst. und in der Rheinprovinz*). do Cley 341.

Kleinen (*Dorf in Meckl.-Schw.*). Kleine 514.

Kloster (*Name vieler Ortschaften in verschiedenen deutschen Ländern*). Claustrum 36.

Königsberg. Konyngesberg 437.

Kopenhagen. Copenhaven 257. Kopenhaven 416.

Kopenhaven s. Kopenhagen.

Kowalle s. Cowall.

Krakvitz (*Dorf auf Rügen*). Krakwitze 684.

Kransevitz (*Dorf auf Rügen*). Kraniswitze 684.

Krönnevitz (*Gut in NVPom.*). Cronevitze 202.

Kronskamp (*Name zweier Güter in Meckl.-Schw.; in der nachstehend angezogenen Aufzeichnung ist das bei Laage belegene gemeint*). Cronescampe 265.

Kubitz (Gr. und Kl. Kubitz, *zwei Dörfer auf Rügen*). Kubisse 149.

Kükenshagen (*Dorf in NVPom.*). Kukenshaghen 255, 2m.

Kirche daselbst.

---

1) *In Mecklenburg, wohin das Register der Orts- und Personennamen zum Aeltesten Stralsunder Stadtbuche die betreffende Oertlichkeit verlegt, ist dieselbe nach einer privaten Mittheilung Lisch's nicht zu suchen; namentlich ist nicht an die Ortschaften Alt- oder Neu-Kahlen zu denken. Vgl. auch Meckl. Jahrbücher XII S. 457 u. flgg.*

---

1) *Die Roeskilder Matrikel hat „*Medow sive Wyk*“.*

Millesowe s. Milzow.

Milzow (Gr. und Kl. Milzow, *Ortschaften in NVPom.*). Millesowe 81. Brombeergebüsch dabei. Rubum apud Millesowe 81.

Minden. Mynden s. PV.

Moordorf (Gr. *und* Kl. Moordorf, *Ortschaften in NVPom.*). Mordorp 118.

More (Mohr, Moor, *häufig und in verschiedenen Gegenden Deutschlands vorkommender Ortsname*) 479.

Muden s. Muiden.

Muiden (*Stadt in Holland*). Muden 228.

Münster. Munster 490. 528.

Mynden s. Minden.

Neu-Brandenburg. Brandeborch 124. Brandenborch 267.

Neuendorf (*Name sehr vieler Ortschaften in verschiedenen deutschen Ländern*). Nygendorp 399.

Neuencamp (*eingegangenes und bis auf die Kirche fast ganz verschwundenes Kloster in NVPom.*[1]). Novus Campus 31.

Novus Campus s. Neuencamp.

Nusserow s. Nustrow.

Nustrow (*Gut in Meckl.-Schw.*). Nusserow 641.

Nygendorp s. Neuendorf.

O s. Öhe.

Odeslo s. Oldesloe.

Ofterdingen (*Name eines Fleckens und eines Dorfes in Würtemberg*). Ofterdinghe 64.

Öhe (*kleines Eiland in der Meerenge zwischen Rügen und Hiddensö, welches die Feldmark des auf demselben liegenden gleichnamigen Gutes bildet*). O. 562.

Oldenburg. Oldenborgh 105.

Oldenhagen s. Altenhagen.

Oldentreptowe s. Treptow a/T.

Oldesloe (*Stadt in Schl.-Holst.*). Odeslo 77.

Omans } s. Ummanz.
Omantz }

Osenbrugge s. Osnabrück.

Osnabrück. Osenbrugge 389.

Osten (*Dorf in Hannover an der Oste*) 351. 644.

Pansow (Alt *und* Neu-Pansow, *Ortschaften in NVPom.*) 318. Panzow 318.

Passagium s. Altefähr.

Penz (*Gut in Pom.*). Peniz 13. Penicze 52.

Penzlin (*Name mehrerer Ortschaften in Mecklenb.*). Penzelin 232. ·

Platvitz (*Gut auf Rügen*). Platekevisse 653.

Plennin (*Gut in NVPom.*). Plenin 253. Kirche daselbst. Ecclesia in Plenin 253.

Plön. Plone 106.

Pool (*Insel vor Wismar*). Pole 319.

Pole s. Poel.

Polle (Polle, Poll, *Name mehrerer Ortschaften in West-*

---

1) *Die ehemalige Klosterkirche ist jetzt das Gotteshaus der gegen Ende des 16. Jahrhunderts gegründeten Stadt Franzburg.*

10 *

Scania s. Schonen.

Scaprode ⎱ s. Schaprode.
Scaprude ⎰

Schaue ⎱ s. Schonen.
Schania ⎰

Schaprode (*Dorf auf Rügen*).
Scaprode 41. Scap-
rude 31.
Pfarrhof das.
Dos in Scaprode 41.

Schlagsdorf (Alt- *und* Neu-
Schlagsdorf,*Na-
men zweier Güter
in Meckl.-Schw.*).
Slawekestorp 81.

Schlatkow (*Gut in NVPom.*'.
Slatekow 221.

Schmachthagen (*Name zweier
Güter in Mckl.-
Schw.*). Smach-
tehagen 243.
castrum Smach-
teshagen 244.

Schmedshagen (*Gut in NV.-
Pom.*). Smedes-
hagen 239. villa
cudia (?) 221.

Schonen. Schanen 369. Schania
402. 497. Scania 215.
terra Scone 21.

Schweden. Suecia 573.

Schweikvitz (*Gut auf Rügen*).
Succeviz 17.

terra Scone s. Schonen.

Segebadenhau(*Dorf in NVPom.*).
Zeghebodenhowe 224.

Semlow (*Gut in NVPom.*). Semelow 227.

Setlevitze s. Zetelvitz.

Slatekow s. Schlatkow.

Slawekestorp s. Schlagsdorf.

Sluys (*Stadt in Holland*). Slus
247.

Smachtehagen, castrum Smachteshagen s. Schmachts-
hagen.

Smedeshagen s. Schmedshagen.

Soest. Zost, Sosat, Zosat, Zosath,
Sosatum s. PV.

Some (*etwa* Bergen op Zoom?)
154.

Sommersdorf(*Name zweier Dörfer in Pom., eines
in Meckl.-Schw.*).
Somerstorp 59.

Stadtlohn (*Stadt in Westfalen*).
Loon 365.

Starkow (*Gut in NVPom.*) 602.
Starkowe 2.
Windmühle das.
Ventimolendinum Star-
kowe 2.

Stendal. Stendel 667.

Sternberg (*Stadt in Mecklb.-
Schw.*). Sternenbergh
183.

Stettin. Stetin 192. 213. 332.
647.

Stoltenhagen (*Dorf in NV.-
Pom.*) 261.

Stralsund. Stralessund 13. 267.
304. Stralessunt 3.
5. 12. 55. de Sund
334, 2 m. Sunde(ae)
71. 100. 113. 183.
193. 213. 225. 316.
318. 319. 332, 2 m.
369. 402. 497. 554.
663, 2 m. 664. Zun-
de(ae) 417, 2 m. de
stad tom Sunde 679.
civitasStralessunden-
sis 384. 681. civitas
Sundensis 59. 329.
336. 375. 536. 659.
661. 667.
*Oertlichkeiten inner-
halb der Stadtmarke.*
a) *in der Stadt.*
Altstadt. Antiqua
civitas 563. 655. 658.
659. 663. 665. 668.
669. 670. 671. 672.
673.

Stralsund.

Neustadt. Nova civitas 564. 654. 656. 657. 660. 661. 662. 664. 667.

Alter Markt. Forum 110. 223. 225. 681. de marked 678. antiquum forum 671.

ein Kirchhof. Cimiterium 181.

Tribseerstrasse. Platea Tribusescensis 564.

Nicolaikirche. Sanctus Nicolaus 139. 147.

Marienkirche. Domina nostra, beata Maria 358. beata virgo 469. 470. 471.

Rathhaus. Domus 111, in demselben die Rathsstube consistorium 10. 31. 32. 110. 111. 112, camera consistorii 31. die Kämmereistube. Cameria 681.

Frankenthor. Frankendor 659.

Heiligegeisthor. Hilgestdor 573.

Badenthor. Boden valva 191.

Semelowerthor. Semelowen valva 191.

Herren- oder Stadtstall[1]. Der ratmanne stal 454. stabulum civitatis 163. 176.

Büttelei. Bodelia 681. domus budelli 516. domus preconis 33. 84. 167. 168. 170. 220.

Stadtwage. Waghe 137.

Schlachthaus. Kuterhus 19.

Krug zwischen dem Semelowerthore und dem Badentore. Taberna inter Semelowen valvam et Boden 191.   -

Stralsund.

b) *Ausserhalb der Stadt.*

Hospital zum Heiligen Geist[2]. sanctus spiritus 421, curia sancti spiritus 22.

Maria-Magdalenenkapelle. Sancta Maria Magdalena 567.

Wassermühlen. Molendinum extra civitatem 179. Novum molendinum 350. Molendinum fratris Walteri ante civitatem 13.

Ziegeleien. Domus laterum foris civitatem 1. domus laterina extra civitatem 377. Domus lateralis, laterina sti. Nicolai 139.147. Domus laterina beate virginis 469. 470. 471. thegelhus (beate Marie) 358. Domus latherina sancti spiritus 421.

Pfahlwerk vor dem Frankenthore. Phalanga circa Frankendor 659.

Reiferbahn. Reperbergh 200.

Hof Herrn Albert Gildenhusens. Curia dom. Alberti Gildehusen apud sanctam Mariam Magdalenam 567.

Hainholz (*nicht mehr vorhandenes Gehölz nordwestlich von der Stadt, dessen Namen noch ein Gehöft in der Kniepervorstadt führt*). Heynholt 181. 375.

der Hundeshagen (*ehemaliger Name eines Theiles der jetzigen Kniepervorstädtischen Feldmark*). Hunddeshagen 159.

Hafen und Rhede. Portus 107. 111. 262. 440. noster

---

1) *Dort befand sich ein Gefängniss.*
2) *Liegt jetzt, da die Stadt in der Folge nach Osten erweitert worden ist, innerhalb derselben.*

Stralsund.
portus 98. 151. 460. portus
civitatis 506 [1].
Hafenbrücke. Bolbrugge 28.
136.
Ziegelgraben (s. *Anm. zu
Nr. 421*) 421.
Dänholm (*Insel zwischen Rü-
gen und dem Festlande*).
Deneholm 51, 2 m.
der Kahle Werder (*Sand-
bank zwischen Rügen und
dem Festlande*). Kalen-
werder 169.
Stubben (Gr. *und* Klein Stub-
ben, *Name zweier Güter
auf Rügen*) 148. 644, 2 m.
Südfelde (*Name einer Ortschaft
in Oldenburg und einer
in Westfalen*). Sutveld,
Zutveld s. PV.
Suecia s. Schweden.
Sumekendorp s. Zimekendorf.
Surendorf (*Dorf auf der Insel
Ummanz*). Suren-
dorpp in Omantz.
Sutveld s. Südfelde.
Swolle} s. Zwoll.
Swulle}

Tanclem} s. Anklam.
Tanglym}
Tempel (*Name zweier aneinan-
der grenzender Güter in
NVPom.*). Templum 332.
Teschenhagen (*Gut in NVPom.*).
Theskenhagen 380.
Tevin s. Devin.
Thorn. Torne 239.
Torne s. Thorn.
Travemünde. Travenemunde 66.
Treptow a/T. Trepetow 177. 267.
Oldentreptowe 439.

Trebisos}
Trebuses} s. Tribsees.
Trebyses}
Trero s. Trier.
Tribsees (*Stadt in NVPom.*). Tre-
beses 67. Trobyses 110.
Trebuses 111.
Trier. Trere 172.

die Uker. Ukere 136.
Ummanz (*Insel zwischen Rügen
und Hiddensö*). Omans
40. 633. Omantz 681.
Unna s. PV.
Usedom (*Stadt auf der gleichna-
migen Insel*). Usedum
663. Usnim 36.
Usedum} s. Usedom.
Usnim}

Valsterbode s. Falsterbo.
Velgast (*Dorf in NVPom.*). Ve-
legast 59.
Vemeren s. Fehmern.
Vero, de Vero s. Altefähr.
Vicen s. Viezen.
Viezen (*Gut in Meckl.-Schw.*).
Vicen 64, 6 m. Vytzen 377.
Villa cudia s. Schmedshagen.
Vinnum (*Ortschaft in Westfalen*).
Vynnum 532.
Vitte (*Name eines Dorfes auf
Rügen und eines auf Hid-
densö*) 418.
Vlotho (*Stadt in Westfalen*). Vlo-
ten 658.
Vogelsang (*Name zweier einge-
gangener, dicht an der
Feldmark von Stral-
sund belegen gewesener
Gehöfte, nach deren
einem der zum Gute
Gr. Kedinghagen ge-*

---

1) *Dass auch die Rhede unter dem Ausdrucke* portus *begriffen ist, thut besonders die Aufzeichnung Nr. 151 kund, nach welcher sich der* portus *bis nach Altefähr hinüber erstreckt.*

hörige Vogelsangteich benannt ist). Vogel-zang 12. Vogbelsanc 150.

Vredeland s. Friedland.

Vreden (*Stadt in Westfalen*) s. PV.

Vrowendorp s. Frauendorf.

Vynnum s. Vinnum.

Vytzen s. Viezen.

Waron (*Stadt in Meckl.-Schw.*). Warne 421.

Warne s. Waren.

Warnow (*Name dreier Ortschaften in Meckl.-Schw.*) 228.

Werle (*ehemaliger Name einer Landschaft in Mecklenburg, die längere Zeit hindurch ein selbstständiges Fürstenthum war und ihre Benennung von der schon frühe zerstörten Burg Werle bei Schwaan erhalten hatte*) 193.

Wiek (*Name eines Dorfes auf Rügen und zweier in NV.-Pom.*). Wyk 462.

Willershagen (*Dorf in Meckl.-Schw.*). Willers-haghen 156.

Wilsekendorp (*vielleicht Welsig-kendorf in der Prov. Brandenburg*) 165.

Wilsen (*Name zweier Dörfer in Meckl.-Schw.*) 36. 113.

Wismar. Wismer 203. 214. 248. Wismaria 286.   446. Wysmaria 361.

Wittenhagen (*Dorf in NVPom.*). Wittenhaghen 195.

Wittow (*Halbinsel auf Rügen*) 159.

Wobbelkow (*Dorf in NVPom.*). Woblekowe 256.

Wolde (*Gut in Meckl.-Schw.*) 143, 2 m.

Wolfshagen (*Gut in NVPom.*). Wulveshagen 236.

Wolgast 384, 2 m.

Wolmar (*Stadt in Livland*). Woldemer 182.

Wortzisse (*vielleicht das Dorf Witzetze oder eines der beiden Dörfer Witzeetze in Hannover oder das Dorf Witzeeze, früher Wutsetse, Witzecze, in Lauenburg*) 149.

Wulveshagen s. Wolfshagen.

Wyk s. Wiek.

Wysmaria s. Wismar.

Yasmond } s. Yasmund.
Yasmundia }

Yermershagn s. Jarmshagen.

Ywen s. Iven.

Zaleveld s. Saalfeld.

Zatele s. Saatel.

Zeghebodenbowe s. Segebaden-hau.

Zetelvitz (Gr. *und* Kl. Zetelvitz, *zwei Güter in NVPom.*). Setlevitze 48.

Zimekendorf (*Gut in NVPom.*). Sumekendorp 289.

Zingst (*Name einer Halbinsel in NVPom. und eines auf derselben belegenen Dorfes*) Cinxt 13.

Zipeke (*Gut in NVPom.*). Cippeken 33.

Zosat   }
Zosath } s. Soest.
Zost   }

Zutveld s. Südfelde.

Zwolle. Swolle 228. Swulle 319, 3 m.

Wort- und Sachregister.

Das Register erstreckt sich über Text und Einleitung, auch die in letzterer angeführten Quellenstellen. Die römischen Ziffern verweisen auf die Seiten der Einleitung, die arabischen auf die Nummern des Verfestungsbuches. Unter den letztern sind folgende in deutscher Sprache: Nr. 246. 334. 335. 384. 454. 490. 491. 543. 558. 629. 641. 674—680. 682—684. — Benutzt sind ausser den Wörterbüchern von Du Cange ed. Henschel, Grimm (Gr. Wb.), Schmeller und Lexer, besonders Schiller und Lübben, Mittelniederdeutsches Wörterbuch (Nd. Wb.), das Wort- und Sachregister zum Lübecker und zum Meklenburgischen U. B., Reineke de Vos hg. v. K. Schröder (R. V.) und die Homeyerschen Glossare zu den sächsischen Rechtsbüchern. Die Namen der Gewerbe sind alphabetisch unter G zusammengestellt. Y ist als i behandelt.

F. Frensdorff.

A.

Abjurare civitatem XC.

Abnavigare entsegeln LXVIII.

Abscondere hehlen LXXXVIII.

Abstrahere entwenden 14. 16.

Abwesenheit als Voraussetzung der Verfestung XL.

Accipere stehlen, rauben 24. LXXXIX.

Acht XXXIV, *des rikes acht* XXXII.

Acht, Berathung XLI A. 3. Nd. Wb. 1, 4 (unter Nr. 6).

Achtbuch XXVIII.

Achterwaren bewahren LXXXIX.

Acquirere in sanctis jurando aliquem pro suo fure, traditore 186. 194. XLIV.

Actuarius LI.

Adjudicare durch gerichtliches Urtheil zuerkennen 439.

Adjutor, *coadjutor* LXXXVIII; *perfectus, plenus, plenarius* LXXXVI ff.

Adcelare ansegeln LXVII.

Advocatus in Lübeck XLV, in Stralsund XLVI, in Wismar LXIX; *adv. de Ravelund* 371, *adv. terre Ruye* 193. *Danici super Schaniam* 402. *voghede des Königs v. Dänemark* 334. Thätigkeit des Vogts bei der Ladung eines Verfesteten XXII, bei der Friedloslegung XLV, L.

Afferre jus 12 s. Stralsund, Rechtszug.

Africhten, durch gerichtliches Urtheil erledigen 543.

Agere, egit ossifragium, bewirken, beibringen 605.

Al Aal 680.

Alienare von Sachen 325; von Personen LXXXIX vgl. *untfeeren*.

Alloqui alicui auf jemand sprechen 304.

Altera dimidia marca, 1½ Mark 364.

Ambt 335. Im Gebiet des lübischen Rechts, was im magdeburg. Innung, in Oberdeutschland Zunft. *ammetlude* Handwerker 384.

Amfora (amphora) Krug 275. 639. *a. stannea* von Zinn 275, vgl. Lüb. U. B. 3, Nr. 509, wo *fiascula stannea et amf. stanneae* zusammenstehen.

Amputacio manus Abhauen der Hand 446.

Anervede her 384, vgl. *erve*.

Angan, de pine, de nod, erdulden 675. 676; der gewöhnlichen Construction: *de not geit mi an* (R. V. 1948), *groz anget get mich an* (Ssp., Praef. rhythm. 221) entgegengesetzt, wie R. V. 5897: *de anst wolde ik nicht umme twintich punt noch eins angan*.

Angariare belästigen 327.

Angever der etwas anräth 678.

Ankomen enen, antreffen bes. den Verfesteten 675.

Annichilare, frumentum in orreis 644.

Ansegelen LXVII.

Anstiftung LXXXVII.

11 *

Berichtigungen und Nachträge.

S. XXII. Vgl. Steffenhagen, Deutsche Rechtsquellen in Preussen S. 241.

Nr. 29 für bascone *lies* bacsone.

Nr. 36 lies parvus Nicolaus, *Nr. 104* parvus Titlevus, *Nr. 140* parvo Borchardo, *Nr. 148* lutteke Dezlof.

Nr. 154 lies perpetratis, per suam vit. opt.

Nr. 192 Grabbin, Griphenberch.

Nr. 223 Z. 2 isti.

Nr. 370 statt crucis, *Nr. 468 statt* ouris *lies* cruris.

Nr. 514 Lambertus de Kleyne.

Nr. 537 Andree sutoris.

———————